城市轨道交通
信号系统无感改造技术研究与实践

梁　波　马在龙　蔡长江○编著

中南大学出版社
www.csupress.com.cn
·长沙·

图书在版编目(CIP)数据

城市轨道交通信号系统无感改造技术研究与实践 /
梁波，马在龙，蔡长江编著. —长沙：中南大学出版社，
2024.7

ISBN 978-7-5487-5575-3

Ⅰ. ①城… Ⅱ. ①梁… ②马… ③蔡… Ⅲ. ①轨道交通
－交通信号－信号系统－技术改造－研究 Ⅳ. ①U491.5

中国国家版本馆 CIP 数据核字(2023)第 187276 号

城市轨道交通信号系统无感改造技术研究与实践
CHENGSHI GUIDAO JIAOTONG XINHAO XITONG
WUGAN GAIZAO JISHU YANJIU YU SHIJIAN

梁波　马在龙　蔡长江　编著

□出 版 人	林绵优	
□责任编辑	韩　雪	
□责任印制	唐　曦	
□出版发行	中南大学出版社	
	社址：长沙市麓山南路	邮编：410083
	发行科电话：0731-88876770	传真：0731-88710482
□印　　装	长沙创峰印务有限公司	

□开　　本	710 mm×1000 mm 1/16	□印张 16.75	□字数 318 千字
□版　　次	2024 年 7 月第 1 版	□印次 2024 年 7 月第 1 次印刷
□书　　号	ISBN 978-7-5487-5575-3	
□定　　价	88.00 元	

前　言 ◀◀ Foreword

随着轨道交通的建设发展，北京、上海、广州、重庆、长沙等一些城市的轨道交通已形成运营网络，成为城市交通的重要组成部分，同时基于车地无线通信技术的成熟应用，城市轨道交通的运载能力、设备的可靠性、系统的稳定性得到更进一步的发展，也奠定了城市交通发展的基础。

我国部分城市轨道交通信号系统发展起步较晚，早期建设的线路基本引进的是国外技术。对于早期的信号系统，一方面要面临日益增长的客流给城市轨道交通运营组织带来的巨大压力，另一方面也要面临系统设备老化、故障率高且部分关键设备停产，给维修管理部门带来高额维修成本的问题，已难以满足现代地铁高密度的运营和 RAMS 要求。随着城市轨道交通设备的国产化进程加快，对早期信号系统的更新改造已势在必行。

本书主要介绍了城市轨道交通地铁线路改造相关的内容。本书编写的目的在于让读者了解城市轨道交通信号系统相关的基本知识、理解信号系统的改造设计思路、熟悉信号系统改造的基本过程，本书还梳理了改造施工的特殊要求，介绍了实际改造项目实践过程，在城市轨道信号设备进入高峰改造期的当下，为信号系统执业者提供有效的技术参考。

鉴于编者水平和经验有限，书中难免有不妥之处，敬请读者和同行批评指正，以便今后进一步修改完善。

编　者
2023 年 8 月

1

目 录 ◀◀ Contents

第1章

绪 论

1.1 术语

表 1-1 所示为术语缩写表。

表 1-1 术语缩写表

缩写词	英文解释	中文解释
AM	automatic mode	列车自动运行模式
ATC	automatic train control	列车自动控制
ATO	automatic train operation	列车自动运行
ATP	automatic train protection	列车自动防护
ATS	automatic train supervision	列车自动监控
AX	safety relay	安全型继电器
BAS	building automation system	环境与设备监控系统
BBU	building baseband unite	室内基带处理单元
BTM	balise transmission module	应答器传输模块
CAD	computer-aided design	计算机辅助设计
CBI	computer based interlocking	计算机联锁系统

续表1-1

缩写词	英文解释	中文解释
CBTC	communication based train control	基于通信的列车运行控制
CCTV	closed circuit television	闭路电视
CLK	clock	时钟系统
CI	computer interlocking	计算机联锁
CM	code train operating mode	列车自动防护下的人工驾驶模式
COM	communication	通信系统
CT	CBTC train	通信列车
CTC	continuous train control	连续式列车控制
DCS	data communication system	数据通信系统
DMI	driver machine interface	人机界面
DMS	database management system	数据管理系统
EMC	electromagnetic compatibility	电磁兼容
EN	European norm	欧洲标准
EIA	electronic industries association	电子工业协会
EPC	evolved packet core	核心网设备
ESB	emergency stop button	紧急关闭按钮
FAS	fire alarm system	火灾自动报警系统
IATP	intermitent ATP	点式 ATP
IBP	integrated backup panel	综合后备盘
ITC	intermittent train control	点式列车控制
LEU	lineside electronic unit	轨旁电子单元
LTE	long term evolution	长期演进
LTMT	local train maintenance terminal	列车本地维护终端
MA	moving authority	移动授权
MTBF	mean time between failures	平均故障间隔时间
MTTR	mean time to repair	平均故障修复时间
MSS	maintenance status system	维护监测子系统

续表1-1

缩写词	英文解释	中文解释
NCT	not CBTC train	非通信车
OCC	operation control center	运营控制中心
OFDM	orthogonal frequency division multiplexing	正交频分复用技术
PA	public address	车站广播
PIS	passenger information system	乘客信息系统
PSCADA	power supervision control and data acquisition	电力监控系统
PSD	platform screen door	站台门
PSL	PSD local control panel	站台门控制盒
RAMS	reliability、availability、maintainability、safety	可靠性、可用性、可维护性、安全性
RM	restricted manual driving mode	限制人工驾驶模式
RRU	remote radio unit	射频拉远单元
SIL	safety integrity level	安全完整性等级
TAU	train access unit	车载接入单元
TCMS	train control and management system	列车控制和管理系统
TCOM	track code output module	轨旁编码输出模块
TDT	train departure time	发车指示器
UDP	user datagram protocol	用户数据报协议
UPS	uninterruptible power system	不间断电源系统
USB	universal serial bus	通用串行总线
VOBC	vehicle on-board controller	车载控制器
ZC	zone controller	区域控制器

1.2 规范

1.2.1 国际标准

国际电讯联盟(ITU-T);

电气与电子工程师学会(IEEE);

国际电工委员会(IEC);

国际标准化组织(ISO);

国际铁路联盟(UIC);

美国电子工业协会(EIA);

美国国家标准协会(ANSI);

欧洲标准(EN);

国际无线咨询委员会(CCIR)标准;

质量安全体系应符合 ISO 9001 标准;

环境管理体系应符合 ISO 14000 标准;

RIA(railway industry association)标准。

1.2.2 国内标准

国家标准《地铁设计规范》(GB 50157—2013);

国家标准《城市轨道交通信号系统通用技术条件》(GB/T 12758—2023);

国家标准《地下铁道工程施工质量验收标准》(GB/T 50299—2018);

国家标准《建筑物电子信息系统防雷技术规范》(GB 50343—2012);

国家标准《职业健康安全管理体系要求》(GB/T 28001—2011);

国家标准《城市轨道交通信号工程施工质量验收标准》(GB/T 50578—2018);

国家标准《外壳防护等级(IP 代码)》(GB/T 4208—2017);

国家标准《城市轨道交通试运营基本条件》(GB/T 30013—2013);

国家标准《铁路信号 AX 系列继电器》(GB/T 7417—2010);

国家标准《信息技术设备、多媒体设备和接收机 电磁兼容 第 Ⅰ 部分:发射要求》(GB/T 92541—2021);

国家标准《城市轨道交通工程项目建设标准》(建标 104—2008);

铁路标准《铁路信号设计规范》(TB 10007—2017);

铁路标准《继电式电气集中联锁技术条件》(TB/T 1774—1986);

铁路标准《铁路车站计算机联锁技术条件》(TB/T 3027—2015);

铁路标准《铁路信号集中监测系统技术条件》(Q/CR 442—2020);

铁路文件《铁路信号集中监测系统安全要求》(运基信号〔2011〕377 号);

铁路标准《铁路信号故障—安全原则》(TB/T 2615—2018);

铁路文件《铁路防雷、电磁兼容及接地工程技术暂行规定》(铁建设〔2007〕39 号);

铁路文件《关于印发〈铁路信号设备雷电及电磁兼容综合防护实施指导意见〉的通知》(铁运〔2006〕26 号文);

铁路标准《铁路信号智能电源屏技术条件(暂行)》(运基信号〔2005〕458 号);

国家标准《城市轨道交通基于通信的列车自动控制系统技术要求》(CJ/T 407—2012);

行业规范《城市轨道交通信号系统 ATS 技术规范》(中国交通运输协会城市轨道交通专业委员会〔2009〕04 号);

行业规范《城市轨道交通 CBTC 信号系统行业技术规范—需求规范(暂行版)》;

行业规范《城市轨道交通基于通信的列车运行控制系统(CBTC)互联互通接口规范》。

1.3 信号系统基础

现在主流的信号系统主要由车站设备、车站及轨旁设备、车辆基地设备、中心设备等组成,如图 1-1 所示。

CBTC 系统是基于无线通信的列车自动控制系统,通过连续的、大容量的双向通信周期传递列车位置和移动授权等信息,控制列车安全高效运行,可满足城市轨道交通的运营需求。CBTC 系统具备传输速度快、间隔小、车地实时双向信息传输、可实现双向运行、维护简单、安全性高等众多优点。

(1)列车自动监控(ATS)子系统。

它是一个分布式的行车指挥自动化控制系统,通过以太网连接主机、调度员工作站和其他设备,设备安装在控制中心和各车站内。它实时采集和处理来自轨旁、车站和车载设备的信息并对全线运行的列车进行实时监控。

(2)列车自动防护(ATP)子系统。

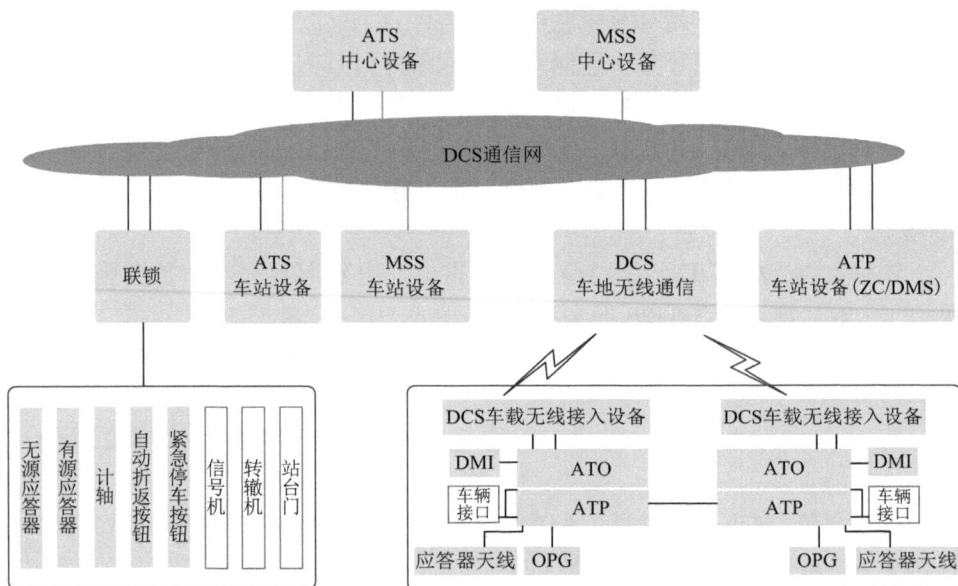

图 1-1　信号系统结构图

它是基于列车高精度的自主测速定位和车地双向大容量无线通信的系统，能根据线路状态、道岔位置、前行列车位置等条件，确保追踪列车之间的安全行车间隔距离，实现列车运行的安全防护。

（3）列车自动运行（ATO）子系统。

该系统可在 ATP 的安全防护下，实现列车自动启动、加速、巡航、惰行和减速停车等功能，并可实现列车精确停车、自动折返，提高系统自动化程度及运营效率。

（4）计算机联锁子系统（CI）。

该系统采用计算机控制技术，为列车建立安全运行进路，确保进路上轨道区段、道岔、信号机等设备之间的安全联锁。正线联锁与车辆段联锁的硬件及软件平台是通用的。

（5）数据通信子（DCS）系统。

该系统通过车-地无线通信技术和工业级以太网传输设备，为信号系统各设备间数据传输提供透明、开放、冗余的通道。

目前国内 CBTC 系统车地-通信主要包括交叉感应环线和无线通信两种方式。其中，无线通信方式一般采用无线局域网（WLAN）或 LTE 技术。

车-地无线通信采用无线局域网技术构建时，大多采用 IEEE 802.11 系列标准的扩频或正交频分调制技术，其传输媒介包括无线自由波、泄漏电缆等方式。

采用 IEEE 802.11 系列标准无线局域网技术的不足之处主要是其频率开放、标准公开，无法从根本上解决干扰的问题。因此采用该技术的车-地无线通信系统需要进行改造，采用性能更好的 LTE 技术。

（6）维护监测子系统（MSS）。

该系统基于先进的信息采集技术和计算机技术，实现对信号系统运行状态的监测及信息管理，为运营管理与维护人员提供便捷的维护支持。

1.4 我国改造项目现状

随着轨道交通的建设发展，北京、上海、广州、重庆、长沙等一些城市的轨道交通已形成运营网络，成为城市交通的重要组成部分。同时基于车-地无线通信技术的成熟应用，城市轨道交通的运载能力、设备的可靠性、系统的稳定性得到更进一步的发展，也奠定了城市交通发展的基础。

我国部分城市轨道交通信号系统发展起步较晚，早期建设的线路基本引进的是国外技术。早期的信号系统一方面面临日益增长的客流给城市轨道交通运营组织带来的巨大压力，另一方面面临系统设备老化、故障率高且部分关键设备停产，给维修管理部门带来了高额维修成本的问题，已难以满足现代地铁高密度的运营需要和 RAMS 要求。随着城市轨道交通设备的国产化进程加速，对早期信号系统进行更新改造已势在必行。

据统计，国内有些线路由于建设时间较早，面临着线路改造升级（表1-2）。

根据中国城市轨道交通协会数据，截至 2022 年底，国内已有 54 座城市开通城轨运营，运营里程达 10291.95 km，运营车站达 6670 座。据统计，在 2010 年前开通的线路接近 48 条，按照信号设备的 20 年寿命周期计算，这些线路面临着信号系统改造，如图 1-2 所示。

表1-2 在建改造项目统计

城市	线路	长度/km	站数/座	信号厂家	开通时间
北京	市域快轨：13 号线	40.90	16	西屋	2003 年 12 月
天津	轻轨：9 号线（津滨）	52.30	21	铁科/安萨尔多	2004 年 4 月
上海	2 号线	60.56	30		2010 年 4 月

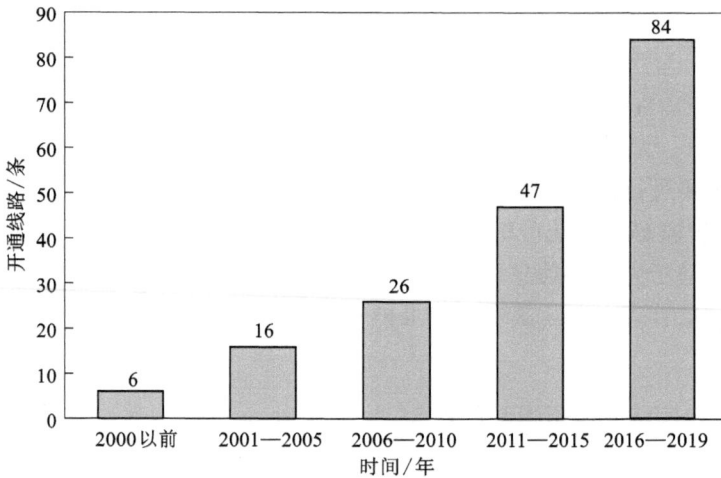

图 1-2　已开通线路统计

续表1-2

城市	线路	长度/km	站数/座	信号厂家	开通时间
上海	3 号线	40.34	29	卡斯柯 ATS	2006 年 12 月
上海	4 号线	33.60	26		2007 年 12 月
广州	8 号线、北延	30.90	26	西门子	2010 年 11 月 2022 年(延伸线)
深圳	1 号线	40.98	30	西门子	2011 年 6 月
深圳	4 号线、三期(北延)	31.27	23	西门子	2011 年 6 月 2020 年(延伸线)
南京	1 号线一期、北延	45.44	32	西门子	2011 年 6 月
南京	10 号线一期、二期	35.47	25	恩瑞特/西门子	2014 年 7 月
青岛	现代有轨：城阳区示范线	8.77	12		2016 年 3 月
哈尔滨	1 号线一期、二期、三期	26.27	23		2019 年 4 月
长春	轻轨：3 号线、南延段	34.90	33		2006 年 12 月
长春	轻轨：4 号线一期、南延段	20.33	22		2012 年 5 月
大连	轻轨：3 号线	63.45	18	中国通号	2008 年 12 月

1.5　信号系统总体改造设计

1.5.1　行业内信号系统改造情况

目前国内北京 1 号线、北京 2 号线等进行了 CBTC 系统改造工作。

广州地铁 1 号线正线信号系统采用基于 FTGS 无绝缘数字音频轨道电路的 LZB700M 型 ATP/ATO 系统、SICAS 安全计算机联锁子系统及列车自动监控 (ATS) 系统。广州 1 号线于 2018 年开始对既有线信号系统进行改造，沿用了既有系统制式的更新改造方案，维持既有信号系统制式，而且系统主要功能不变、新系统与既有系统可兼容，可分批次完成既有系统的更新改造，并逐步投入运营。项目实施分为中央 ATS 系统更新改造工程、轨旁车站 ATS/联锁/ATP 系统、设备更新改造工程和车载 ATP/ATO 系统/设备更新改造工程等阶段。其中，在对车载设备进行更新改造时，可采用逐列替换的方式进行更换；既有信号系统的通信通道，由通信传输系统提供的 OTN 通道升级为基于专用以太网总线的通信网络。为避免新系统调试对既有运行系统/设备造成影响，此次改造采用独立电源，配置新的配电箱、防雷箱，并安装新的电源设备 (电源屏、UPS 及稳压柜) 为新系统供电。

上海地铁 2 号线信号系统改造采用与既有 TBTC 系统兼容的新增 CBTC 作为主用信号系统，升级既有数字轨道电路设备作为降级的系统。新设的计算机联锁设备和 ATS 系统设备应与既有 TBTC 系统设备相兼容，具备在准移动闭塞制式下通过升级后的数字轨道电路和 TWC (车地通信设备) 实现对列车 ATO/ATP 进行监控的功能。新设的车载设备同时具备在 CBTC 和 TBTC 系统下对列车进行控制的功能。该方案具有以下优点：可提升全线信号系统性能，保留既有信号系统作为降级系统，提高了主/备系统切换的及时性，避免了前期投资的浪费；割接风险小，车站和线路可以分段改造；轨旁改造和列车改造也可同步进行，69 辆列车可逐一改造且单列完成后即可投运，仍用既有 TBTC 系统控制列车运行。

重庆地铁 2 号线是跨坐式单轨线路，采用了兼容地面 TD 环线的方式，道岔、站台门等利旧设备，应更新既有 ATS 设备和联锁设备。

1.5.2　主流改造设计对比

地铁线路改造一般会根据既有线路情况进行综合考虑，改造方式可分为以下几种方式：

(1)全线改造，包括多个专业同时进行，信号系统作为专业之一，例如北京地铁 1 号线。

(2)根据既有线路制式，采用原厂家设备，对既有线路进行升级改造，例如广州地铁 1 号线。

(3)根据既有线路制式，兼容地面点式或 TD 环线制式，对车辆进行融合开发，达到平稳过渡的方式，例如上海地铁 2 号线、重庆地铁 2 号线。

(4)既有线路设备无法对等开发，兼容难度较大，故可采用新旧系统倒切的方式，例如长沙地铁 2 号线。

(5)基于车车通信的列车自主运行系统（TACS）改造方案，更新改造采用新增 TACS 替换既有系统，对既有列车的车载设备进行更新替换，并增加降级自主定位系统，比如上海地铁 3 号线。

表 1-3 为改造方案对比。

表 1-3　改造方案对比

比较项目	沿用既有系统方案	独立新旧系统切换	新系统兼容既有系统方案
技术性	不符合技术发展趋势	符合技术发展趋势	符合技术发展趋势
	系统可用性低	系统可用性高	系统可用性高
	系统运营能力低	系统运营能力高	系统运营能力高
	技术受制于原厂家	技术国产化，可选厂家多	技术国产化，设备为定制，可选厂家较多
经济性	建设成本低	建设成本高	建设成本高
	维护成本高	维护成本较低	维护成本较低
可实施性	实施难度较小	实施难度大	实施难度较大
	对运营的影响较小	对运营的影响较大	对运营的影响较小
	工期长	工期较长	工期较长
	工程管理易	工程管理难	工程管理易

第 2 章

信号系统总体改造实施方案

在城市轨道交通行业技术不断发展和广泛应用的当下，信号系统改造采用了基于通信的列车运行控制系统（CBTC），主要包括列车自动防护（ATP）子系统、列车自动运行（ATO）子系统、列车自动监控（ATS）子系统、计算机联锁系统（CBI）和维护监测子系统（MSS）。

信号系统改造将全程在保证既有信号系统不停运、不降低既有运输能力的前提下进行。在改造过渡期间，倒切方案的设计需保证新旧轨旁设备及车载设备独立运行，实现新旧信号系统的无扰切换。

为了实现信号系统倒切的安全、高效，根据改造线路的信号技术特点，倒切方案设计需满足以下原则：

（1）在信号系统安装、调试期间，以及后期对既有信号设备、过渡设备的拆除过程中，系统倒切方案的设计要保证不影响正常的运营。

（2）在信号系统安装、调试期间，以及后期对既有信号设备、过渡设备的拆除过程中，要保证既有系统的运营效率、运营安全不能因系统改造而受影响。

（3）在信号系统安装、调试期间，以及后期对既有信号设备、过渡设备的拆除过程中，要保证新旧信号设备独立运行，以保证过渡期间的新信号系统调试工作。

（4）在保证安全的前提下，要求倒切设计简单，操作便捷，便于后期拆除。

新/旧联锁在分线柜室外分界面利用倒切柜进行对室外设备（信号机、道岔等）的控制权切换，倒切原理如图 2-1 所示。

信号系统倒切阶段一般分为如下几个阶段：

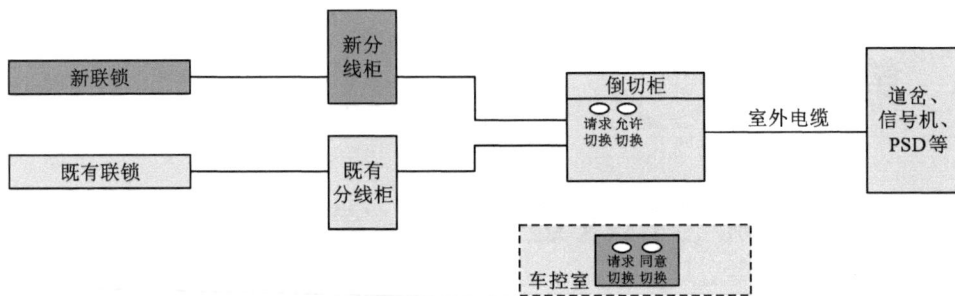

图 2-1 倒切原理图

（1）既有系统运营阶段。

在该阶段进行信号系统的详细设计，现场定测、安装，以及系统静态调试工作。

（2）影子模式运营阶段。

在该阶段进行夜间的动车测试，以及白天在既有系统运营期间，对新系统设备的上电进行数据采集工作。

（3）新系统试运营及拆旧阶段。

完成新系统综合联调等各项测试，具备载客初期运营条件后，进入该阶段。该阶段开始对既有信号系统设备进行拆除。

（4）新系统正式运营阶段。

初期运营结束，旧设备及过渡设备拆除完毕后进入该阶段。

倒切阶段如图 2-2 所示。

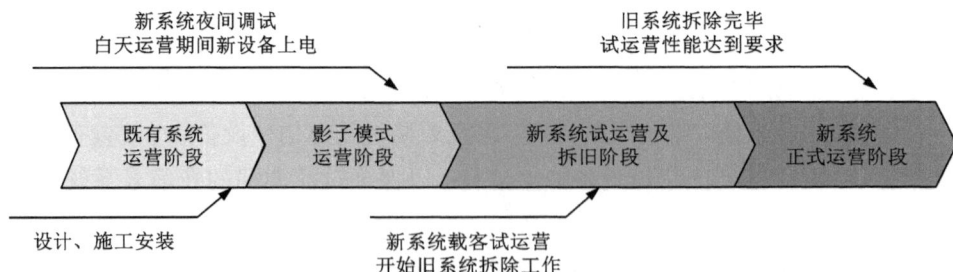

图 2-2 倒切阶段

2.1　通信网络改造实施方案

　　改造过程中，应根据既有线路的无线通信制式来决定是采用利旧还是新建车-地无线网络。据统计，2014 年前建设的线路，车-地无线多采用的是 WLAN 或交叉环线等技术手段，随着 LTE 技术的推广应用，后续新建线路或改造线路中，采用 LTE 技术已成为主流。

　　DCS 子系统在各设备之间通过有线网络和无线网络两种不同的网络进行双向通信，用以实现各设备子系统之间的有线信息传输以及基于 LTE-M 技术组建的地面设备与车载设备之间的无线信息传输。LTE 结构图如图 2-3 所示。

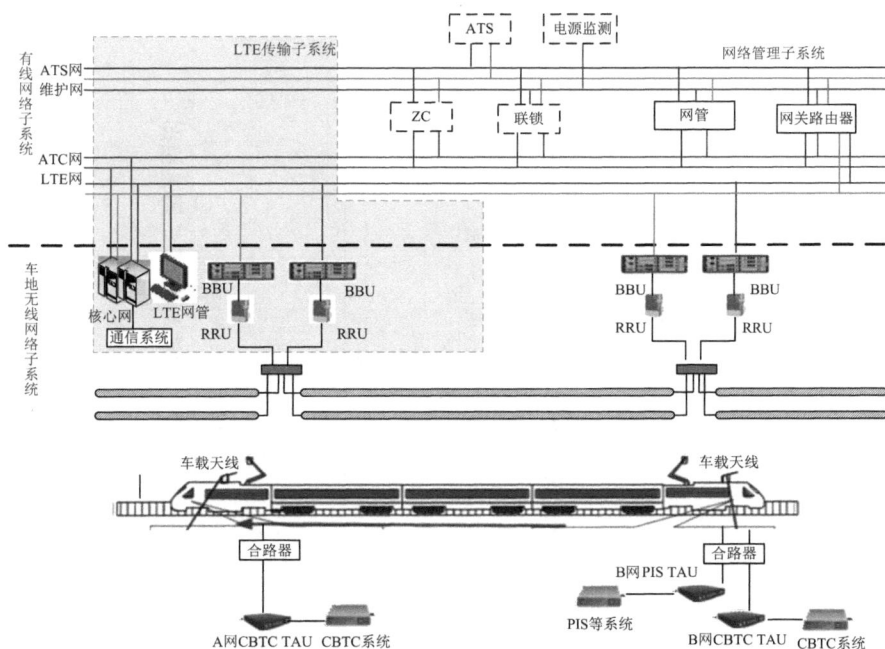

图 2-3　LTE 结构图

　　DCS 有线网络系统采用工业级以太网交换机组网，以太网交换机通过冗余的光纤骨干网互相连接起来，构成整个 CBTC 信号系统的有线骨干网络，根据信号系统专网需求，达成搭建满足系统专用的目的。通用组网方式为 ATC 网、LTE 网、ATS 网、MSS 网等，可达到安全信息与非安全信息在物理上完全隔离的目的。图 2-4 所示为长沙地铁 2 号线的骨干网连接图。

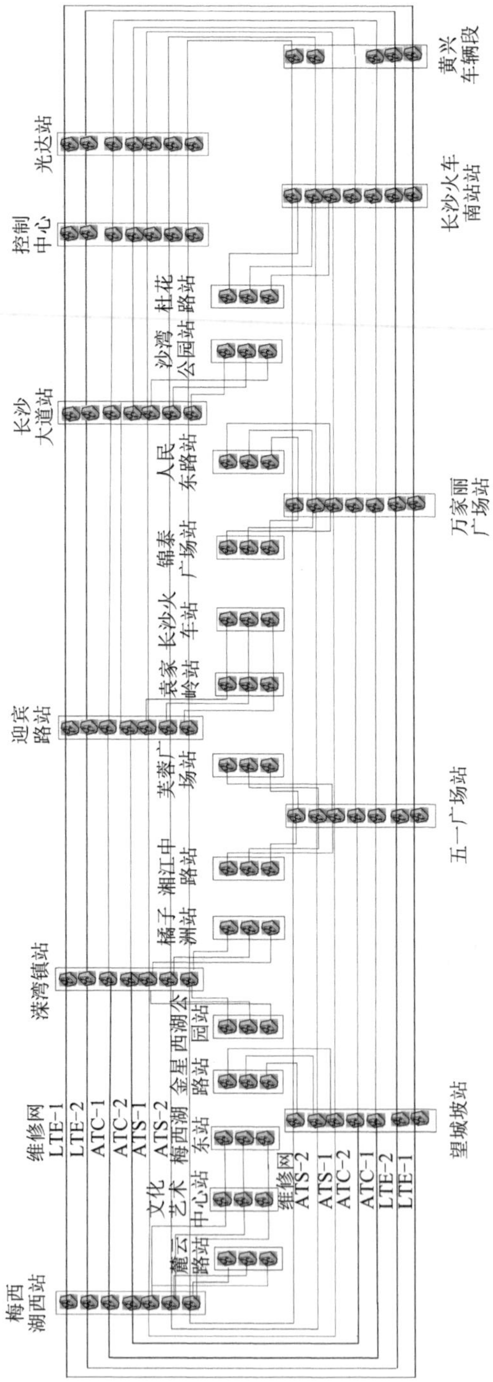

图2-4 长沙地铁2号线骨干网连接图

图例说明：🔲 工业以太网交换机　──── 光纤通道

　　车-地无线通信系统采用 LTE-M 技术实现 CBTC 信号系统业务传输。

　　DCS 系统车-地无线网络采用 LTE-M 技术进行信号系统车-地无线传输时，主要有核心网设备(EPC)、室内基本处理单元(BBU)、射频拉远单元(RRU)以及车载接入单元(TAU)。基于 LTE-M 的 DCS 系统车-地无线网络一般的组成如图 2-5 所示。

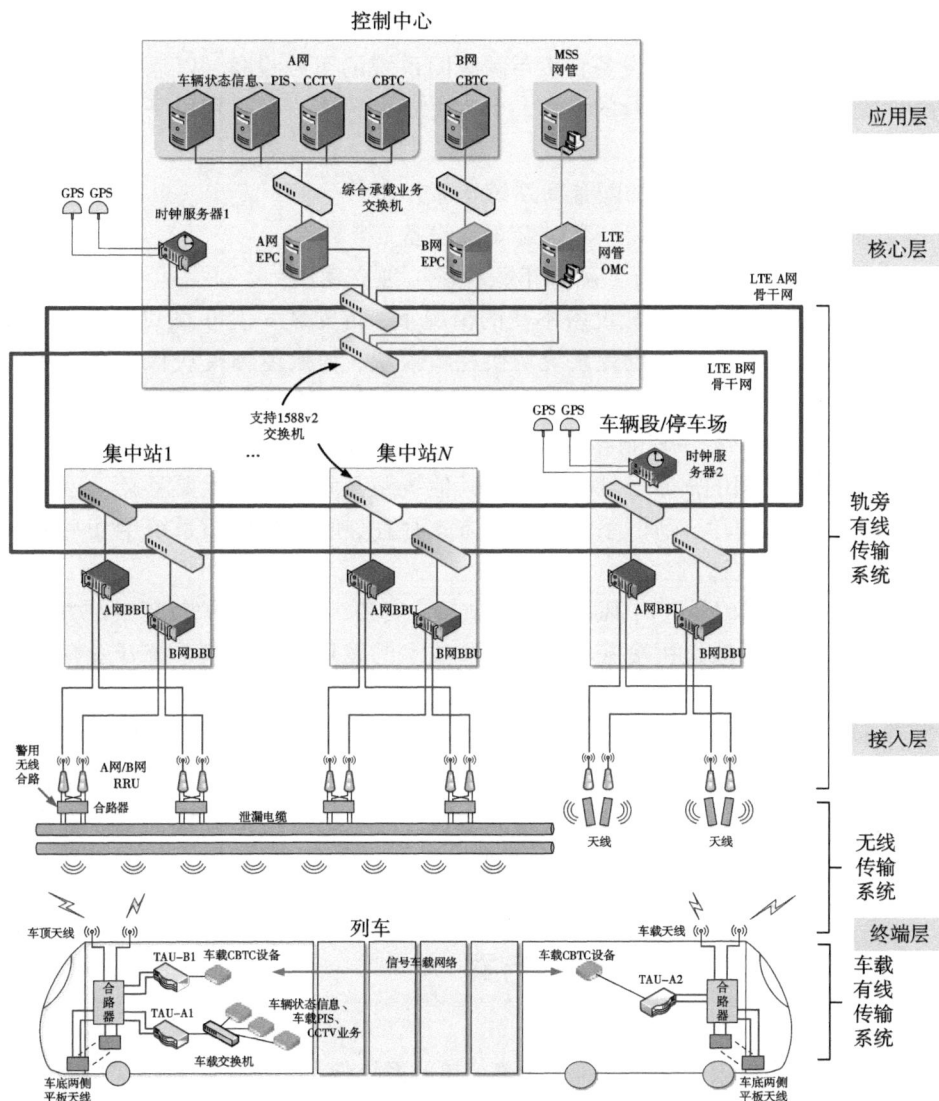

图 2-5　车-地无线网络示意图

为了保证网络的可靠性，整体方案一般采用 A/B 双网冗余覆盖设计。

2.2 车载改造实施方案

对车载信号设备的改造可在列车定修、大/架修或改造计划实施时进行，以免由于停运列车数量过多，对运营造成影响。改造工程一般跨度较大，列车上既要安装新系统的车载设备，又要保留旧系统的车载设备，以满足列车在改造期间还可以继续正常运营的要求。针对此运营需求，可采用以下车载信号系统改造方案。

方案一：在列车上叠加配置新系统车载设备。

方案二：在列车上安装一套融合车载设备。

方案三：若有充足新车，新旧车载设备可独立使用。

方案一在保持既有车载设备不变的情况下，再安装一套车载设备，两套设备独立安装，两套系统间设置系统切换逻辑模块，切换逻辑模块保证在一个特定时间内有且只有一个信号系统在控制列车运营而不受另一个系统的影响。

方案二重新开发一套能够兼容旧系统和新系统的车载核心控制设备，可降低对车辆安装空间的需求，且对未来与其他线路互联互通有重要意义。

方案三相对简单，新旧系统以独立方式存在，但存在新旧系统倒切后对既有车辆进行更新改造的工作。

方案一在技术上可行、风险小，但造价、安装、调试、维护较复杂。方案二技术先进，对车辆改造程度最小，为信号技术的发展方向，但系统开发存在一定风险。

有两套车载系统的设备需要更大的安装空间，对于新购列车，应按照两套系统设备的机柜需求设计司机室的空间布局；对于既有列车，需对既有车辆进行空间改造，可通过分隔部分乘客空间安装机柜，还可将部分机柜安装在乘客座椅下，达到不影响列车载客量的目的。

2.3 控制中心改造实施方案

若改造范围仅限于信号系统的更新，其他系统保持不变，新系统保持既有接口方式及协议，可在测试时间内开展倒切验证实验。图 2-6 所示为控制中心倒切示意图。

控制中心和外部系统接口通过人工切换形式进行切换。

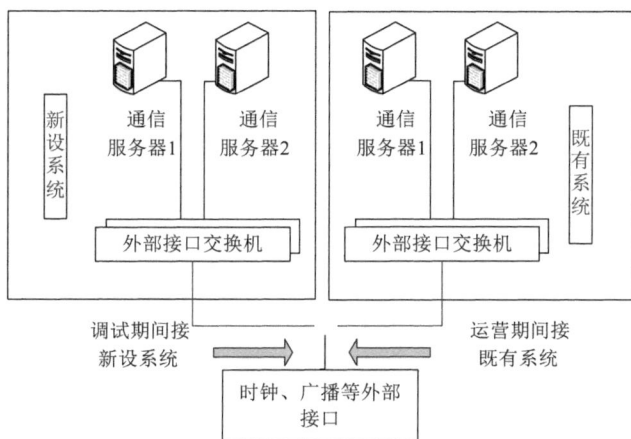

图 2-6　控制中心倒切示意图

2.4　车辆段改造实施方案

若有对车辆段进行更新改造的需求，车辆段联锁的切换应与正线联锁切换保持一致。

2.5　轨旁改造实施方案

轨旁定测：提前确定泄漏电缆、RRU、计轴等设备的安装位置，提早进行泄漏电缆、RRU、计轴等设备的安装，合理避让既有设备，以提前发现存在的问题。

线缆部署规划：提前进行线缆径路规划，配合设计方制订切实可行的线缆径路方案。建议部分室外光电缆采取合缆的方式，以减少工作量。

对于站台等设备密集布置区域，设备可重叠安装，但在安装时应不互相干扰。

计轴采用夹具安装方式，避免钢轨打孔，既有磁头和新磁头同坐标安装。

2.6 室内改造实施方案

目前国内新建线路信号系统基本都采用了基于通信的列车运行控制系统（CBTC），更新改造信号系统方案既要满足安全可靠的基本功能需求，又要符合新技术发展方向，满足运营部门提出的新需求。因此较既有线路需配置更多功能设备，如道岔缺口检查机柜、信息安全三级防护设备、综合运维智能化平台接口设备、信号设备机房视频监视系统等。

新增的设备使本来紧张的放置空间变得更加狭小，若有条件，可选择新的房间作为信号设备室，用于新系统的安装。若条件不具备，可采用室内穿插安装的方式进行，在安装的时候，需充分考虑房间空间的利用，减少对维护空间的影响，也可采用网络远程控制技术，尽可能将车站的设备集中设置于线路的某处，减少既有车站的空间需求，降低改造工程的风险系数。图 2-7 所示为设备室内穿插安装示意图。

图 2-7　设备室内穿插安装示意图

（1）ATS 车站分机。在设备集中站设置 ATS 车站分机，用于采集车站来自 ATP 和联锁的各种表示信息、传送中心的控制命令以及存储从中心下载的时刻表或根据列车识别号和目的地号进行控制，并实现车站进路自动控制的功能。各系统集成商将 ATS 系统设计为分散自律型组织结构，ATS 车站分机可作为控制中心 ATS 主机故障或数据通道不畅时的备选方案，因此 ATS 车站分机应就地设置。

（2）ATP/ATO 系统。ATP 系统是城轨列车控制系统中保障列车运行安全的关键设备，轨旁 ATP/ATO 计算机是 ATP 系统的轨旁控制设备。数据存储单元的主要功能是存储下载的车载 ATC 文件（配置文件和应用软件）。它通过 DCS 系统连接到信号网络，ATP/ATO 计算机和数据存储单元主要依赖网络实现功能，与 ATS 车站分机的接口也可通过网络完成，因此建议 ATP/ATO 设备集中设置。

（3）计算机联锁系统。计算机联锁系统虽然逻辑部分采用计算机进行逻辑运算，但是执行部分仍然采用继电器组合方式。为了减少空间占用，可采用全电子计算机 F 联锁系统，其优势主要有如下几点：

①减少设备房屋空间需求，减少建设投资；

②系统采用积木式模式进行搭建，便于站场改扩建；

③维护简便，故障恢复时间更短；

④单元冗余配置，故障率低；

⑤配线数量少，施工简单。

对既有线路进行更新改造时，推荐采用全电子计算机联锁，可集中设置联锁主机。

（4）计轴设备。计轴机柜与轨旁轮对监测设备之间通过电缆连接，计轴机柜应就地设置。

（5）数据通信机柜。数据通信机柜内主要包含有线网络设备和无线网络设备，有线网络设备服务于就地车站，不可集中设置；无线网络设备理论上可以集中设置，但考虑到其占用空间有限，完全可以将其与有线网络设备整合为一个网络机柜，因此数据通信机柜可就地设置。

（6）维护监测设备。维护监测设备主要包含维护诊断设备、微机监测设备、道岔缺口检查设备、信号机房视频监视设备等，这些均为就地设备，因此应就地设置。

（7）电源设备。电源设备主要包括电源屏、UPS、稳压柜和蓄电池，为车站各信号系统供电，因此应就地设置。

2.7　配套改造实施方案

为满足更新后信号系统设备的机房环境要求，需对建筑、结构、通风空调、给排水及消防、动力照明、火灾报警、门禁等专业进行配套改造。

2.7.1　建筑结构专业

为保证更新改造的顺利实施，车站信号设备用房的建筑改造也是配合信号系统改造的一部分。根据每个车站的具体情况，对车站内的信号设备室进行改造有如下几种方案：

(1)如既有信号设备室能够满足信号设备更新改造的需求，可对既有房间进行孔洞改造和装修改造。

(2)如既有信号设备室空间无法满足更新改造要求，有如下3种方案。

①信号设备室紧邻通信设备室、通信设备电源室或公安通信设备室等，同属于弱电设备类型的房间，可考虑拆除隔墙，扩充设备安装空间，调整设备布局后，用防火玻璃分隔开来。

②信号设备室附近布置有车站备品库、更衣室、会议室、值班休息室等对运营影响较小的房间，可考虑征用并调整相关房间布置，以满足车站使用功能的要求。

③信号设备室多设置于站厅层设备管理区，对于有扩建信号设备室需求、站厅层不具备扩建条件而站台层有扩建条件的车站，可考虑在站台层增加信号设备室。建筑结构专业须确认新系统安装空间的房屋载荷能否满足信号设备的要求。

2.7.2　通风空调专业

通风空调改造的原则是在不影响既有线路正常运营的情况下，尽量利用原通风空调系统，减少拆改工程量。

(1)原机房内新增信号设备。根据新增信号设备发热量核算原机房内空调制冷量是否满足改造后的需求，若制冷量不够则在机房内新增一套多联体空调或分体空调，空调室外机根据车站具体情况确定设置位置。

(2)扩大原机房面积。根据改造机房内设备发热量重新设置一套多联体空调，空调室外机根据车站具体情况确定摆放位置。机房扩容后，机房内送、排风量也将变大，需核算机房内原有送、排风量及风管是否满足风速要求。若不满足，则需重新敷设风管，并且有可能需要更换机房所在系统内的送风机、排风机。

2.7.3　给排水及消防专业

新建信号设备室需布设气体灭火系统进行保护。在气瓶间有安装空间条件下，对气瓶间内管网系统进行局部改造，利用既有气瓶间内的钢瓶组设备，增加选择阀、气灭管网、气灭喷头等。新建信号设备室内若存在水管，需进行移设，以满足气体灭火房间要求。原信号设备室面积满足设备改造要求的，仅进行吊顶、防静电架空地板、墙面整新施工，气体灭火管网系统无须进行改造。

2.7.4　动力照明专业

动力照明专业主要负责为新增信号电源配电，同时需为新增信号设备用房、既有信号用房等新增照明、空调设备、气灭设备配电，并完成相关的电缆选择和敷设。新增或改建的信号用房需根据新信号设备的布置情况调整房间内正常照明及应急照明灯具、插座的位置，电源引自既有房间或邻近设备用房的工作照明、应急照明及插座回路。

2.7.5　火灾报警系统

车站信号设备室扩容后，感烟探测器位置及数量、气瓶间压力开关和电磁阀的接口根据情况相应调整；车站信号设备室移位后，信号设备室补充设置气灭控制器、模块箱、手/自动转换、声光报警器、放气指示灯、感温探测器，调整后模块箱回路线接入就近气灭回路，并用原气灭报警主机监视气灭控制器和阀门的状态。原信号设备室拆除气灭控制设备，将感烟探测器接入就近火灾报警回路，并考虑对相关环控新增设备进行监控。

2.7.6　门禁系统

为适应信号系统改造而需移位的信号设备室需新增门禁系统，移位后的信号设备室新增就地控制器、磁力锁、紧急开门按钮、出门按钮等设备，并接入就近门禁回路中。

2.8　接口实施方案

原则上保持既有接口不变。

第 3 章

各子系统改造实施方案

3.1 联锁子系统改造实施方案

在改造项目中，联锁改造是一项重要的工作，直接涉及行车安全。在改造过程中，需对新旧联锁系统进行倒切。

联锁系统应符合欧洲铁路信号 EN 50126、EN 50128、EN 50129 安全标准，安全完整性等级达到 SIL4 级。

依据标准如下：

《铁路车站计算机联锁技术条件》(TB/T 3027—2015)；

《继电式电气集中联锁技术条件》(TB/T 1774—1986)；

《铁路信号故障—安全原则》(TB/T 2615—2018)；

《铁路信号集中监测系统技术条件》(Q/CR 442—2020)；

《集中联锁结合电路一般原则》(TB/T 2307—2017)；

《铁路信号彩色屏幕显示图形符号》(TB/T 2893—1998)；

《通信信号产品的温升》(TB 1424—1982)；

《包装储运图示标志》(GB/T 191—2008)；

《铁路通信信号产品包装技术条件》(TB 1498—1984)；

《铁路应用-通信、信号和处理系统-信号安全相关电子系统(EN 50129)；

《铁路应用可靠性，可用性，可维护性和安全性(RAMS)的规范和示例》(EN 50126)。

3.1.1　系统构成

3.1.1.1　联锁系统配置

联锁系统一般按表 3-1 进行配置。

表 3-1　联锁系统配置表

序号	设备名称	单位	数量
1	2 乘 2 取 2 联锁机	套	1
2	2 取 2 驱采单元	套	1
3	现地控制工作站	套	2
4	联锁维护工作站	套	1
5	对外接口	套	1

各主要设备的功能、作用如下。

(1)联锁机(安全功能)。

联锁机接收操作命令、接收驱采单元传来的轨旁信号设备状态、接收 ATP 系统传来的列车位置信息,进行联锁运算,并向驱采单元传输轨旁信号设备的动作命令,向 ATP 系统传送进路信息,同时向现地控制工作站传输显示信息。

(2)驱采单元(安全功能)。

驱采单元采用安全数字输入插件和安全数字输出插件。其作用为采集轨旁信号设备的状态,驱动轨旁信号设备动作,为安全型插件。

驱采单元采用双断方式对接口继电器进行物理驱动。控制电路的设计符合故障-安全原则,采取双断和独立回路的方式。对于轨道继电器、道岔表示继电器等,每一套驱采单元均同时采集这些继电器的前后接点予以校核。

(3)现地控制工作站(非安全功能)。

现地控制工作站设置在设备集中站,它和联锁机构成上下位控制的分层结构。现地控制工作站采用 PC 系列工业控制计算机。

现地控制工作站的主要作用是为车站值班员提供操作显示界面,它从联锁机获得站场当前状态,驱动站场屏幕显示器进行显示,采集车站值班员的操作信息传输给联锁机并将当前联锁状态信息传输给联锁维护工作站。

(4)联锁维护工作站(非安全功能)。

联锁维护工作站是与计算机联锁系统配套使用的车站信号信息记录、监督计算机子系统。联锁维护工作站实时监视 CI 的运行情况、故障原因和车站信号设备状态的变化情况,记录车站值班人员的操作情况。同时还能记录车站运行情况,随时回放车站历史信息等。

3.1.1.2 设备集中站

设备集中站包括联锁机、驱采单元、现地控制工作站、联锁维护工作站。

现地控制工作站、联锁机分别作用于所辖区域内的人-机接口设备和联锁运算计算机。

驱采单元作用于所辖区域内车站的道岔、信号机、计轴、IBP 盘、紧急停车按钮、自动折返按钮等信号设备以及站台门等其他联络线接口电路,具有控制、监测及状态采集功能。

3.1.1.3 非设备集中站

非设备集中站将信号机、紧急停车按钮、计轴、IBP 盘、站台门等设备通过电缆引入设备集中站,然后经设置在设备集中站的驱采单元送入联锁机,经过联锁运算对它们进行驱动控制。非设备集中站设置 ATS 监视工作站,用于显示站场情况,不再设置联锁机及相关设备。有岔非设备集中站冗余设置现地控制工作站。

3.1.2 系统功能

系统功能包括安全功能和非安全功能,安全功能包括基本联锁功能、进路建立、进路闭锁、进路解锁、取消进路、人工延时解锁等;非安全功能包括界面显示、人机操作、提示与报警、维护记录等。

3.1.2.1 基本联锁功能

CI 可在规定的联锁条件和规定的时序下对进路、信号和道岔实行控制,确保进路上轨道区段、道岔、信号机之间的安全联锁。

3.1.2.2 进路建立

(1)根据进路的始终端信号机办理进路,只能自动地选出一条基本进路。

(2)CI 与 ATS 系统结合实现对列车进路的自动控制。CI 设备向 ATS 设备提供区段状态信息和信号状态信息,并接受 ATS 系统的进路控制命令。

(3)当中心 ATS 故障时,则由车站 ATS 向 CI 发送进路命令;当车站 ATS 也发生故障时,CI 可根据操作员的指令将进路设成自动触发进路(包括自动折返)和人工进路,完成相应进路的建立。

(4)敌对进路相互照查,不能同时开通。

(5)办理两个 CI 区域间进路时,应满足联锁检查技术条件。

3.1.2.3　进路锁闭

进路锁闭分为预先锁闭和接近锁闭,锁闭的进路随列车的运行自动分段解锁。

(1)预先锁闭在进路选通、有关联锁条件具备时形成。

(2)接近锁闭在信号开放、进路的接近区段占用时形成。当无接近区段时,信号开放后立即形成接近锁闭。

(3)列车接近时进路保持在接近锁闭状态。

(4)对于进路的接近锁闭和预先锁闭须以明确的显示方式区分。

3.1.2.4　进路解锁

进路的解锁必须在信号关闭后进行,进路解锁的方式有以下几种:

(1)锁闭的进路能随列车车列的正常运行而自动解锁。

(2)进路按分段解锁方式设计。

(3)解锁时,有条件的区段均应满足三点检查条件并自动解锁。在存车线处折返作业时,若区段的解锁不满足三点检查条件,则按照两点检查自动解锁。

3.1.2.5　取消进路

对于已开放信号的列车进路,办理取消进路操作后,立即关闭进路始端信号机。信号关闭后,未处于接近锁闭的进路立即解锁。

3.1.2.6　人工延时解锁

CI 具备进路人工解锁功能,能够防止进路的错误解锁。对于已开放信号的列车进路,办理人工解锁进路操作后,应立即关闭进路始端信号机。处于未接近锁闭的进路可立即解锁。若进路已处于接近锁闭状态,系统采用延时解锁方式解锁进路(进路的延时解锁时间从信号关闭时算起),在收到列车停车保证的情况下立即解锁进路。进路在接近锁闭状态下,CI 向 ATP 系统发送停车保证请求信息,ATP 系统重新确定新的安全停车保护点后,在保证安全的前提下,ATP 系统将停车安全保证信息发送至 CI,CI 才能解锁列车进路。

3.1.2.7　区段故障解锁

列车通过进路后,因故(计轴或列车走行不满足区段解锁条件)致使部分或全部轨道区段未正常解锁时,为解除上述轨道区段的进路锁闭,通过完成相关操作,操作员可使用区段故障解锁方式完成解锁。

除下列区段外，其他区段均可采用区段故障解锁方式解锁：

(1)轨道占用区段。

(2)处于进路内列车车列走行前方的区段国。

(3)处于接近锁闭状态的进路中的信号关闭后相应人工延时解锁时间内的区段。

(4)处于保护区段锁闭状态的区段。

3.1.2.8 引导进路

信号机因故障不能正常开放信号或计轴区段故障不能正常办理列车进路时，为确保安全，可开放引导信号。

办理引导进路前，先将引导进路上的道岔扳至规定位置，之后再办理引导进路，引导进路办理后，CI 在确认与进路有关的道岔位置正确、无敌对信号、照查等条件满足后，锁闭并开放引导进路。

引导进路处于以下情况时应关闭：

(1)列车未驶入引导进路之前信号保持开放的条件不能满足时。

(2)信号机内方第一轨道区段无故障的情况下，列车第一轮对进入该区段时。

(3)信号机内方第一轨道区段故障，未能在 15 s 内进行维持开放信号的操作时。

(4)办理引导进路解锁时。

操作人员在人工确认列车通过引导进路后，可通过人工解锁方式解锁引导进路。

3.1.2.9 自动触发进路

当进路设置为自动触发进路后，在列车接近信号机时自动触发信号机之间的进路，按联锁条件自动开放轨旁信号机的信号，列车顺序占用、出清该进路后，进路解锁。

3.1.2.10 自动通过进路

当进路设置为自动通过进路后，防护该进路的信号机随着列车的运行自动变换显示，进路不解锁，信号开放条件满足后不需人工再次办理，信号自动开放。办理取消进路或人工解锁操作后，自动通过进路模式取消；取消自动通过进路模式时，不改变已存在进路的状态。

道岔、信号机实施封锁操作与进路自动通过属性操作，不能同时生效。

3.1.2.11　自动折返进路

CI 支持降级运营模式下折返站列车进路的自动设置。当折返站的折返信号机被设置为自动折返模式时，CI 在保护区段解锁后，自动排列列车的折返进路(含折入进路和折出进路)，开放相应信号机。折出进路信号开放时，折返轨的通过进路信号不能开放；通过进路信号开放时，折返轨的折出进路信号不能开放；折入进路最后一区段按两点检查解锁，其他各区段按三点检查随着列车走行逐段解锁。折返进路转变为通过进路后，站台轨或折返轨能够正常解锁。

自动折返进路设置前，若进路已存在，则进路保持不变；自动折返进路命令取消时，不改变已存在进路的状态。自动折返进路的办理时机不受限制；取消进路或人工解锁进路，将同时将自动折返进路模式转换为人工控制模式。

本系统可根据工程需要进行自动折返功能灵活配置，可在具备折返线路条件的车站进行设置；对应其中有多条折返轨的车站将分别设置单轨 1 自动折返、单轨 2 自动折返和两轨全自动折返等多个选项，其中全自动折返功能以先进先出为原则进行设置。

设有反方向出站功能信号机的站台与该信号机内方有岔车站(站台或折返轨)之间，具备单线双向自动往返功能。

联锁设备可检测折返站站台自动折返按钮状态，并将其发送至相关子系统以实现相关功能，控制自动折返表示灯的显示。

3.1.2.12　区段监控

CI 实时采集轨道状态继电器的吸起落下状态，对区段占用状态进行监督。

3.1.2.13　区段锁闭/解锁

进路选排完成后，CI 可在逻辑上将区段锁闭；当进路解锁后，区段的锁闭标志随进路的解锁而被去除。

3.1.2.14　区段封锁/解封

区段实施封锁后，不能排列经过此区段进路。若经过此区段的进路已开放，区段封锁操作不会导致已开放的进路关闭，进路可以人工解锁、取消进路和区段故障解锁。

对于 CI 主机重启前设置的区段封锁命令，在系统重启后，联锁将不会保存区段封锁命令，须重新检查并设置相应的命令，并在工作站进行相应显示。

操作员可通过解封操作，解除对区段的封锁。

3.1.2.15　道岔监控

联锁设备应具有对进路进行侧面防护的功能。侧面防护检查应优先采用道岔防护；当道岔防护无效时，应采取其他措施进行侧面防护检查以保证进路的正常排列和开放信号。全线每组道岔的定反位表示在联锁关系中均为独立表示，其中一组无表示(故障)时，不影响其他道岔相关进路的排列。

CI 控制道岔有进路控制和单操控制两种模式。道岔可以人工单独操纵，也可随进路的排列而自动选动，单独操纵优先于进路选动。

正线的每组道岔采用单独控制方式。

当以进路控制方式操纵道岔时，进路上的道岔采用顺序启动方式以错开动作电流的启动峰值。

道岔受进路锁闭、区段锁闭、人工单独锁闭控制，已经锁闭的道岔不能启动。

3.1.2.16　道岔单锁/单解

处于单独锁闭状态的道岔不能转动，包括单独操作、进路选动和带动，但可经过该道岔当前位置排列进路。处于进路锁闭状态的道岔，可以进行单锁，进路解锁不应影响道岔单锁。道岔单锁后可以使用道岔单解操作解锁道岔，如果该道岔同时被进路锁闭，道岔单解不应影响道岔被进路锁闭。

3.1.2.17　道岔封锁/解封

处于封锁状态的道岔可以单独操作，但不可排列经过该道岔的进路，对已开放的进路应人工取消后再实施道岔封锁。道岔封锁和道岔单锁之间互不影响。

道岔实施封锁操作与进路自动通过属性操作不能同时有效。

道岔须设有位置表示，并满足以下条件：

(1)只有当道岔位置与操作要求一致，并经道岔转辙机内部电路检查自动开闭器的两组接点排的相应接点位置是正确的，才能构成道岔位置的正确表示。

(2)只有牵引道岔的各点均在规定位置时，才能构成位置表示。

(3)当道岔处于不密贴位置时，不会出现定位或反位表示。

(4)启动道岔时先切断位置表示。

(5)发生挤岔时有挤岔表示。

(6)人工单独锁闭和道岔封锁时，不影响道岔的位置表示。

3.1.2.18 信号机监控

CI 根据不同的列车属性(CBTC 列车和非 CBTC 列车)进行进路控制及自动转换,信号机在 CBTC 级别下采用灭灯方式,在降级模式下显示相应灯光。

正常办理了进路或重复开放手续的,防护该进路的信号机必须检查确认相关联锁条件满足后才可开放,具体如下:

(1)非 CBTC 列车(降级模式)用的进路信号开放需检查的条件为:道岔位置正确并锁闭、进路内区段(包括保护区段)空闲且锁闭、进路内区段未设置临时限速、超限区段空闲、站台门关闭且锁紧或处于互锁解除状态、站台紧急关闭按钮未按下、未实施扣车(出站进路)、信号机的红灯灯丝完好、场联等条件满足。

(2)CBTC 控制级进路的信号开放需检查的条件为:道岔位置正确并锁闭、区段空闲且锁闭(检查进路内第一逻辑区段,针对特定进路进行全进路区段检查,如终端站折返进路)、超限区段空闲、敌对条件满足、站台门关闭且锁紧或处于互锁解除状态(出站进路)、站台紧急关闭按钮未按下(出站进路)、未实施扣车(出站进路)、场联等条件满足。

在降级模式下,站间反向进路始端信号机开放检查该进路始端及进路范围内的站台门、紧急关闭按钮状态(可配置);在 CBTC 级控制方式下,站间反向运行时由 ATP 对站台门、紧急关闭按钮状态进行实时防护。

亮灯信号机开放后,若信号机故障或灯丝断丝,该信号机将自动关闭。

信号机关闭后,未经再次办理,不得重复开放。但当正线办理了自动通过进路后,该进路保持锁闭,信号机随列车运行自动变换相应显示。当进路检查条件中加入站台门开关状态检查时,站台门在开启状态时,信号机应关闭,当站台门恢复关闭时信号机能自动重复开放。当发车进路已经建立,在办理扣车作业时,相应的出站(或出站兼防护)信号机应立即关闭。取消扣车作业后,检查有关联锁条件满足时,相应的出站(或出站兼防护)信号机应自动开放。

信号机乱显示即不符合规定的信号显示,指在组合灯光开放或关闭时,同时开放或关闭。

信号机的开放检查红灯 LED 显示状态是完好的。信号机开放后应不间断地检查 LED 的良好状态,这对信号机 LED 的显示状态具有监督功能(包括损坏报警和短路检查),LED 信号机发光盘面积小于设定临界值后应报警和自动关闭相应信号机。联锁设备能识别 CBTC 级别下的信号机灭灯状态。

信号机封锁功能可实现对信号机的元素封锁与解除。

对于实施封锁的信号机,不能排列以此信号机为始终端的进路。施加信号锁元素之前，须人工取消之前开放的进路。施加信号封锁元素之前，须人工取消之前开放的进路。信号机实施封锁操作与进路自动通过属性操作，不能同时有效。

3.1.2.19　停车保证

进路在接近锁闭状态下，CI 向 ATP 系统发送停车保证请求信息，ATP 系统重新确定新的安全停车保护点后，在保证安全的前提下，ATP 系统将停车安全保证信息发送至 CI，CI 才能解锁列车进路。对于已开放信号的列车进路，执行人工解锁进路操作后，若进路已处于接近锁闭状态，人工解锁进路时将采用延时解锁方式解锁进路（进路的延时解锁时间从信号关闭时起计算），在收到列车停车保证的情况下立即解锁进路。

3.1.2.20　保护区段

CI 在对正常进路进行防护的同时，能建立列车进路的保护区段并予以防护。当保护区段内有道岔时，CI 能够提供不同方向（道岔直向和道岔侧向）的保护区段。CI 可根据 ATS 命令对保护区段的设置进行逻辑判断，当一处保护区段不能建立时，自动建立另外一处保护区段。保护区段能根据运营组织需要进行灵活配置。

保护区段应设置合理（根据不同的行车目的地，可以选择性设置不同的保护区段）。

降级控制级别与 CBTC 级别的联锁进路均须设置保护区段。

保护区段为防护信号机后的物理区段，即使该物理区段无法被进路锁闭，但仍然能够为 CBTC 列车开放进路。

当系统处于 ATS 控制时，保护区段的建立应由 ATS 控制。

CI 判断保护区段的设置时机，后续列车进路保护区段的设置不能影响前行列车的运行和折返作业。

保护区段和后续进路重叠时，保护区段的解锁和后续进路的取消或人工解锁相互独立，互不影响。

在站台轨区段、折返轨区段、停车线或转换轨处 CI 具备列车停稳控制功能，停稳信息用于保护区段的解锁。CI 接收 ATP 发送的停稳信息或停车保证信息后，在规定时间内（可配置）完成保护区段的解锁。在 CI 无法接收 ATP 发送的停稳信息时，采用计时方式判定停稳，停稳计时应能根据不同进路配置不同的时间。

非通信列车在站台或停车股道计时停稳的判断条件为：以列车尾部出清停

车股道接近区段后延时 15 s(暂定)或列车占用停车股道延时 30 s(暂定)计时作为列车停稳判断依据。

保护区段的具体设置、解锁条件和解锁时间在设计联络阶段确定。

3.1.2.21 站台门监控

CI 处于 CBTC 或降级模式下与车载 ATP 通信正常时,均能实现站台门联动。

当列车进入站台停车、满足定点停车精度要求后,车载设备发出停准、停稳信息,解除对列车门的锁闭,允许 ATO 设备按指令执行开/关门的操作,同时将开/关站台门信息通过安全通信传送给 CI,CI 收到信息后通过安全输出驱动继电器将开/关门信息送给站台门系统。

CBTC 模式下,CI 将检查站台门的状态,并将站台门状态信息、发送给 ATP。一旦检测到本站站台门条件不满足,由此站台出发的 CBTC 列车的发车进路信号将立即关闭。

降级模式下,CI 将检查站台门的状态,一旦检测到本站站台门条件不满足,CI 将立即关闭本站台门侧出站信号机及进站信号(前一站出站信号机、区间信号机或反向信号机)。

在任何控制级别下,站台门切除后,对应站台门的状态不影响信号机的开放;站台门的开关状态不影响进路办理及锁闭。

因站台门打开被关闭的信号,在站台门关闭后自动开放。

3.1.2.22 站台紧急控制

各车站对应每一站台轨道均可实现车站的进、出站信号机的紧急关闭;上下行站台的紧急停车按钮(暂定)相互独立(包括侧式站台上下行之间有隔离情况的)。紧急停车按钮是否独立配置在设计联络阶段确定。

CI 检查车站控制室的 IBP 盘和站台上的紧急停车按钮的状态,一旦检测到按钮被按下,立即关闭相应的列车进路信号(降级模式下为出站信号机和作为进站信号的前一站出站信号机或区间信号机;CBTC 模式下为本站的出站信号机),并将紧急关闭信息发送给 ATP,防止列车进入站台或在站台内移动。紧急停车功能的解除须通过 IBP 盘紧急停车恢复按钮来实现,并须经人工确认后才能恢复。

3.1.2.23 扣车

CI 与 ATS 系统结合实现对每个车站的正方向出站信号机(或出站兼道岔防

护信号机)的扣车作业。

当发车进路未建立时,在办理扣车作业后,排列以该信号机为始端的进路,进路可以建立并锁闭,但信号不允许开放。

当发车进路已经建立,在办理扣车作业时,相应的出站(或出站兼防护)信号机立即关闭,但是进路不解锁。

取消扣车作业后,检查有关联锁条件满足时,相应的出站(或出站兼防护)信号机自动开放。

在控制中心/车站均可实现扣车功能,并有相应的显示。

3.1.2.24　计轴预复位

CI 可以实现计轴区段预复位功能,设置此功能的目的是复位故障计轴区段,为避免误将在线列车所在计轴区段复位,进行此操作前须人工确认复位区段无车占用,方可进行预复位操作。

在选择需要预复位的计轴区段且经人工两次确认后,向联锁机下发计轴预复位命令,联锁机驱动相应继电器实现计轴预复位功能。

计轴直接复位:通过 IBP 盘直接复位按钮,可实现对计轴设备的复位操作。

3.1.2.25　区段方向控制

由于全线采用进路管理的方式,区段方向通过设置不同方向的进路来进行控制。

3.1.2.26　临时限速

控制中心调度人员可对轨道和道岔区段进行临时限速的设置,现地控制工作站可显示中央 ATS 系统设置的临时限速状态。

3.1.2.27　上电保护

CI 具有上电保护功能,设备上电后处于上电锁闭状态,所有输出均导向安全侧,并执行最严格的临时限速,所有道岔处于锁闭状态,所有按钮均处于封锁状态,默认所有区段都封锁。

上电后,操作员须通过现地控制工作站执行上电解锁操作,解除联锁上电锁闭状态;通过区段解封,解除区段封锁;通过临时限速解锁,解除临时限速限制。若未解除临时限速,进路开放后,进路内区段都将处于 25 km/h 限速状态。

3.1.3　平台结构

CI 硬件采用 2 乘 2 取 2 的冗余安全计算机架构。Ⅰ系、Ⅱ系为两台功能完整的安全计算机，Ⅰ系、Ⅱ系通过内部交换机模块实现通信互连，两系共享通信模块以提高系统的可用性。

CI 2 取 2 结构如图 3-1 所示，每系通信模块通过以太网接到冗余通信网络。

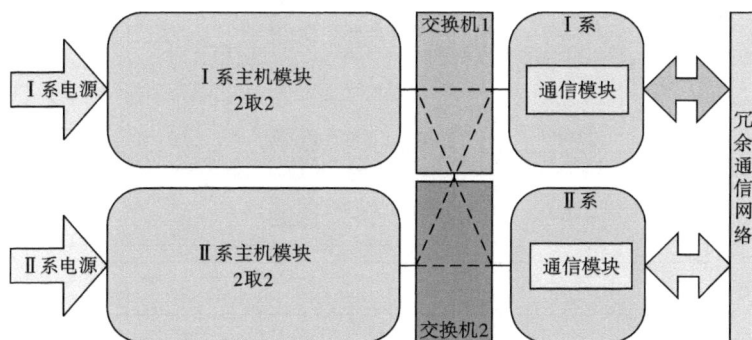

图 3-1　CI 2 取 2 结构图

主机模块作为运算主处理单元，主机模块和通信模块通过内部交换机模块连接。通信模块通过以太网连接到骨干网与 CBTC 其他系统进行通信。

3.1.3.1　结构示意图

图 3-2 所示为 CI 结构示意图。

3.1.3.2　分层结构

联锁机采用模块化设计方案，具有更高的设备可靠性，对任意模块进行维修与替换都不会对整个系统的正常工作产生任何影响。

系统结构分为人机对话层、联锁运算层、执行层三层结构：

联锁机与现地控制工作站通过以太网连接；

联锁机、驱采单元通过以太网互联；

现地控制工作站通过以太网将 CI 相关信息传送至维护工作站。

其中非设备集中站的信号机、紧急停车按钮等信息通过电缆送至集中站执行联锁运算并在屏幕上进行显示。

正线各站车站控制室均设置 IBP 盘，IBP 盘上按站场布设紧急停车按钮、扣车按钮、相应测试按钮等控制按钮及相应的指示灯。

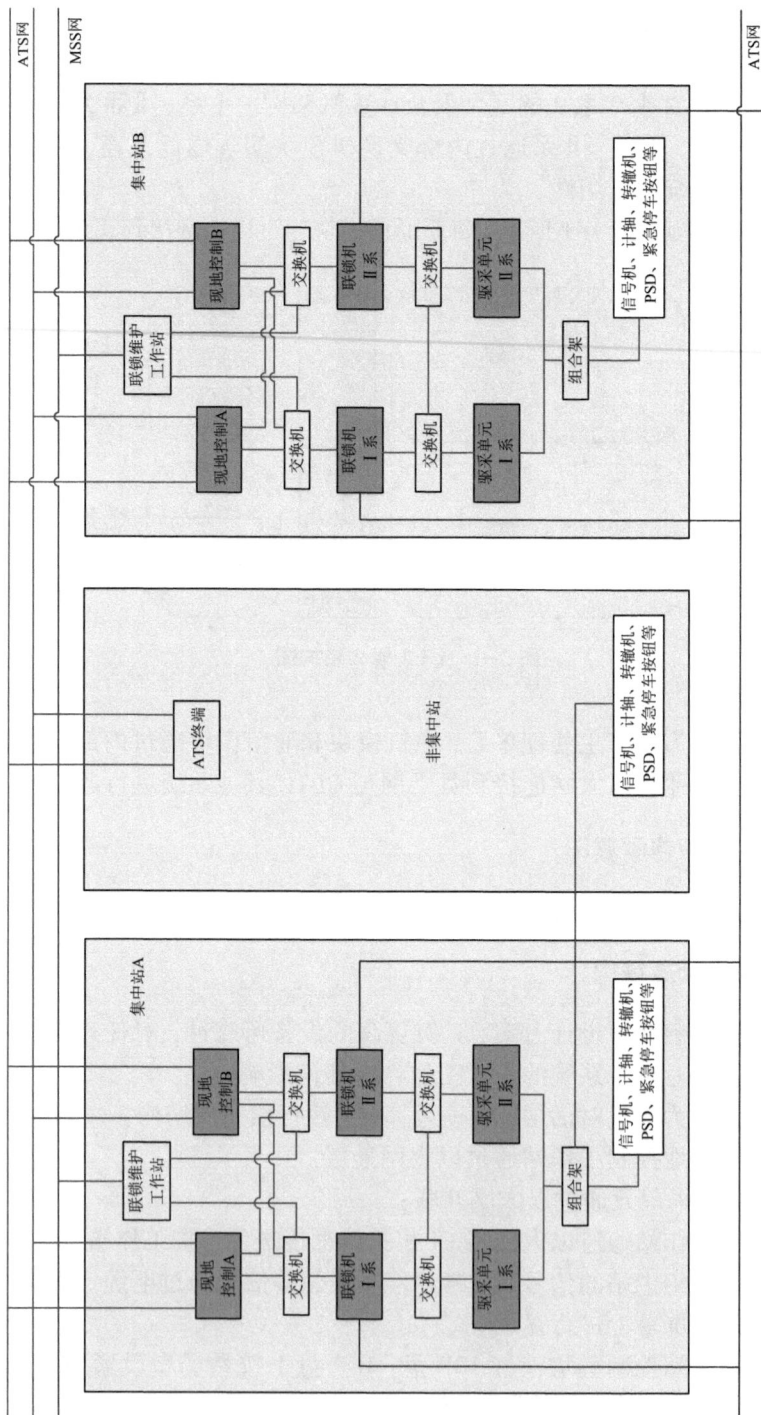

图3-2　CI结构示意图

以任一集中站为例，其 CI 分层结构及硬件构成如图 3-3 所示。

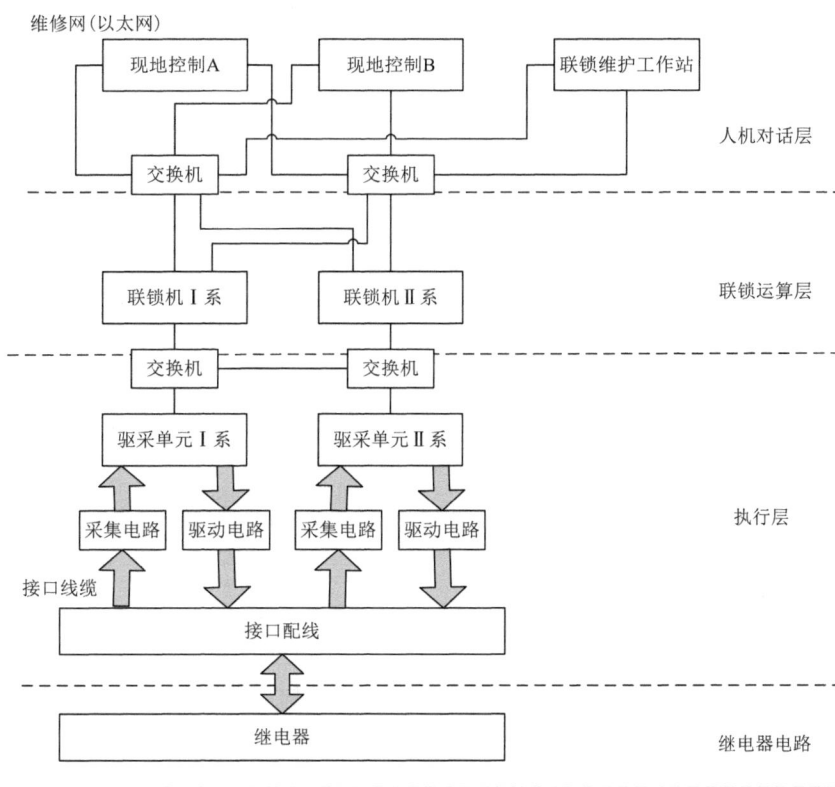

图 3-3　CI 分层结构及硬件构成图

3.1.4　系统软件数据流

图 3-4 所示为 CI 软件数据流图。

联锁程序进行标准化、结构化、模块化，采用站场网络图方式的软件结构。不同的车站采用相同的软件标准，仅需要根据车站配置设置相应的静态数据。联锁软件读取的静态数据由 CAD 软件自动生成，避免了手工编写所引入的人为错误。

各软件模块在联锁任务模块统一调度下，高效、可靠地运行系统软件。联锁程序的设计语言采用满足安全关键系统的标准 C 语言子集编制。在软件编码中不允许采用动态内存分配等相应规定，确保了联锁软件的安全性。

联锁软件的基本流程如图 3-5 所示。

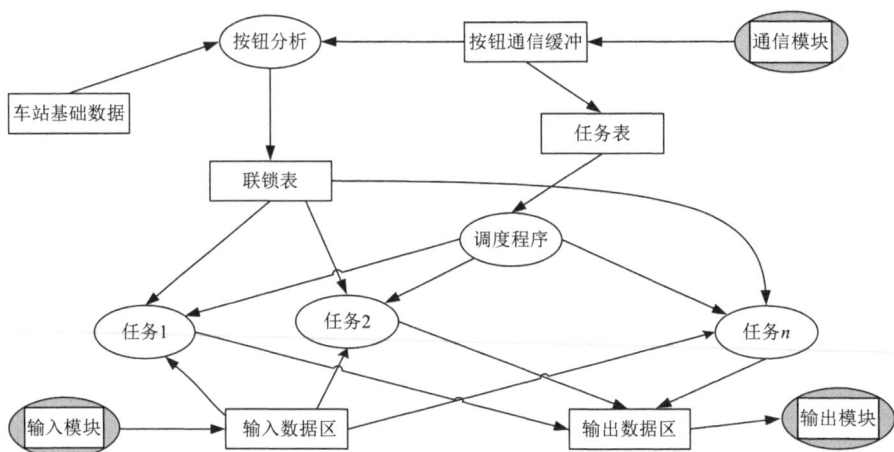

图 3-4　CI 软件数据流图

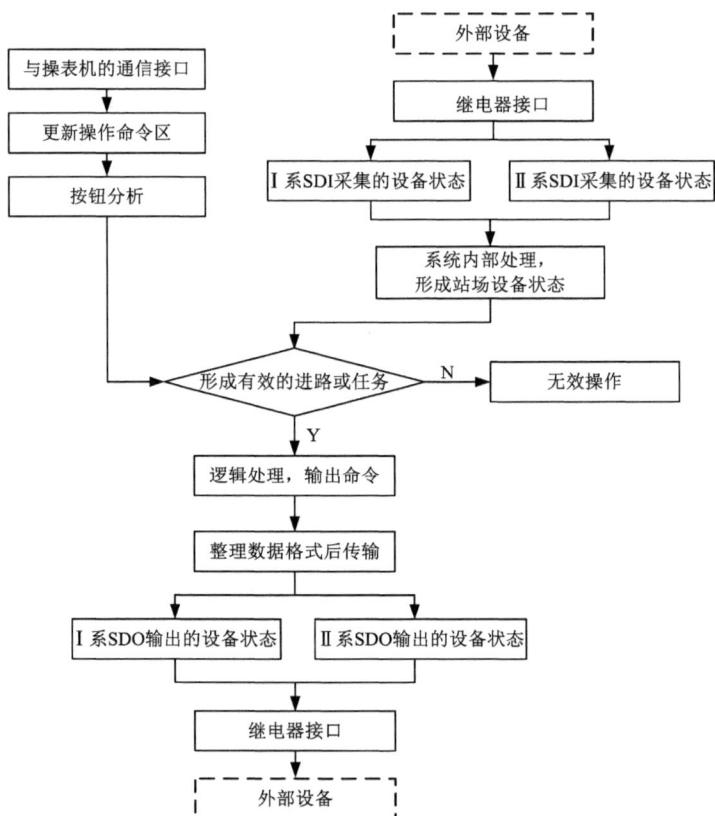

图 3-5　联锁软件的基本流程

3.1.5　接口

主要设备之间的通信采用铁路通用安全通信协议,符合故障-安全原则,系统之间接口考虑了其他系统的接口特性及软件实现方式,接口具有高可靠性。

图 3-6 所示为 CI 设备接口示意图,各接口采用标号形式与后续接口对应。

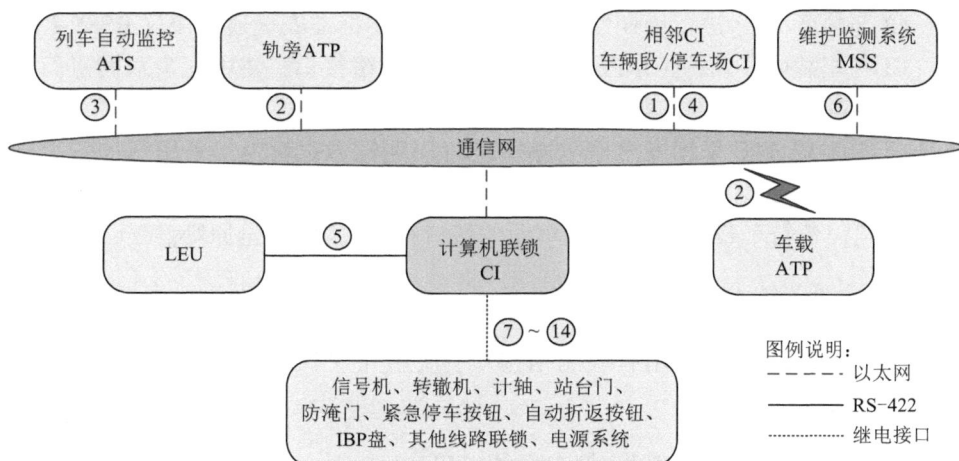

图 3-6　CI 设备接口示意图

CI 系统开放的通用性接口信息包括以下几点:

(1)与相邻 CI 之间通信的信息格式、定义及内容。

(2)与 ATP 系统之间通信的信息格式、定义及内容。

(3)与 ATS 系统之间通信的信息格式、定义及内容。

(4)与车辆段/停车场 CI 之间通信的信息格式、定义及内容。

(5)与 LEU 之间通信的信息格式、定义及内容。

(6)与维护监测系统之间通信的信息格式、定义及内容。

(7)与电源系统的接口方式。

(8)与其他线路联锁的接口方式。

(9)与基础信号设备(信号机、转辙机)的接口方式。

(10)与计轴设备的接口方式。

(11)与站台门的接口方式。

(12)与自动折返按钮、紧急停车按钮的接口方式。

（13）与 IBP 盘的接口方式。

3.1.5.1　与 ATP 系统的接口

改造项目中，新联锁系统与轨旁 ATP 系统直接通信，不存在既有设备的通信。

CI 与轨旁 ATP 采用有线网络接口，使用冗余双网进行通信。该接口通过以太网实现。

CI 与轨旁 ATP 进行周期性数据交互时，采用标准安全通信协议 RSSP-Ⅰ。

CI 与车载 ATP 系统(车载 ATP)采用无线网络接口，使用冗余双网进行通信。该接口通过以太网实现。

CI 与车载 ATP 采用安全通信协议进行周期性数据交互，采用标准安全通信协议 RSSP-Ⅱ。

联锁设备与车载 ATP 计算机单元的接口符合故障-安全原则。

3.1.5.2　与 ATS 系统的接口

CI 与 ATS 系统间采用有线网络接口，使用冗余双网进行通信。该接口通过以太网实现。

3.1.5.3　正线与车辆段/停车场的接口

联锁接口需根据线路改造范围确定，若车辆段/停车场不改造，则新联锁系统与既有车辆段/停车场的接口应保持不变，新系统须完全适配既有接口，减少对未改造的设备进行不必要的改造。

若车辆段/停车场均在改造范围内，则联锁系统与车辆段停车接口可根据系统要求自行确定。

正线 CI 与车辆段/停车场 CI 间可采用有线网络接口，使用冗余双网进行通信，保证正线与车辆段/停车场间的作业安全。该接口通过以太网实现。

正线联锁与车辆段/停车场的联锁接口通过敌对照查的联锁关系来保证列车出入场和转线作业的安全。

3.1.5.4　与 LEU 的接口

若改造保留了点式后备需求，需增加联锁与 LEU 接口，接口方式可选用 RS422 通信方式或以太网接口。

CI 与 LEU 间进行周期性数据交互，采用标准安全通信协议 RSSP-Ⅰ。

3.1.5.5　与其他线路联锁的接口

与其他线路联锁的接口采用标准的场联继电电路接口方式，互送照查信息、接车信号机状态信息、联络线状态信息，表 3-2 为 CI 与其他线路 CI 的接口信息表。

表 3-2　CI 与其他线路 CI 的接口信息表

序号	CI→其他线路 CI	其他线路 CI→CI
1	照查信息	照查信息
2	接车信号机状态信息	接车信号机状态信息
3	联络线状态信息	联络线状态信息
4	其他	其他

3.1.5.6　与信号机、转辙机等的接口

CI 可与各种定型室外现场设备和特殊设备结合，如 LED 信号机点灯电路、道岔转换和表示电路等。采用安全型继电器实现计算机设备和现场设备的结合。

3.1.5.7　与计轴设备的接口

CI 通过采集计轴设备驱动的轨道继电器状态获得计轴区段占用/空闲状态信息。

联锁设备通过设置的总复位继电器及各计轴区段对应的预复位继电器实现对计轴区段的预复位功能。

CI 与计轴设备的接口符合故障-安全原则。

3.1.5.8　与站台门的接口

与站台门的接口通过安全型继电器实现，其接口电路采用双断电路，满足故障-安全原则。CI 通过安全型采集板采集站台门开关状态信息并纳入联锁。

联锁系统向站台门发送开/关门信号的连续不中断控制信号。站台门系统向信号系统提供站台门开/关门状态信息及站台门互锁解除信息。站台门在"故障"状态时，站台门系统可以通过特殊操作解除（互锁解除信息）其与信号系统的联锁关系，并将该状态送至联锁系统，列车可以采用特定的操作方式进/出车站。

3.1.5.9 与自动折返按钮、紧急停车按钮的接口

CI 通过采集自动折返按钮、紧急停车按钮的状态信息来进行相应的控制。

3.1.5.10 与 IBP 盘的接口

正线各站车站控制室均设置 IBP 盘，IBP 盘上按站场布设紧急停车、扣车、轨道区段直接复位等控制按钮及相应的指示灯，实现紧急情况下或联锁失效时的应急控制。

CI 与 IBP 盘的接口是通过中国标准安全型继电器来实现的。CI 通过采集板采集紧急关闭按钮的状态信息。

3.1.5.11 CI 系统与其他系统接口分界

CI 与其他系统接口分界处处于联锁系统联锁分线柜内方一侧，联锁与其他系统分界如图 3-7 所示。

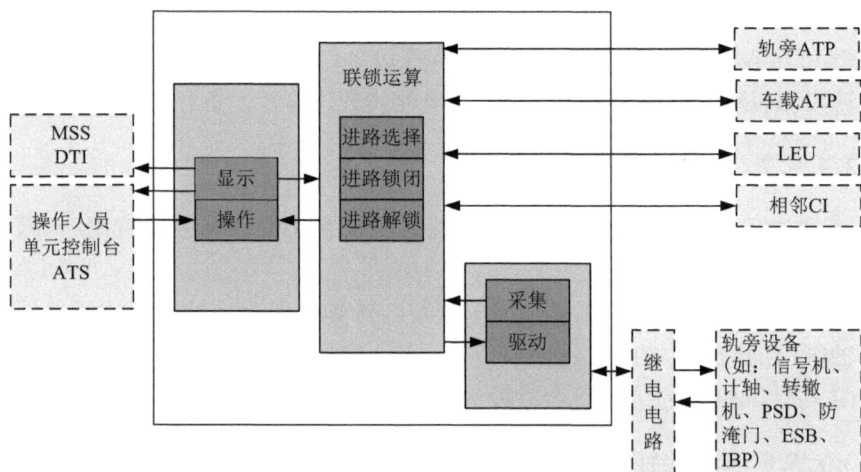

图 3-7 联锁与其他系统分界

3.2 DCS 子系统改造实施方案

数据通信系统简称 DCS 系统，是实现 CBTC 列车控制与运行的关键子系统之一，它为控制中心、车辆段、车站、正线轨旁与车载信号子系统设备之间提

供双向、可靠、安全的数据信息传输和交换,其性能指标满足列车自动控制系统的要求。

信号系统 DCS 系统满足中国城市轨道交通协会技术装备专业委员会发布的《城市轨道交通 CBTC 信号系统–DCS 子系统规范》,并符合 ISO 规定的网络通信协议和 IEEE、ITU 规定的数据传输标准。

信号系统所提供的 DCS 系统包括有线网络和无线网络,所有 DCS 系统设备的设计均符合有关通信行业的设计标准。网络的通信协议采用国际通用的通信协议,并具有强大的网络安全防护功能。DCS 系统骨干网设备、LTE 无线传输设备硬件和软件按标准化功能模块进行设计,便于 DCS 系统的一体化设计、升级和维护。

DCS 系统在结构设计层面上具备完全冗余的特性。冗余概念应用在 DCS 系统设计的所有层面上,包括交换机、光纤链路和空中的无线链路。由于两个或者更多信号以同样方式失真的可能性较低,所以空中链路的冗余对传输的整体健壮性具有重要的影响。

DCS 系统提供的有线骨干网采用工业以太网交换机进行传输,基于 IEEE 802.3 以太网协议。DCS 系统提供的无线传输方案基于 3GPP TD-LTE 标准的 LTE-M 技术进行数据传输,目前的 LTE-M 采用专用的 1.8 GHz(1785～1805 MHz)无线频段,具有很强的抗干扰能力;优先级保障机制,保障最高优先级用户业务的接入;频率校正确保高速移动场景下的无线链路质量,可以支持 200 km/h 的移动速度。符合中国城市轨道交通协会技术装备专业委员会发布的《城市轨道交通车地综合通信系统(LTE-M)总体规范》。

3.2.1 系统组成

DCS 系统在各设备之间通过有线网络或无线网络两种不同的网络实现双向通信,用以提供各设备子系统之间的有线信息传输以及地面设备与车载设备之间的无线信息传输。它主要由如下三部分组成:

(1)有线网络。

(2)车-地无线网络。

(3)网络管理系统。

图 3-8 所示为 DCS 系统组网结构图。

有线网络由工业以太网交换机组成。工业以太网交换机采用光缆连接成环形网络结构。DCS 有线网络为 CBTC 信号系统及其他业务提供专用有线信息传输,为控制中心、车站、车辆段之间提供信息的透明骨干传输通道。控制中心、车站、车辆段之间传输介质采用聚乙烯低烟无卤单模室外阻燃光缆,站内设备

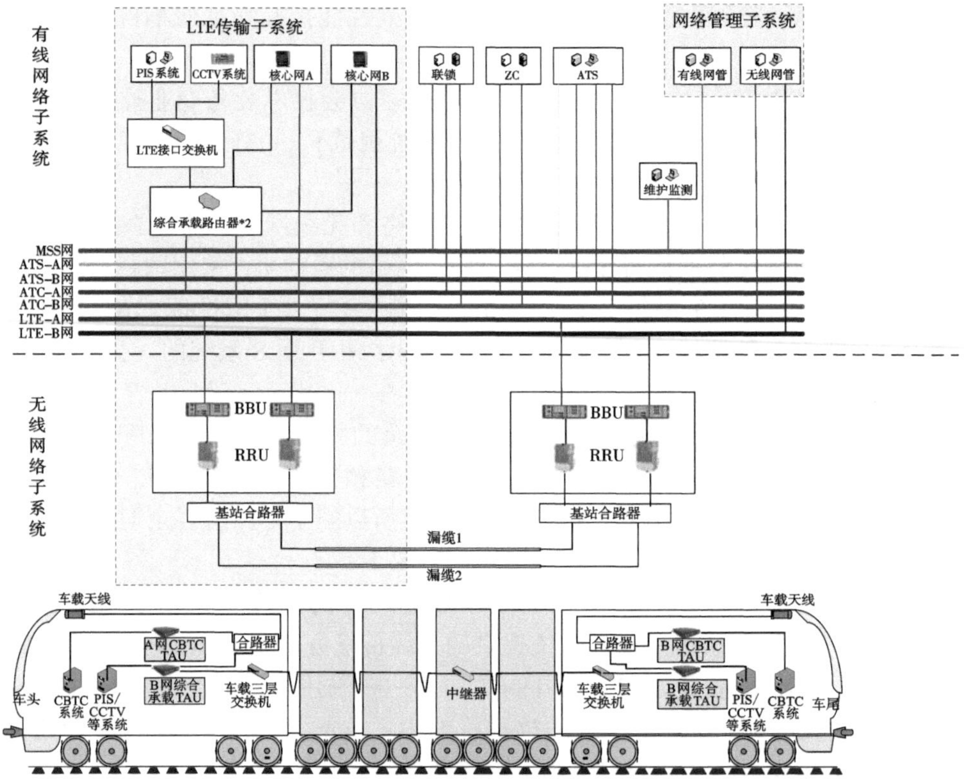

图 3-8 DCS 系统组网结构图

与设备之间传输介质采用五类标准以上屏蔽双绞网线。根据 CBTC 信号系统及其他业务传输的数据量，有线网络的传输带宽在实际使用带宽的基础上预留了超过 30% 的余量。

车–地无线网络采用 LTE－M 技术进行 CBTC 信号系统车–地无线传输，LTE-M 无线通信系统采用 1.8 GHz 的可应用于轨道交通的专用频段。LTE 无线通信系统所提供的无线覆盖范围包括：正线（含折返线、联络线、避让线）、出入段线、咽喉区、运用库、洗车线（库）、检修库、试车线等。其中正线轨旁、试车线传输介质采用泄漏电缆进行无线覆盖；出入段线、段车库内传输介质采用自由波天线进行无线覆盖。以上覆盖均可以满足信号系统车–地无线覆盖与数据传输的要求。

网络管理系统为 DCS 系统的运营维护和故障分析提供依据，其用于系统的网络管理、DCS 管理系统的配置，保证为 CBTC 信号系统提供一个具有高可维护性的数据通信网络。

3.2.2 有线网络子系统

DCS 有线网络子系统采用工业级以太网交换机组网,以太网交换机通过冗余的光纤骨干网互相连接起来,该轨旁网络沿线路延伸,构成整个 CBTC 信号系统的有线骨干网。有线骨干网分为 7 个具有物理独立性的网络,分别为 ATC 骨干网双网、ATS 骨干网双网、LTE 骨干网双网、MSS 骨干网单网。图 3-9 所示为交换机组网示意图。

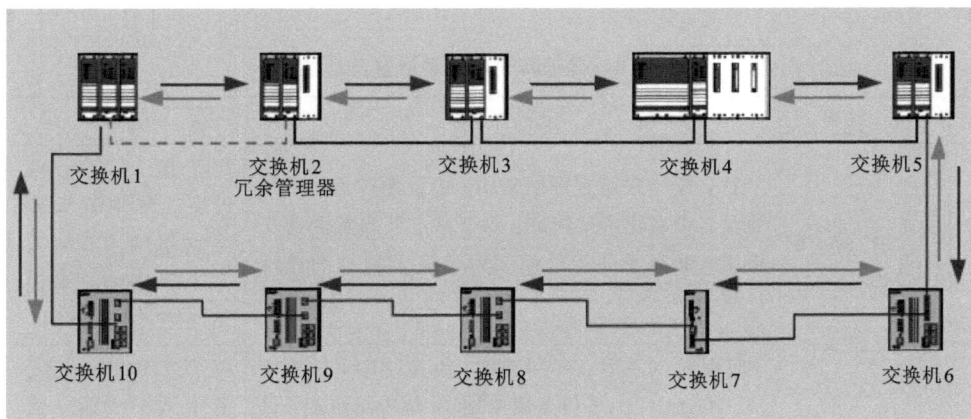

图 3-9 交换机组网示意图

综合承载网络设备单独采用标准工业级路由器,分别连接 LTE 核心网设备和 ATC 骨干网交换机。为 CBTC、PIS、车载 CCTV、紧急文本信息、车辆状态信息、车辆 FAS 等业务提供传输通道。

骨干网设计时为用户提供了完善有效的网络自愈保护方案,从而根据不同的网络拓扑实现灵活可靠的自愈保护倒换。

信号系统 DCS 骨干网分为独立的 7 个物理网,具体如下:

(1)ATC-A 骨干网(主要传输 ATP-A 网、CI-A 网信息和 ATC-B 网热备冗余)。

(2)ATC-B 骨干网(主要传输 ATP-B 网、CI-B 网信息和 ATC-A 网热备冗余)。

(3)ATS-A 骨干网(主要传输 ATS-A 信息和 ATS-B 网热备冗余)。

(4)ATS-B 骨干网(主要传输 ATS-B 信息和 ATS-A 网热备冗余)。

(5)LTE-A 骨干网(主要传输 LTE 核心网和基站之间的信息和 LTE-B 网热备冗余)。

（6）LTE-B 骨干网（主要传输 LTE 核心网与基站之间的信息、LTE-B 网综合承载信息和 LTE-A 网热备冗余）。

（7）MSS 骨干网（单网，主要传输 MSS 信息）。

安全信息与非安全信息物理上完全隔离。ATC 骨干网中，ATP、CI 各子网分别通过 VLAN 技术隔离，防止各子网广播相互影响。各物理骨干网独立组成环网，通过工业以太网采用的骨干网自愈协议，任意节点出现故障时，网络会在很短时间内（小于 50 ms）重新配置网络，收敛速度快。各骨干网交换机采用跳接方式组环，防止出现超远距离传输。表 3-3 所示为骨干网设备部署信息及功能。

表 3-3　骨干网设备部署信息及功能

序号	网络	设备部署	功能
1	ATC 骨干网	ATC 骨干网采用双环网架构；由控制中心、试车线及各设备集中站组成；每个站点各布置两台交换机，通过千兆光纤组成两个完全独立的光纤环网	用于接入 ATP、CI 设备。其中试车线独立组网，不纳入主干环网内，车辆段不接入主干环网
2	ATS 骨干网	ATS 骨干网采用双环网架构，由控制中心、车辆段、维修中心、各设备集中站/非集中站组成；每个站点各布置两台交换机，通过千兆光纤组成两个完全独立的光纤环网	用于接入 ATS 设备；其中试车线独立组网，不纳入主干环网内
3	LTE 骨干网	LTE 骨干网采用双环网架构，由控制中心、车辆段、试车线及各设备集中站组成；每个站点各布置两台交换机，通过千兆光纤组成两个完全独立的光纤环网	用于接入 LTE 设备
4	MSS 骨干网	MSS 骨干网采用单环网架构，由控制中心、车辆段、维修中心、各设备集中站/非集中站组成；每个站点各布置一台交换机，通过百兆光纤组成完全独立的光纤环网	用于接入 MSS 设备

3.2.3　车-地无线网络子系统

3.2.3.1　LTE 系统架构

图 3-10 所示为 LTE 系统架构。LTE 系统主要包含如下设备：

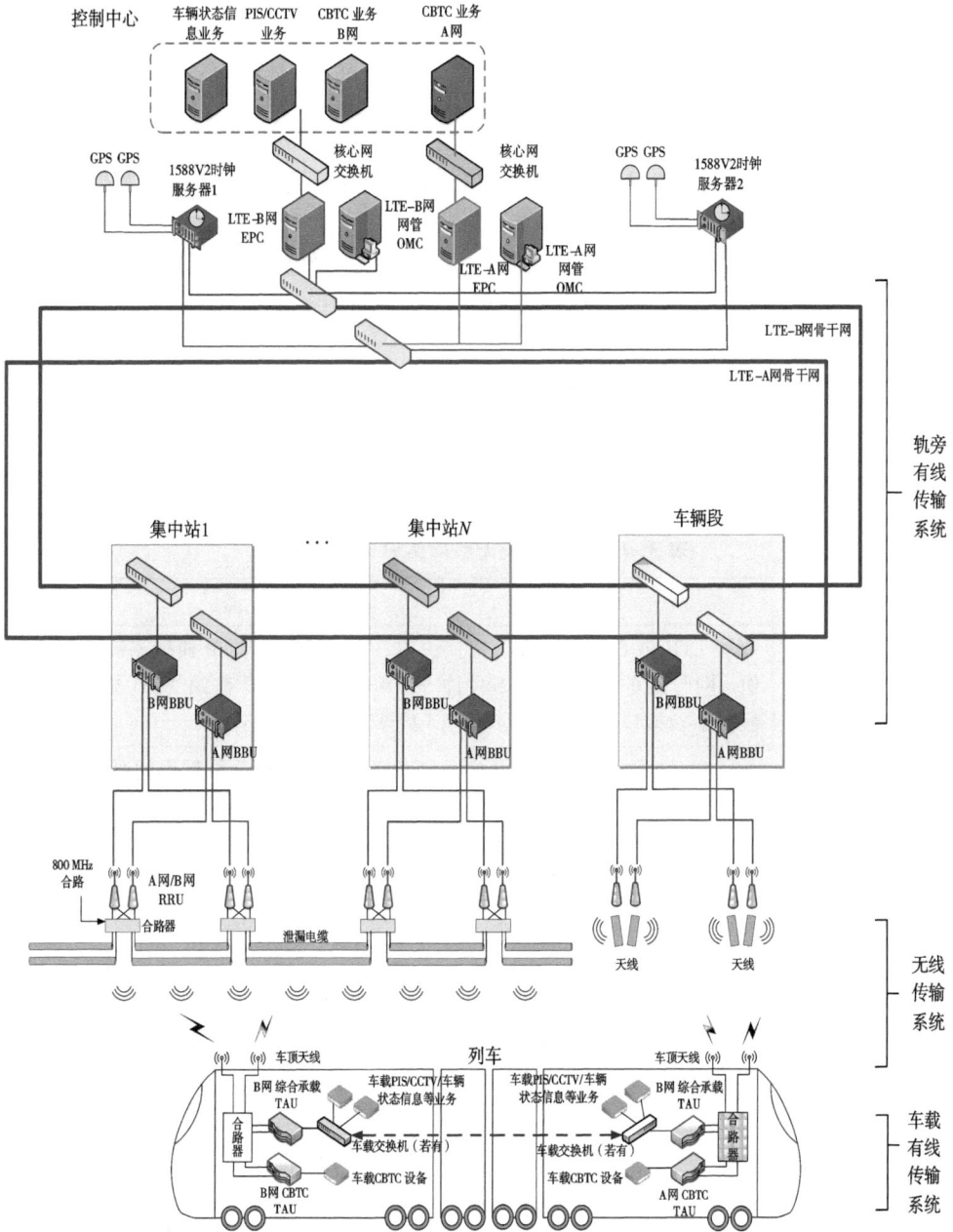

图 3-10 LTE 系统架构

（1）LTE核心网：主要功能是提供LTE网络侧接入控制、数据路由和转发、移动性管理、安全管理、无线资源管理等，是LTE承载网络和外部网络（CBTC、车辆状态信息等业务系统）的接口。为实现多种业务网络连接、互联互通及必要的网络管理功能，核心网配置核心网路由器用于实现不同层面的业务和管理接口。

（2）网管服务器：专门用于管理LTE系统的主要网元设备，包括核心网、基站、车载终端、1588V2时钟服务器等。

（3）1588V2时钟服务器：为LTE基站提供微秒级的精准时钟同步保证。

（4）LTE基站BBU：即基带处理单元，作为网络侧的末端节点，通过RRU实现和终端之间的空中接口通信。

（5）LTE车载接入单元TAU：为车辆提供LTE通信接入和无线数据传输服务。

LTE系统无线网络设备部署信息见表3-4。

表3-4 LTE系统无线网络设备部署信息

序号	部署位置	设备	备注
1	控制中心	部署LTE核心网、核心网交换机、网管服务器、1588V2时钟服务器及接口监测等	主、备时钟服务器单独接GPS获取同步信息并为全线基站BBU提供时钟同步
2	集中站	部署LTE基站室内基带处理单元（BBU）	BBU通过LTE骨干网提供的通道与LTE核心网连接，BBU通过光缆与轨旁RRU连接
3	车辆段	部署LTE基站室内基带处理单元（BBU）	
4	轨旁	部署LTE基站射频拉远单元（RRU）、合路器、泄漏电缆（一根由通信专业提供，一根由信号专业新建）、基站天线等	
5	车载设备	车辆上部署LTE车载接入单元（TAU）、合路器、车顶天线等	列车两端分别配置4台TAU：车头、车尾各1台CBTC专用TAU，分别工作于LTE-A网、LTE-B网，提供CBTC冗余传输通道；车头车尾各1台TAU用于CCTV、PIS、车辆状态信息、紧急文本等综合承载业务

3.2.3.2　核心网

LTE 核心网由核心网服务器和核心网交换机组成。

LTE 核心网负责 LTE 网络内数据传输和外部网络的接口,具备分组数据路由、QoS 设置、信令控制、终端注册和认证管理等重要功能,是 LTE 网络的核心部分。LTE 车–地通信网络采用冗余 EPC 同时工作,为 A、B 两张 LTE 网络提供独立的数据传输通道。

核心网服务器是 LTE 网络的关键网元,由 P-GW、S-GW、MME 和 HSS 四个逻辑网元组成。

核心网交换机用于核心网服务器和外部业务(如 CBTC 和其他业务)、网管系统之间的接口,可提供可扩展的光纤/网线连接端口。

3.2.3.3　基站系统

LTE 基站(e-NodeB)是 LTE 无线网络侧的接入设备,沿轨旁布置,为 DCS 系统提供全线无缝接入覆盖。LTE 基站采用分布式架构设计,分为室内基带处理单元(BBU)和射频拉远单元(RRU),BBU 和 RRU 之间通过光纤连接。

(1)室内基带处理单元(BBU)。

室内基带处理单元(BBU)负责基站基带数据处理,包括无线资源管理、数据包压缩加密、用户面到 S-GW 的路由、MME 选择、广播和寻呼消息调度和发送、无线测量配置等。单台 BBU 可与多条 RRU 光纤连接,实现基带数据的集中处理。

(2)射频拉远单元(RRU)。

射频拉远单元(RRU)负责基站基带与射频信号的变频、滤波、放大等处理,射频接口与基站天线/泄漏电缆连接,实现轨旁无缝连续覆盖。RRU 通常采用 CPRI 接口与 BBU 相连,多个 RRU 可采用小区合并技术,增加小区覆盖范围,减少小区间的干扰和降低切换频率。

(3)时钟同步。

LTE 基站和终端采用时分双工模式,空中接口要求有高精度($\pm 1.5\ \mu s$)的同步保证,防止上下行时隙和 OFDM 符号传输之间相互干扰。

3.2.3.4　车载设备

LTE 车载设备主要通过车载接入单元(TAU)实现分组数据的有线传输接口和无线侧基于 LTE 空中接口的车地双向传输。

TAU 采用软 SIM 方式实现用户终端的身份识别和入网控制,防止非法访问和入侵。

3.2.4　网络管理子系统

3.2.4.1　有线网络管理系统

长沙市地铁2号线的DCS系统有线网络在控制中心、维修中心、梅溪湖西站及光达站各布置了1套有线网络管理工作站。通过网络管理服务器/客户端部署的网络管理系统进行管理,有线网络管理系统提供配置管理、性能管理、故障管理、安全管理、日志管理、拓扑管理、软件管理、系统管理等网管基础功能和丰富的可选功能。典型的网络管理系统在硬件上包括服务器、客户端及一些组网设备。其基本硬件结构配置了单服务器,称为单机系统。有线网络管理系统具体物理结构如图3-11所示。

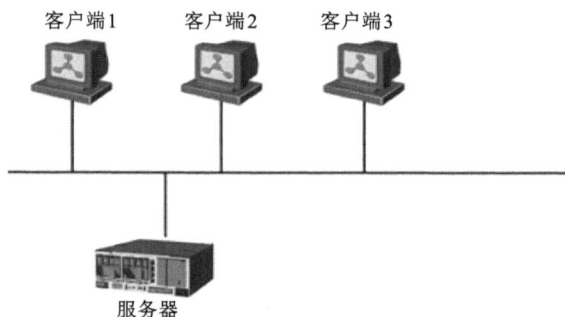

图3-11　有线网络管理系统物理结构图

3.2.4.2　LTE网络管理系统

采用LTE-M技术进行车-地无线信息传输时,LTE设备的网络管理系统可提供强大、全面、可靠的网络设备监控、管理平台;而整体LTE网络管理系统功能大致可分为网络部署、网络监控、网络调整三类运维场景。

LTE网络管理网元主要包括无线接入及核心网业务网元,以及LTE网络管理服务器及客户端设备。业务网元提供了业务的网元承载,而LTE网络管理则实现了基于无线接入网网元及核心网网元的集中化管理。就LTE网络管理的管理特点而言,LTE网络管理提供了一个操作平台、一套管理系统、一个高效的运维团队、一个集中式管理方案,更有利于客户通过网络管理平台对设备进行综合维护。

3.2.5　系统功能

DCS 系统的定位是为整个信号系统的信息提供传输通道，信息的传输是透明的。透明传输只需保证传输的质量，并不对传输的业务进行处理。

信号系统的信号业务功能可以划分为行车控制系统（ATP 及联锁相关系统）、行车指挥系统（ATS 系统）和维护监测子系统（MSS 系统）。由于行车控制系统和行车指挥系统都是安全系统，为保证其可靠性，这两种系统均设置为冗余的系统，因此，为保证各类数据的相互独立，可将 DCS 系统划分为以下网络用来传输上述信息，分别为：

（1）冗余的 ATC 网，为 ATP、CI 提供传输通道。

（2）冗余的 ATS 网，为 ATS 信息提供传输通道。

（3）冗余的 LTE 网，为 LTE 车-地通信信息提供传输通道。

（4）MSS 单网，为维护监测信息提供传输通道。

DCS 系统的有线连接采用 IEEE 802.3 以太网标准，网络协议对信号系统是完全透明的，并且有线网络与无线网络完全兼容。

DCS 系统具有强大的加密机能和安全认证机制，其他非信号系统的用户无法进入该网络系统，是一个拥有高可靠性的专用安全通信网络。

DCS 有线网络系统可实现的功能主要包括：

（1）CBTC 各子系统之间双向、可靠数据通信。

（2）信息冗余传输。

（3）通过 1588V2 协议同步时间。

（4）QoS 保障。

（4）双向可靠数据通信。

（5）VLAN 划分。

（6）端口镜像。

作为 CBTC 系统的基础，DCS 系统对 CBTC 系统是透明的，它提供了 CBTC 系统各单元之间通信的承载平台，CBTC 系统的各设备之间使用 UDP/IP 协议直接进行相互通信。同时，DCS 系统能够满足数据传输对于传输时延、丢包率等的需求。

DCS 系统在网络架构设计规划中，采用行业运用广泛的相关设备与技术，以确保 CBTC 各子系统间高效、安全可靠地进行数据交互。它可根据 CBTC 系统应用要求允许/限制任何与其相连设备之间互相通信，同时合理、有效地部署终端、网络设备，以保障所有单点故障和部分多点故障对列车运行不造成影响。

根据 DCS 系统对 CBTC 信号系统信息传送的高可靠性要求，DCS 安全网络的设计均采用双网并行的设计理念，在物理和逻辑上，均采用双网并行工作方式,以实现最高的系统整体可靠性。DCS 系统 ATS 网、ATC 网、LTE 网分别由 A 网和 B 网两个完全独立的网络系统构成,由独立的硬件系统、独立的有线通道、独立的无线信道分别组网,A、B 双网完全独立运行且可同时工作。CBTC 信号系统相关的控制信息,通过 A、B 两张网同时传送。单独设置 MSS 网,为监测维护设备提供单独的信息传输通道。

DCS 有线网络工业以太网交换机布置在控制中心、正线、车辆段等地方。

用工业路由交换机组建的骨干网络,具备以下特点:

(1)灵活的业务扩展能力:提供综合业务承载,具备多业务叠加的能力,系统容量大,灵活满足 LTE-M 的就近转发需求,并平滑地支持未来新的业务类型。

(2)全方位的可靠性解决方案:可从多个层面提供可靠性保护,包括设备级、网络级、业务级可靠性,可以应对承载网中各种失效形式,保证业务恢复。可提供关键部件的冗余备份。关键组件支持热插拔与热备份。

(3)完善的 QoS 机制:提供高品质的 QoS 能力和先进的队列调度算法、拥塞控制算法,能够对数据流实现多级的精确调度,从而满足不同用户、不同业务等级的服务质量要求。

(4)高度的可维护性:全方位管理可提高维护效率,降低网络维护难度,缩减日常运维工作量,降低运维成本,丰富的业务网管实现业务快速部署和监控,快速响应客户业务。

(5)1588V2 时钟服务器可实现时间同步,实现 LTE-M 业务承载。

(6)通过不同 VLAN 划分,缩小各个子网的广播域,降低广播风暴的风险。

(7)提供端口镜像功能,提高网络的可维护性。

DCS 系统车-地无线网络采用 LTE-M 技术进行信号系统车-地无线传输,无线通信可以实现如下功能:

(1)采用 1785~1805 MHz 的频点进行无线传输网络组网。

(2)支持 1.4 MHz、3 MHz、5 MHz、10 MHz、15 MHz、20 MHz 系统带宽灵活配置。

(3)为信号系统的车-地无线传输提供实时、双向、连续和高可靠的无线数据传输通道。

(4)实现有线信号(电信号)和无线信号(射频信号)的相互转换。

(5)接收并发送信号系统地面设备信息至列车,接收并转发信号系统车载设备信息至地面。

(6)无线系统支持 QoS 设置,并为 CBTC 系统预设最高等级的 QoS 保证。

TD-LTE 系统核心网通过 SGi 接口与信号系统的骨干环路的交换机相连,继而连接到信号系统的地面 CI、ZC、ATS 等子系统。核心网通过 S1 接口与基站系统的 BBU 相连。终端层由车载无线终端组成,用于接入轨旁无线网络。

改选项目正线采用 A、B 双网独立组网配置核心网，A 网核心网用于承载 CBTC 业务，B 网核心网用于承载 CBTC 和其他综合承载(CCTV、PIS、车辆状态信息等)业务。

LTE 核心网设备的主要网元划分和对应功能如下：

(1)采用全 IP 架构，实现用户面和控制面分离。

(2)S-GW(serving gateway)：服务网关，主要功能是实现分组数据路由及转发，终结无线接入网(E-UTRAN)部分的接口，e-NodeB 间切换的锚点，基于用户和承载的管理。

(3)P-GW(PDN gateway)：分组数据网络网关，终结面向 PDN 的 SGi 接口，连接外网的网关，功能包括终端 IP 地址分配，基于 GBR、AMBR 的上下行速率监管，DHCPv4 等。

(4)MME(mobility management entity)：移动性管理实体，主要负责控制面的移动性管理，包括用户上下行和移动状态管理、分配用户临时身份标识等，主要功能包括 NAS 层(非接入层)信令及安全、IDLE 模式下终端移动性、P-GW 和 S-GW 的选择、承载管理、鉴权等。

(5)HSS(home subscriber server)：归属地签约用户服务器，主要功能是存储用户(终端)签约信息管理，包含签约用户配置输入(如 IMSI、PDN 地址)、鉴权加密、存储 QoS 数据等。

LTE 基站采用基带射频分离的架构，由室内基带处理单元(BBU)和射频拉远单元(RRU)组成，包括如下功能：

(1)无线资源管理，包括无线承载控制、无线准入控制、连接移动性控制和资源调度等。

(2)数据包的压缩解密。

(3)用户数据包到 S-GW 的路由。

(4)MME 选择。

(5)广播消息、寻呼消息的调度和发送。

(6)用于终端的测量配置以及测量报告配置。

LTE 车载接入单元(TAU)的主要功能如下：

(1)LTE 空中接口传输。

(2)分组数据路由转发。

(3)静态路由配置。

(4)VPN(支持 IPSec、GRE、L2TP 等隧道协议)。

(5)支持 VRRP 实现双机热备。

(6)DHCP 功能。

(7)NTP 功能。

（8）基于 IP、MAC、URL 等的过滤功能，防恶意攻击。

（9）基于 Web 方式的管理和远程维护。

（10）支持双 SIM 卡，独立满足正线和试车线使用需求。

针对改造线路环境包括地下隧道和地面高架路段的特点，LTE 车载无线通信同时采用车顶天线和车底天线配置，经过射频合路连接到 LTE 车载接入单元（TAU）。列车车头、车尾两端的顶部分别安装两副车顶天线，车厢底部左右两侧各安装一副车底侧面天线。

3.2.6 无线覆盖设计

3.2.6.1 重叠覆盖增加可靠性

为保障车-地通信数据传输的可靠性，无线信号在切换区以重叠覆盖的方式确保网络传输的可靠性，图 3-12 为无线网络重叠覆盖示意图。

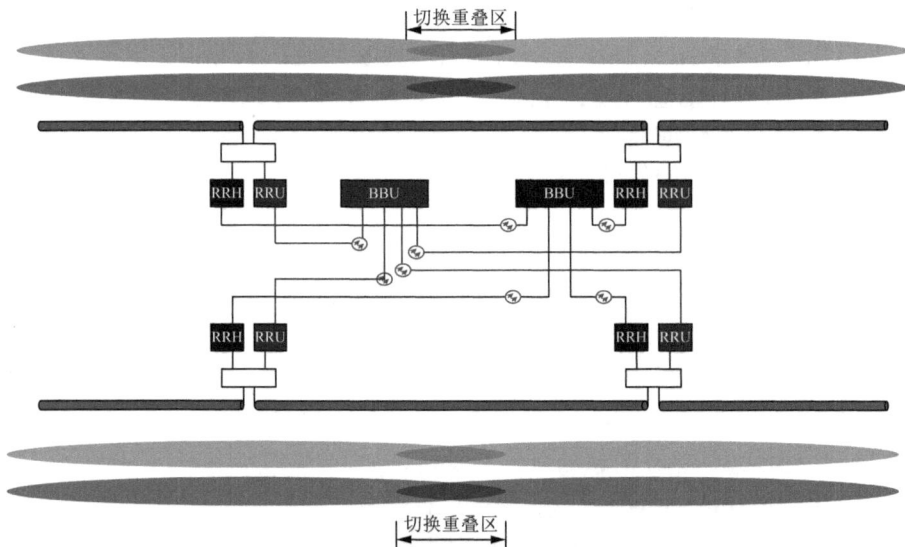

图 3-12 无线网络重叠覆盖示意图

3.2.6.2 隧道覆盖

基于 LTE-M 技术方案的车站应设置室内基带处理单元（BBU）和射频拉远单元（RRU），BBU 设置于车站设备室，RRU 设置于隧道壁靠近泄漏电缆位置，将无线信号送入泄漏电缆中，实现隧道内覆盖。为实现长区间无线信号覆盖，采用在区间增设 RRU 的方式。

RRU 分别连接左右两端泄漏电缆,泄漏电缆安装在轨旁。

如果车站间距大于相邻车站 RRU 的覆盖能力,应在隧道中进行加站,采用将 RRU 拉远到隧道中进行覆盖的方式。

小区组网如图 3-13 所示,基带处理单元安装于站台,切换于隧道区域。

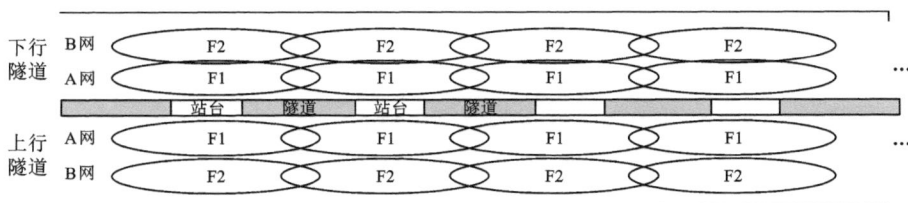

图 3-13　小区组网示意图

3.2.6.3　折返线覆盖

在一个大的隧道中有多条轨道,列车可能距离泄漏电缆较远,这时信号强度会变弱。这种情况下链路预算需要考虑隧道的宽度因子。

3.2.6.4　U 形槽覆盖

U 形槽是隧道与地面的过渡区段,该区域既有隧道覆盖又有地面覆盖,使用泄漏电缆覆盖方案可实现从隧道到地面覆盖的平滑过渡。

3.2.6.5　场段库覆盖

场段库有棚且该区域为矩形,可采用室内定向天线方式进行覆盖。场段库内覆盖示意图如图 3-14 所示。

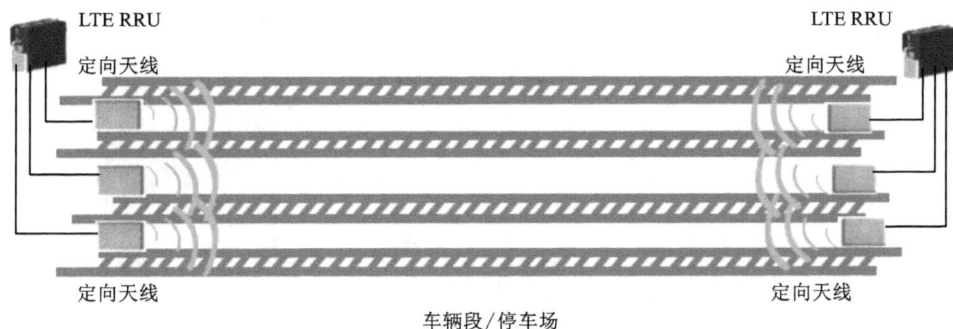

图 3-14　场段库内覆盖示意图

3.2.6.6 咽喉区覆盖

咽喉区为不规则开阔区域，采用室外定向天线方式进行覆盖。

3.2.7 车辆改造方案

若改造项目需要更换车-地无线通信设备，需对既有车进行无线通信改造。

车头车尾司机室各新增 2 台 TAU 设备，每台 TAU 设备所需空间为 1 U；各新增 1 台车载合路器。

可充分利用既有车顶天线或安装空洞位置。

车辆无线改造如图 3-15 所示。

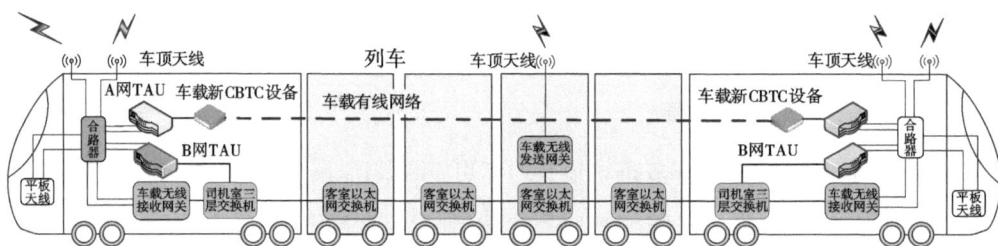

图 3-15 车辆无线改造示意图

3.2.8 倒切测试方案

(1)非运营时段：关闭既有无线通信设备，进行 LTE 系统调试。

(2)运营时段：根据既有系统特点，通过技术手段，在不影响运营的前提条件下，尽可能在运营时间进行新无线通信的调试工作。图 3-16 所示为倒切测试方案示意图。

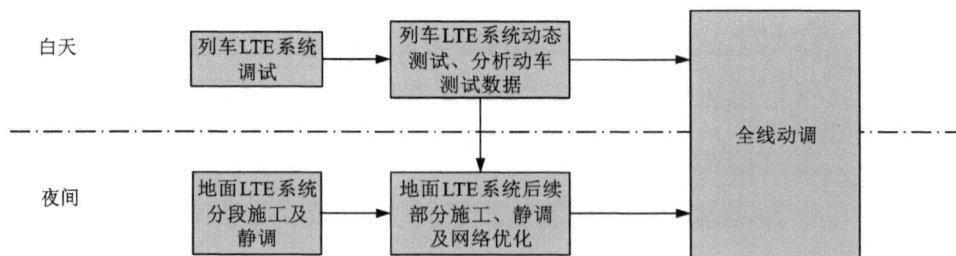

图 3-16 倒切测试方案示意图

3.3　ATP 子系统改造实施方案

列车自动防护(ATP)子系统是保证列车运行安全的系统,提供列车运行间隔控制及超速防护等安全功能,系统符合"故障-安全"设计原则,安全完整性等级达到 SIL4 级。信号系统的 ATP 更新或升级改造需保证系统安全,满足信号系统功能要求。

3.3.1　系统组成

列车自动防护子系统(包含地面 ZC、DMS 和车载 ATC)应采用安全的计算机硬件平台和标准化功能模块的设计方式,用先进的设计理念、高可靠性的软硬件系统,实现列车安全可靠运行。

系统结构如图 3-17 所示,图中为 ATP 子系统设备。

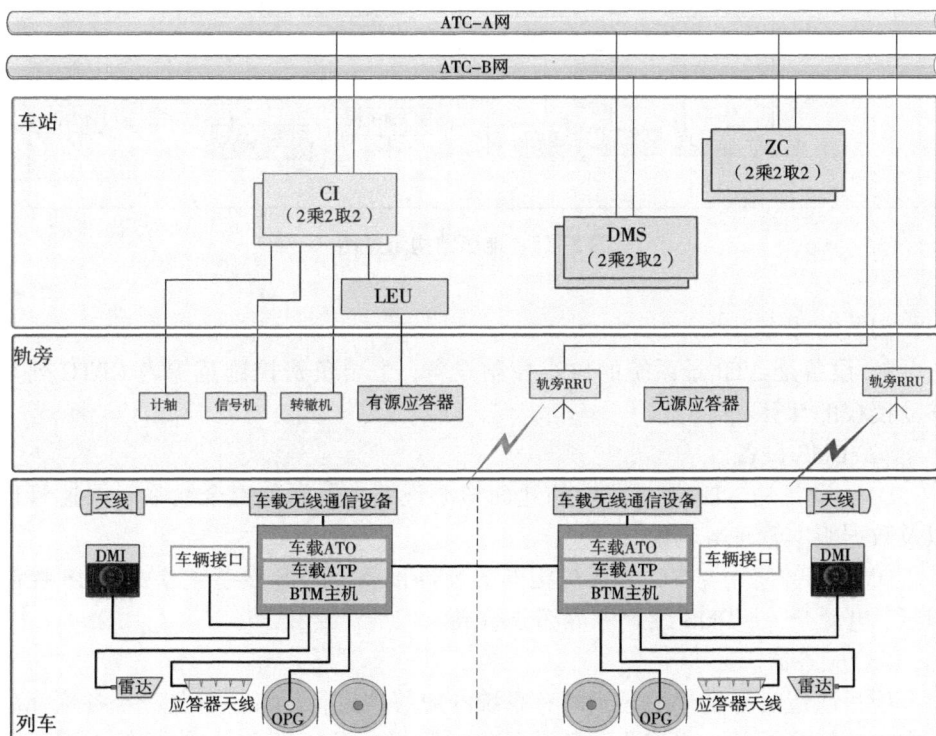

图 3-17　系统结构图

ATP 子系统由地面设备和车载设备组成：

(1)地面设备包括：ZC、DMS、应答器等；

(2)车载设备包括：车载 ATP、车载 DMI、BTM、速度传感器、雷达、车载无线天线、按钮及指示灯等。

3.3.1.1　地面设备

地面设备主要由 ZC 设备、DMS 设备、无源应答器、有源应答器和轨旁电子单元(LEU)等组成，如图 3-18 所示。

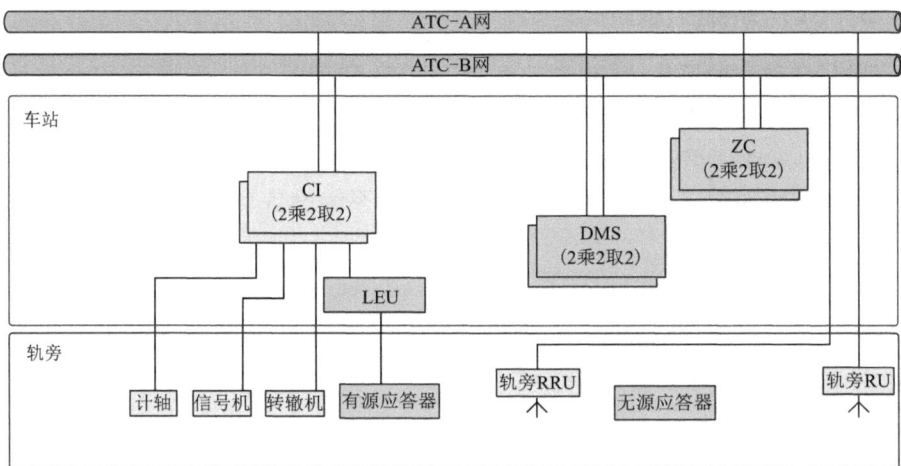

图 3-18　地面结构示意图

(1)ZC 设备。

ZC 设备是 ATP 子系统的核心控制设备，主要负责控制范围内 CBTC 列车移动授权的计算。

(2)DMS 设备。

DMS 设备是 ATP 子系统中的地面核心设备，主要负责全线临时限速管理以及数据版本管理等功能。

DMS 设备使用与 ZC 子系统相同的硬件设备，DMS 设备主要由 DMS 控制组匣、电源开关、DMS 维护机等部分组成。

(3)应答器。

项目改造时尽量采用异于既有系统的应答器进行设计，布置符合各项标准要求的应答器设备。应答器设备满足隧道限界、天气、振动、维护等方面的要求，适应地铁的环境条件，能防水、防尘。

应答器的布置原则如下：

①在车辆段/停车场至正线的转换轨附近平直线路处布置应答器，实现列车的轮径校正功能；

②车辆段/停车场的转换轨及联络线处布置应答器，用于列车初始化定位；

③车站站台轨处布置用于精确停车的应答器；

④按照车载设备测距精度和定位要求，在区间布置应答器以实现定位校准，区间应答器的布置间隔不大于 300 m；

⑤在正向信号机前布置有源应答器；

⑥在区间间隔信号机外方不小于一个常用制动距离的地点布置有源应答器，用于提前预告前方信号机状态，提高点式控制级别下的运营效率。

（4）轨旁电子单元。

轨旁电子单元（LEU）通过串行通信接口与联锁设备连接，LEU 向有源应答器传输点式级别下的 MA 信息。当 LEU 与联锁系统通信故障或接收的数据无效时，LEU 向有源应答器发送默认报文。点式运行级别下运行的列车，在经过应答器后，BTM 设备接收来自有源应答器的报文，并处理后发送给车载 ATP 主机，用于点式运行级别下的防护曲线计算和控车。

3.3.1.2　车载设备

图 3-19 所示为车辆结构示意图。

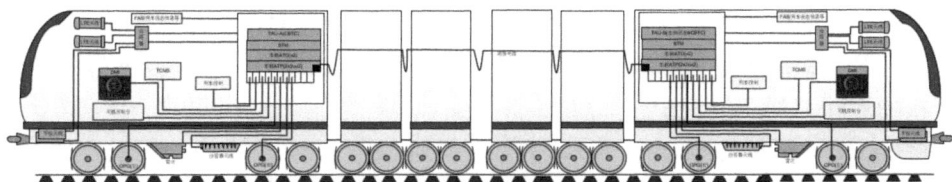

图 3-19　车辆结构示意图

车载设备包括如下部分。

（1）车载 ATP 控制设备。

列车头尾各安装一套 ATP 设备，用于完成列车相关的安全防护逻辑和运算。

安全计算机平台提供主机运算处理、安全数字量输入、输出、通用数字量输入输出、频率量输入、通信接口等功能，适用于轨道交通领域地面/车载信号控制系统。车载 ATP 控制设备内部构成如图 3-20 所示。

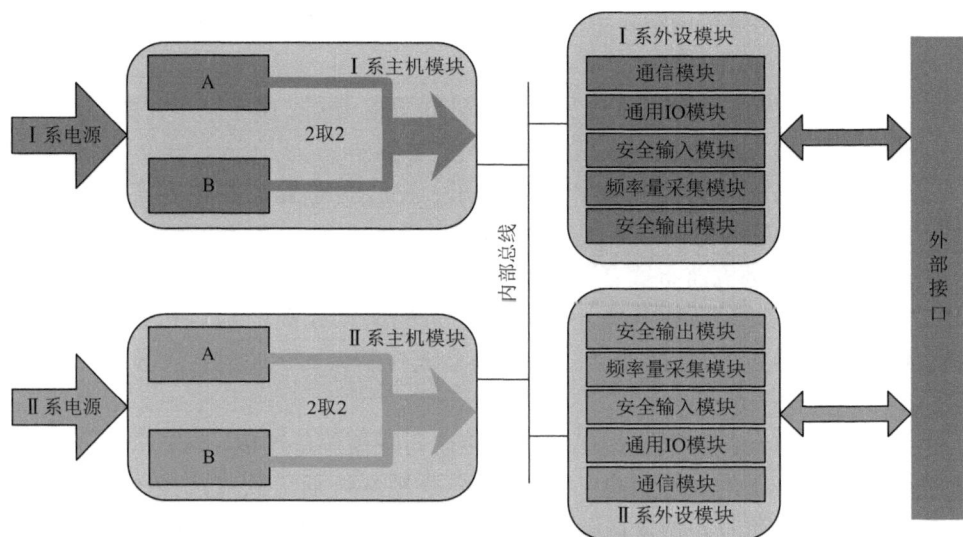

图 3-20   车载 ATP 控制设备内部构成

（2）速度传感器（OPG）。

车头、车尾各安装两个速度传感器，车载 ATP 根据速度传感器提供的脉冲信号，实现车载测速测距计算及空转打滑检测和补偿功能。

（3）BTM 主机。

车头、车尾各设置一套应答器主机（BTM）单元，BTM 主机与 BTM 天线连接，实现对应答器报文的解析，并将报文发送至车载 ATP 主机，实现点式移动授权的更新和列车位置校正。

（4）BTM 天线。

车头、车尾各设置一个应答器天线，应答器天线负责接收地面应答器发送的报文。

（5）车载无线通信设备。

车头安装 1 套 TAU，车尾安装 1 套 TAU、1 套合路器；车头、车尾各设置 4 个无线天线（考虑高架段需求）。

（6）车载 DMI 显示器。

车头、车尾各配备一套 TFT LCD 高分辨率的彩色车载 DMI 显示设备（简称车载 DMI），向司机提供驾驶信息的显示与操作控制。

（7）两端车载设备贯通线。

车头、车尾设置贯通线用于两端车载设备信息的交互。

（8）按钮及指示灯。

按钮及指示灯提供了人机交互接口，在列车上设置的按钮及指示灯包括：模式选择按钮、确认按钮、折返按钮及其指示灯、ATO 启动按钮及其指示灯等。

3.3.2　系统功能

ATP 子系统能根据线路状态、道岔位置、前行列车位置等条件，确保追踪列车之间的安全行车间隔距离，实现连续控制级别下的列车追踪，防止列车超速，实现列车运行安全防护功能。表 3-5 为 ATP 子系统功能分配表。

表 3-5　ATP 子系统功能分配表

序号	功能	车载 ATP	ZC	DMS	安全功能
1	驾驶模式及控制级别管理	√			√
2	列车速度和位置测定	√			√
3	列车安全制动曲线计算	√	√		√
4	管理临时限速		√	√	√
5	处理移动授权（MA）	√	√		√
6	超速防护	√			√
7	列车冒进信号防护	√	√		√
8	安全间隔防护		√		√
9	退行防护	√			√
10	列车完整性监督	√			√
11	车门监控	√			√
12	站台门监控	√			√
13	站台紧急停车按钮防护	√	√		√
14	列车准备	√			√
15	列车运行安全和自动控制	√			√
16	列车折返	√	√		√
17	界面显示	√			
18	信号机开口	√	√		√
19	列车牵引切除防护	√			√

续表3-5

序号	功能	车载 ATP	ZC	DMS	安全功能
20	列车紧急制动防护	√			√
21	列车回段/回库	√	√		
22	CT 列车关信号控制		√		√
23	时钟同步	√	√	√	
24	维护及故障信息	√	√	√	
25	故障处理与降级运行	√	√	√	√

3.3.2.1 驾驶模式及控制级别管理

列车运行级别由高到低分为:
(1)连续控制级别(简称 CBTC 级别);
(2)点式控制级别(简称 ITC 级别);
(3)联锁控制级别(简称 ILC 级别)。
连续控制级别下,车载 ATP 通过车-地无线通信获得移动授权,控制列车在 CM/AM 模式下运行;点式控制级别下,车载 ATP 通过有源应答器获得移动授权,控制列车在 CM/AM 下运行;联锁控制级别下,由司机按照地面信号行车,只能在 RM 下运行。
ATP 在列车不同运行级别对应的驾驶模式如表 3-6 所示。

表3-6 运行级别对应驾驶模式表

驾驶模式	ILC	ITC	CBTC
EUM	√	×	×
RM	√	√	√
CM	×	√	√
AM	×	√	√

注:其中"√"表示允许以该种驾驶模式运行,"×"表示不能以该种驾驶模式运行。

(1)EUM(非限制人工驾驶模式):是指切除 ATP,完全由人工驾驶,司机根据调度命令和地面信号驾驶列车。在 EUM 下,ATP 监督切除开关及驾驶室钥匙状态。

（2）RM（限制人工驾驶模式）：在此驾驶模式下，ATP 车载设备限制列车在固定的低速（25 km/h）之下运行，司机根据调度命令和地面信号驾驶列车，列车运行超过该固定的速度时，ATP 车载设备对列车实施紧急制动，强迫列车停车。

（3）CM（列车自动防护模式）：由 ATP 确定列车运行的最大允许速度，司机控制列车在 ATP 的保护速度曲线下运行，ATP 实现超速防护等安全功能。

（4）AM（列车自动运行模式）：由 ATP 保证列车的运行安全，由 ATO 来实现列车的自动驾驶功能，实现列车的启动、加速、惰行、减速、精确停车、开关门等功能。AM 运行需要获得司机的确认，司机通过按压 ATO 启动按钮来启动 AM 模式。

3.3.2.2　模式转换管理

各驾驶模式满足转换条件时进行模式转换，车载设备予以记录和显示。驾驶模式由低向高转换时，列车可不停车转换驾驶模式。

由 AM/CM 模式向 RM 模式转换时，需由司机确认后停车或不停车（不停车回段时）转换驾驶模式。列车不能在运行中进行由 EUM 向别的模式升级，当处于 EUM 且速度不为零时，司机将切除开关打到控制位，ATP 触发紧急制动直到列车停车后自动缓解。

列车的驾驶模式在满足条件时，可以互相转换，表 3-7 为驾驶模式转换表。

表 3-7　驾驶模式转换表

驾驶模式	EUM	RM	ITC-CM	ITC-AM	CBTC-CM	CBTC-AM
EUM	—	1)	×	×	×	×
RM	(14)	—	(2)	×	(3)	×
ITC-CM	(14)	(4)	—	(5)	(6)	×
ITC-AM	(14)	(7)	(8)	—	×	(9)
CBTC-CM	(14)	(10)	×	×	—	(11)
CBTC-AM	(14)	(12)	×	×	(13)	—

注：其中"×"表示不能转换，(1)~(14)表示模式转换所需条件，具体定义如下。

(1)满足以下条件时，驾驶模式由 EUM 转为 RM：列车为零速且切除开关打到控制位。

(2)以下条件同时满足时，驾驶模式由 RM 转为 ITC-CM：车载的最高预设模式为 ITC-CM 或更高的模式；列车完成初始定位；收到点式 MA。

(3)以下条件同时满足时,驾驶模式由 RM 转为 CTC-CM:车载的最高预设模式为 CTC-CM 或更高的模式;列车完成初始定位;收到 ZC 的 MA。

(4)满足下述任一条件时,驾驶模式由 ITC-CM 转为 RM:列车丢失位置或收到无效 MA;最高预设模式降到 ITC-CM;在 DMI 提示降级,司机按下确认按钮。

(5)以下条件同时满足时,驾驶模式由 ITC-CM 转为 ITC-AM:牵引/制动手柄在零位;方向手柄向前;司机按下 ATO 启动按钮。

(6)以下条件同时满足时,驾驶模式由 ITC-CM 转为 CTC-CM:最高预设模式为 CTC-CM 或更高;收到 ZC 的 MA。

(7)满足下述任一条件时,驾驶模式由 ITC-AM 转为 RM:列车丢失位置或收到无效 MA;最高预设模式降到 ITC-CM;在 DMI 提示降级,司机按下确认按钮。

(8)满足下述任一条件时,驾驶模式由 ITC-AM 转为 ITC-CM:牵引制动手柄不在零位;方向手柄不在向前位;最高预设模式为 ITC-CM。

(9)以下条件同时满足时,驾驶模式由 ITC-AM 转为 CTC-AM:最高预设模式为 CTC-AM;收到 CTC 的 MA。

(10)满足下述任一条件时,驾驶模式由 CTC-CM 转为 RM:不再满足 CTC 运行级别;列车丢失位置或收到无效 MA;最高预设模式降到 CTC-CM;在 DMI 提示降级,司机按下确认按钮。

(11)以下条件同时满足时,驾驶模式由 CTC-CM 转为 CTC-AM:最高预设模式为 CTC-AM;牵引制动手柄在零位;方向手柄向前;司机按下 ATO 启动按钮。

(12)满足下述任一条件时,驾驶模式由 CTC-AM 转为 RM:不再满足 CTC 运行级别;列车丢失位置或收到无效 MA;最高预设模式降到 CTC-CM;在 DMI 提示降级,司机按下确认按钮。

(13)满足下述任一条件时,驾驶模式由 CTC-AM 转为 CTC-CM:牵引制动手柄不在零位;方向手柄不在向前位;最高预设模式为 CTC-CM。

(14)满足以下条件时,驾驶模式由其他模式转为 EUM:切除开关打至切除位;列车入段时,在司机完成确认操作后,列车可在非零速时由 CM/AM 模式转为 RM 模式。

3.3.2.3 最高预设模式管理

当列车停稳时,司机可对激活端 ATP 进行最高预设模式设置。最高预设模式从高到低依次为 CBTC-AM、CBTC-CM、ITC-AM、ITC-CM、ILC-RM。

当司机通过按压"模式升级"或"模式降级"按钮进行最高预设模式设置操作时,ATP 通过 DMI 显示当前设置的最高预设模式,同时提示司机进行确认。

当司机按压"确认"按钮后,车载 ATP 立即更新最高预设模式,并发送 DMI 进行显示。

激活端将最高模式发送给另一端,使两端最高模式保持一致。

系统上电时默认最高预设模式为 CBTC-AM,默认最高预设模式可以配置(具体模式在设计联络阶段确定)。

3.3.2.4 运行级别管理

列车的不同运行级别可以在满足相应条件时进行转换。图 3-21 所示为运行级别转换示意图。

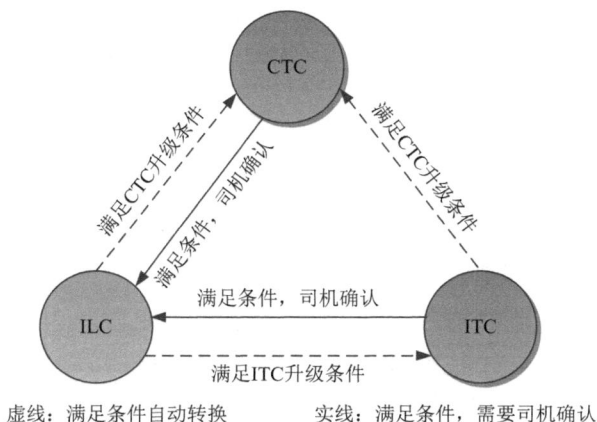

图 3-21　运行级别转换示意图

　　列车运行级别的转换，由较低级别升级到较高级别可以在满足条件时自动完成，不需要司机确认；但是转换到较低级别时必须得到司机的确认。

　　列车驾驶模式由高等级向低等级转换时，列车需停车(列车入停车场及车辆段除外)，驾驶模式由低等级向高等级转换时列车不需停车。

　　当列车离开 CBTC 区域时，新的区域不再支持 CBTC，车载 ATP 将向司机提示确认转为较低的运行级别，如果司机不进行确认操作，则维持原级别到移动授权终点。

3.3.2.5　列车速度和位置测定

(1)列车速度测定。

车载 ATP 使用轮轴测速传感器确定列车的速度和运行方向。

车载 ATP 具有空转、打滑检测功能，当出现空转或打滑时，车载 ATP 设备通过配置冗余双速度传感器加多普勒雷达，以及高精度速度补偿算法对列车速度进行误差修正。

车载 ATP 判定速度或方向无效时，将触发紧急制动。

(2)列车测距。

车载 ATP 根据列车周期速度计算列车走行距离，并考虑测速误差、空转、打滑等因素的影响。同时通过地面应答器进行位置校正。

3.3.2.6　列车轮径校正

车载 ATP 通过计算轮对转动的圈数乘以车轮的周长来判断列车的走行距离，但是由于轮对磨损的情况不同，车轮的直径存在细微的差别，计算距离会产生一定的误差，影响列车速度和定位的精度，因此需要对轮径进行校正。轮径校正的方式有自动校正和人工校正两种。

（1）轮径自动校正。

任意级别和模式下，车载 ATP 在连续读到两个轮径校正应答器后，根据以下信息自动计算出轮径值：

①根据线路信息获得的两个轮径校正应答器的距离；

②根据有效速度信息计算出的两个轮径校正应答器的实际距离；

③当前使用的设定轮径值。

对于自动校正的轮径值，车载 ATP 将对其有效性进行检查。轮径校正成功后，车载 ATP 将新轮径值写入配置文件，并根据校正后的轮径值进行测速测距计算。轮径校正失败时，车载 ATP 在 DMI 上提示错误信息并记录，并采用校正前的轮径值。

（2）轮径人工校正。

车载 ATP 提供人工轮径校正功能，允许人工修改轮径值，新轮径值的精确度由输入人员保证。若人工设定的轮径值在有效范围内（770~840 mm），则车载 ATP 将其作为新的设定轮径值，否则认为人工写入的轮径值无效，继续采用修改前的轮径值。

更换新轮或镟轮操作后，应由人工进行轮径校正。

3.3.2.7　列车停稳判断

当列车速度低于 1 km/h（具体数据在设计联络阶段确定）且持续 2 s（具体数据在设计联络阶段确定），车载 ATP 判断列车速度为零，即列车停稳。

3.3.2.8　列车定位

车载 ATP 通过速度传感器的测速信息可以确定列车每周期的运行距离，列车通过应答器时可以获得应答器 ID，车载 ATP 通过查询车载数据便可获知经过的应答器位于线路拓扑中的位置，从而确定列车在线路中的位置；当经过两个连续应答器后可以获知前后两个应答器在线路拓扑中的相对位置，从而确定列车的运行方向。

3.3.2.9　线路拓扑

车载 ATP、ZC、DMS 各设备数据库中，均使用完全一致的线路拓扑模型，模型描述线路的固定特征(如线路长度、坡度、线路限速等)，同时也描述了信号机、应答器、计轴等轨旁设备的位置信息。

在线路拓扑中线路区段分界点的划分不依赖于物理分界点，可根据线路设计及运营需求进行区段划分。在以下特殊位置设置区段分界点：道岔区域、车辆段转换轨处及进/出站处线路区段。主要由以下一些参数来确定：

(1)线路区段的起始点(计轴点、岔尖等)；

(2)线路区段的默认运行方向；

(3)线路区段的长度。

列车位置或轨旁设备都可采用线路区段编号和偏移量(距离线路区段起始点的距离)的方式来确定。线路区段的基本概念如图 3-22 所示。

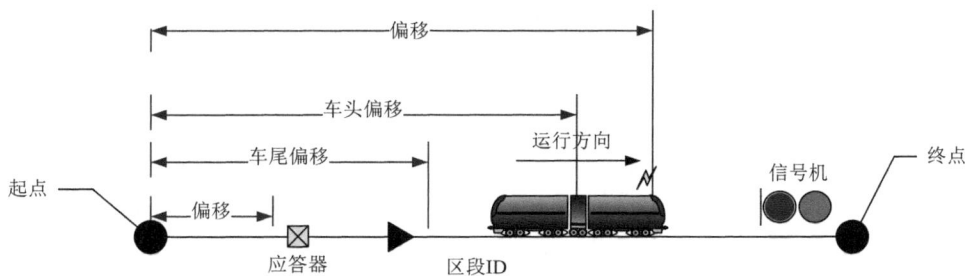

图 3-22　线路区段的基本概念

3.3.2.10　列车定位原理

根据定位过程，列车定位分为初始定位和连续定位。

(1)初始定位。

在 RM 模式下列车未定位时，列车在非道岔区域依次连续读到两个应答器后，车载 ATP 结合线路拓扑模型确定列车的位置。此外，在折返换端的情况下，列车可从尾端获得换端后的初始定位。

(2)连续定位。

车载 ATP 完成列车初始定位后，ATP 根据列车的周期走行距离自行计算和更新列车的位置信息。当 ATP 获得有效应答器报文信息时，结合线路拓扑模型校正并更新列车的位置信息。

列车定位后，当列车经过道岔状态未知的区域时，则 ATP 丢失列车定位信息。

若列车当前位置已经超过了应答器的读取范围，ATP 仍未收到该应答器报文信息，则 ATP 判断该应答器丢失。

当列车连续丢失两个应答器，ATP 判定列车位置无效。当驾驶模式为 CM 模式或者 AM 模式列车位置无效时，ATP 向列车发送紧急制动命令。列车停稳后 DMI 界面提示司机列车已转为 RM 模式且紧急制动不缓解，直到 ATP 采集到确认按钮被按下的信息后，列车转为 RM 模式且紧急制动自动缓解。

3.3.2.11 超速防护

车载 ATP 具备超速防护功能，确保列车速度不超过线路、道岔、车辆等规定的允许速度。

车载 ATP 根据安全制动模型和限制速度计算速度-距离曲线，并实时监督列车运行，确保列车不超过当前驾驶模式要求的或根据安全制动曲线计算出的限制速度。速度-距离曲线如图 3-23 所示。

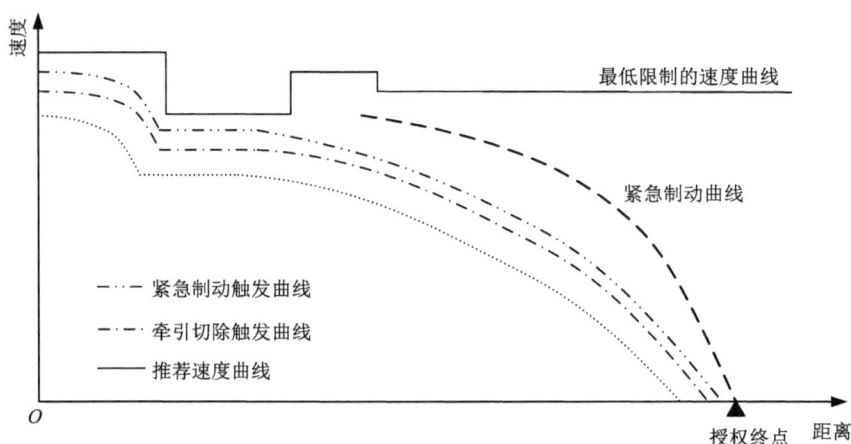

图 3-23　速度-距离曲线

当列车速度大于或等于推荐速度时，通过 DMI 显示屏和声音进行报警。当列车速度低于推荐速度时，停止报警。

当列车速度大于或等于牵引切除触发速度（具体数据在设计联络阶段确定）时牵引切除，当列车速度低于牵引切除触发速度时，牵引切除可自动缓解。

当测定的列车速度超过根据速度-距离曲线计算出的紧急制动触发速度时，

车载 ATP 立即实施紧急制动,以保证列车安全,紧急制动停车后自动缓解。

3.3.2.12　列车冒进信号防护

在 CBTC 级别下,当列车在 MA 终点前停车点停车时,车载 ATP 没有收到新的 MA 信息(MA 延伸)前,车载 ATP 禁止列车移动。

在 ITC 级别下,当列车在信号机前停车点停车时,未经司机确认前方信号开放操作前,车载 ATP 禁止列车移动。

CBTC 级别下,当列车没能在禁止信号机前停车而造成了冒进信号,ZC 立即控制车载 ATP 紧急停车。

ITC 级别下,当前方信号未开放时,若列车闯过该红灯信号机,将接收到信号机前有源应答器发送的红灯报文,车载 ATP 立即施加紧急制动。车地通信正常的情况下,车载 ATP 能通过连续接收地面信号的状态信息实现禁止列车冒进信号。

本防护功能仅针对列车信号机,调车信号机不在此范围内。

3.3.2.13　安全间隔防护

列车前后筛选检查是列车由 NCT 车(非通信列车)升级为 CT 车的必要环节,其作用是在列车能够正确汇报位置时,排查出列车安全包络范围内,本车前方和后方没有隐藏的列车。只有在完全确定安全包络范围内仅有本车一辆车时,才能为其提供 MA。

列车前后筛选检查分为列车运行前端筛选检查(简称前筛)和列车运行后端筛选检查(简称后筛),具体功能如下。

1. 列车运行前筛检查条件

(1)前筛检查条件 A:ZC 根据列车汇报的位置信息,确认其最小安全车头位置距离运行方向前方的最近计轴距离(D)小于线路上可能出现的最短车长(L)。图 3-24 所示为列车运行前筛检查条件 A。

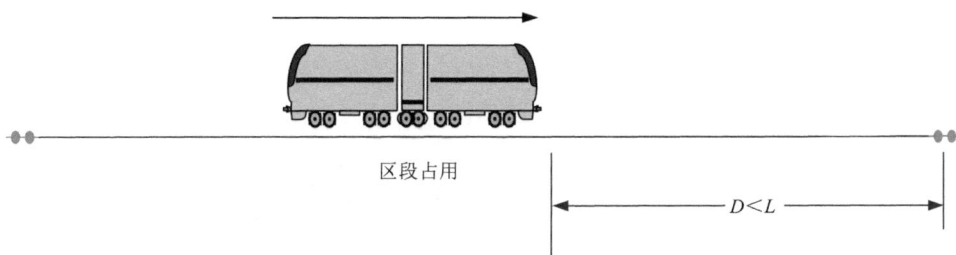

图 3-24　列车运行前筛检查条件 A

(2)前筛检查条件 B：ZC 根据 CI 给出的计轴区段的占用/空闲信息，确认列车运行方向前方相邻一个计轴区段空闲。图 3-25 所示为列车运行前筛检查条件 B。

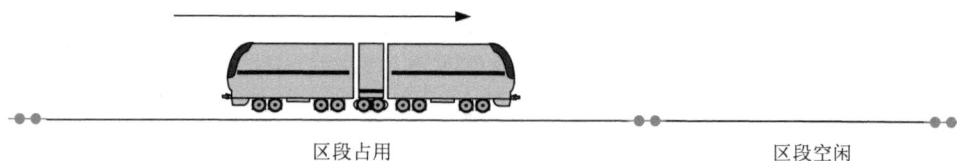

图 3-25　列车运行前筛检查条件 B

当列车同时满足运行前筛检查条件 A 和 B 时，列车运行前筛完成，前端检查满足升级条件，列车可升级为 CT 车。否则不允许升级为 CBTC 级别列车。

2. 列车运行后筛检查条件

(1)后筛检查条件 A：ZC 根据列车汇报的位置信息，确认其最大安全车尾位置距离运行方向后方的最近计轴距离（D）小于线路上可能出现的最短车长（L）。图 3-26 所示为列车运行后筛检查条件 A。

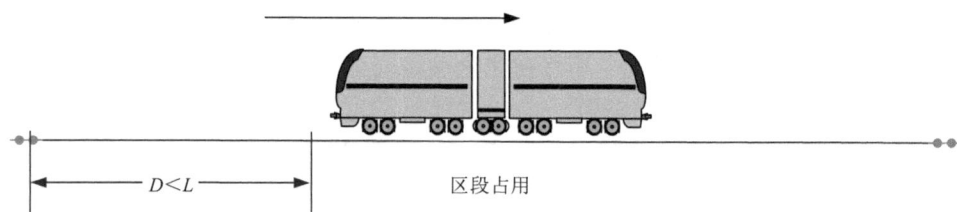

图 3-26　列车运行后筛检查条件 A

(2)后筛检查条件 B：ZC 根据 CI 给出的计轴区段的占用/空闲信息，确认列车运行方向后方相邻一个计轴空闲。图 3-27 所示为列车运行后筛检查条件 B。

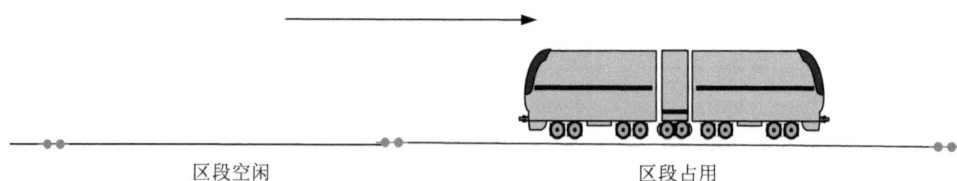

图 3-27　列车运行后筛检查条件 B

当列车同时满足条件后筛检查条件 A 和 B 时，列车运行后筛检查完成，表示该列车为尾端筛选完成的 CT 列车，后车 MA 终点可延伸至该车最大安全尾端。

当列车同时不满足条件 A 和 B 任意一条时，列车运行后筛检查未完成，表示该列车为尾端筛选未完成的 CT 列车，后车 MA 终点可至该车所占用物理区段始端边界处。

ZC 以逻辑区段为单位，统一管理位置报告列车及非位置报告列车的逻辑区段空闲/占用信息。在 CBTC 系统中，以逻辑区段作为轨道的最小划分单位，将计轴区段划分为若干逻辑区段，并基于相互连接的逻辑区段实现轨道线路的描述，ZC 将列车定位等相应的信息以逻辑区段占用/空闲状态的形式发送给联锁系统，辅助联锁系统完成线路上列车定位。

ZC 根据车载 ATP 汇报的列车位置信息计算列车头尾的安全位置，并根据列车不同控制级别、计轴区段占用状态对所有管辖范围内的逻辑区段进行占用/空闲状态的判断。

为了更加全面地安全管理线路上的所有类型列车，重点识别可能不受 ZC 控制的 NCT 列车，ZC 根据线路情况，判断线路上无法识别的占用区域是否为 NCT 车占用，对满足 NCT 车占用或无法识别的非安全区域进行安全防护，确保列车安全间隔运行。

计轴设备是物理区段占用/空闲状态的检测设备，ZC 将对计轴所检测的区段状态进行排查，以识别出因计轴故障导致的区段占用。当 ZC 判断计轴汇报的区段占用空闲状态与列车汇报的位置不一致时，将该区段状态设为 ARB。ZC 为后续列车计算的 MA 将 ARB 区段视为空闲，列车可正常通过，以保障运营效率。

当 ARB 计轴区段所汇报的占用/空闲状态与列车汇报的位置一致时，ARB 状态清除。

3.3.2.14　ZC 切换

当 CT 列车从一个 ZC 辖区进入另一个 ZC 辖区，将进行主控 ZC 的变更，这个过程称为 ZC 切换。为了使整个切换过程平稳顺利，将在两个 ZC 的分界点之间设立切换区域，切换区域根据所属 ZC 不同分为移交区域和接管区域，ZC 切换如图 3-28 所示。

移交 ZC 和接管 ZC 将切换区域内的信息进行交互，列车从安全车头位置进入移交区域到列车安全车尾位置出清接管区域的整个过程为切换过程。移交 ZC 和接管 ZC 分别为切换的列车计算 MA，两个 MA 经过移交 ZC 的拼接后再发给车载 ATP。

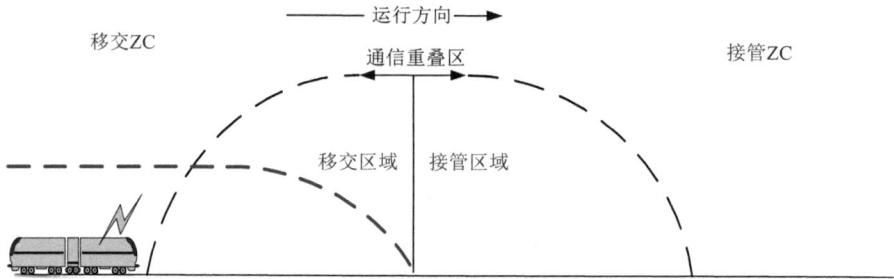

图 3-28　ZC 切换

3.3.2.15　退行防护

车载 ATP 具有退行防护功能。车载 ATP 提供列车运行方向的检测和监督。当退行距离超过 5 m(具体数据在设计联络阶段确定)或退行速度超过 5 km/h(具体数据在设计联络阶段确定)时,系统立即输出紧急制动且不可缓解。

当列车退行时,系统对后续追踪运行的列车提供安全间隔防护。

3.3.2.16　列车完整性监督

车载 ATP 提供列车完整性监督和防护功能。ATP 持续检查列车的完整性并将其状态发送给 DMI 显示。若列车完整性丢失,ATP 向车辆发送紧急制动命令,在 ATP 与 ATS 能够进行通信的情况下,向 ATS 发送相关报警信息,紧急制动命令不能自行解除,并在车载人机界面上显示。

ZC 设备对后续追踪列车进行安全防护,保证后续列车的运行安全。

车载 ATP 检测到列车完整性丢失后,在故障修复前不允许列车继续运行。

3.3.2.17　车门监控

车载 ATP 具备对车门进行监督和控制的功能。

1. 车门监督

在 AM、CM 及 RM 模式下,车载 ATP 采集车辆的车门是否关闭且锁闭的信息,实现对车门状态的监督。

当列车停稳,车载 ATP 监督到车门未关闭或未锁闭时,车载 ATP 向车辆发送牵引切除命令,直到车门状态恢复为关闭且锁闭为止,但不输出紧急制动(具体控制方式在设计联络阶段确定)。

当列车为非停稳状态,若发现列车车门状态不是关闭且锁闭状态,ATP 立即实施紧急制动(具体控制方式在设计联络阶段确定)。

车载 ATP 将采集到的车门状态发送给 DMI 显示。

2. 车门控制

车载 ATP 通过向车辆发送车门解锁命令实现对车门的开门控制和防护。

在列车的驾驶模式为 AM 或 CM 时,车载 ATP 判断以下条件同时满足时,输出对应侧车门解锁指令:

(1)列车在站台轨的 ATP 停车窗(±0.5 m)内停稳;

(2)ATP 监督车辆已施加保持制动或已施加紧急制动。

在列车的驾驶模式为 RM 时,车载 ATP 判断以下条件同时满足时,输出两侧车门解锁指令:

(1)列车停稳;

(2)ATP 监督车辆已保持制动或已施加紧急制动。

列车在 CM 或 AM 模式区间停车时,车载 ATP 不允许打开车门。

ATP 根据车门解锁的情况,向 DMI 汇报以下状态以便辅助司机操作:

(1)不允许打开车门;

(2)允许开左侧车门;

(3)允许开右侧车门;

(4)允许两侧开门的先后顺序(具体方式在设计联络阶段确定)。

3.3.2.18　站台门监控

ATP 子系统具备对站台门进行监督和控制的功能。

1. 站台门监督

ATP 子系统监督站台门的状态,如果站台门打开或失去状态表示,不允许列车进入或离开站台;对于已经位于站台内的列车,禁止其离开站台或在站台内移动。

当列车在车站停稳后,在 DMI 上给出本站站台门的状态表示,站台门打开或失去状态表示时系统会切断列车牵引以防止列车移动或离开站台,但不会因为站台门正常开关操作而引起列车紧急制动。

当站台门故障打开或失去状态表示导致列车无法运行时,可通过人工操作站台"互锁解除"开关来切除系统对站台门状态的监督,使列车继续运行。

2. 站台门控制

在 CBTC 或 ITC(当车载 ATP 与 CI 子系统的无线通信正常时)级别下,ATP 子系统均提供车门与站台门联动功能,保证车门与站台门同步开关。只有同时满足以下条件时,车载 ATP 设备才允许站台门打开:

(1)列车停稳;

(2)列车停在站台停车窗内;

(3)允许开门侧与当前站台门在同侧;

(4)列车牵引已切除,保持制动或紧急制动已实施。

在故障或紧急情况下,可由司机人工控制站台门的打开和关闭。人工控制站台门开关时 ATP 子系统仍可对站台门的状态进行监督,保证列车和乘客安全。

车载 ATP 通过 CI 子系统向站台门系统转发控制命令,控制站台门的打开和关闭。车载 ATP 与 CI 子系统通过无线通信传输信息。

3.3.2.19　站台紧急停车按钮防护

ATP 设备实时监督站台紧急停车按钮的状态。

CBTC 控制级别下,当 ZC 接收到站台紧急关闭按钮被按下的信息时,通过车-地无线通信向车载 ATP 发送相应的信息。当车载 ATP 接收到站台紧急关闭按钮被按下的信息时,处理如下:

(1)如果列车在站内,ATP 子系统设备监测到车站的紧急停车按钮被按下后,对于运行列车立即施加紧急制动停车,对于停稳列车,车载 ATP 切断牵引,禁止列车启动。

(2)如果列车未进站,ATP 子系统设备监测到车站的紧急停车按钮被按下后,可保证未接近车站的列车在站台前停车,正在接近车站的列车紧急制动停车。

(3)如果列车正在离站,ATP 子系统设备监测到车站的紧急停车按钮被按下后,对于安全包络已经全部出清站台区间的列车,将不采取制动措施继续保持正常运行。对于安全包络还在站台区间范围内的列车,将使列车紧急制动停车。

ITC 控制级别下,当站台紧急停车按钮被按下时,已开放的信号机关闭,并通过有源应答器将紧急停车按钮的状态发送给车载 ATP,车载 ATP 立即触发紧急制动。

3.3.2.20　列车折返

ATP 子系统支持在定义的折返区域完成列车折返,正常折返过程不会导致列车降级。保证列车折返时间满足设计的折返间隔要求。

列车折返方式分为 ATO 有人/无人自动折返、ATP 监督下的人工折返、限制人工折返、非限制人工折返。正常情况下,为确保列车折返过程中的安全,列车折返换端时须保证车门处于关闭状态,但在特殊的站台(即进行折返换端的区域同时为站台),为了保证乘客换乘的效率,系统提供开门折返功能。

1. 无人自动折返

ATP 子系统支持在无人自动折返过程中列车上有司机值守或无司机两种方式。ATO 无人自动折返时,在整个折返过程中无须人工参与,所有控制由信号设备完成,可极大地节省司机操作和反应的时间,提高折返效率。

当列车在折返站完成站台运营作业,车门和站台门关闭,司机完成必要的确认操作后,由司机按压站台无人自动折返按钮或者按压列车上的无人自动折返按钮后启动无人自动折返。ATO 驾驶列车运行到折返轨停车,进行列车自动换端,换端后列车自动运行至目的站台停车。当司机激活钥匙时,退出无人折返。

无人折返的整个作业流程可以划分为三个阶段:驶入折返区、折返换端、驶离折返区。

(1)驶入折返区。

当 CI 为 CT 列车办理的是折返进路时,ZC 子系统按照 CI 提供的当前进路信息、障碍物状态信息,结合列车当前的位置信息,判断列车具备进行折返的条件。ZC 为列车计算 MA,将 MA 的终点放在折返轨终点,列车根据此 MA 行驶至折返轨停车,图 3-29 所示为 CT 列车折返进入折返轨。

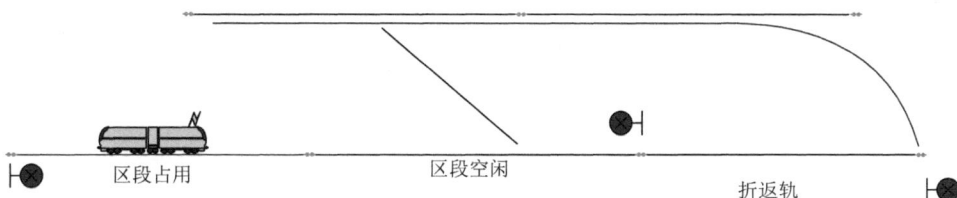

图 3-29　CT 列车折返进入折返轨

(2)折返换端。

当 CT 列车已完全进入折返轨并停稳,ZC 收到了来自 CT 列车的折返作业换端申请,ZC 在确认 CT 列车在折返区段内、列车汇报的位置无误后,向 CT 列车回复折返作业换端确认。

(3)驶离折返区。

当 CT 列车换端完成,新的一端成功与 ZC 建立通信,向 ZC 申请 MA,ZC 根据列车前方是否办理牵出进路来为 CT 列车计算 MA 的范围。当牵出进路未办理时,该车折返后的 MA 终点只能放在折返轨的始端,换端前状态如图 3-30 所示。

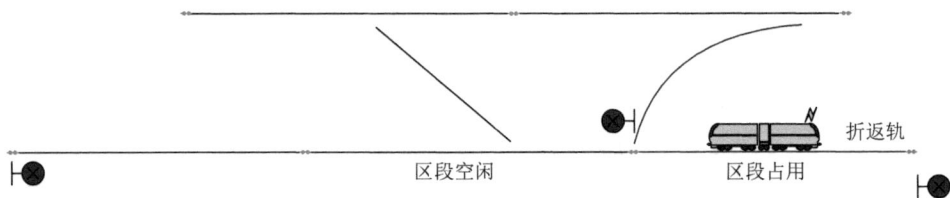

图 3-30 换端前状态

若换端完成后牵出进路已办理,则根据线路情况 MA 向前延伸,换端后状态如图 3-31 所示。

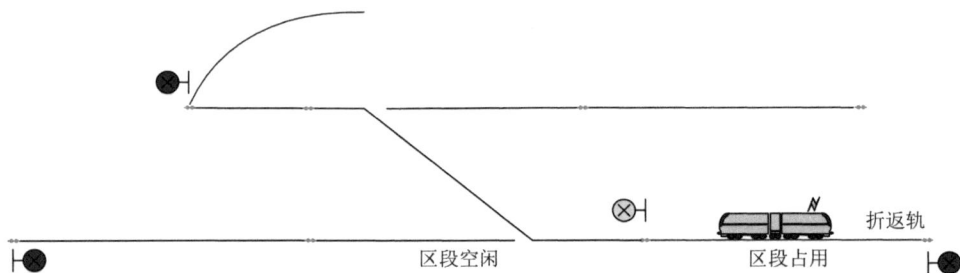

图 3-31 换端后状态

2. ATO 有人自动折返

在此模式下,由 ATO 驾驶列车运行到折返线并停车,人工确认折返后关闭本驾驶端驾驶盘和启动反向端驾驶盘,ATO 驾驶列车进入发车股道并定位停车后由 ATO 或人工打开列车车门。

3. ATP 监督下的人工折返

在此模式下,司机人工驾驶列车运行到折返线并停车,人工确认折返后关闭本端驾驶盘和启动反向端驾驶盘,在 ATP 监督下人工驾驶列车进入发车股道并定位停车。司机按压开门按钮打开车门(站台门可由系统控制同步打开)。

4. 限制人工折返

在此模式下,司机采用"控制手柄"控制列车运行,司机人工驾驶列车运行到折返线并停车,人工关闭本驾驶端驾驶盘并启动反向端驾驶盘,之后人工驾驶列车进入发车股道并定位停车,司机人工打开车门和站台门。整个折返过程中,车载 ATP 限制列车在某一固定的低速(如 25 km/h)下运行。

5. 非限制人工折返

在此模式下，司机根据调度命令和地面信号，人工驾驶列车运行到折返线并停车，再人工驾驶列车进入发车股道并定位停车，司机人工打开车门和站台门。

3.3.2.21　列车回段/回库

CM 或 AM 列车回车辆段/停车场之前，车载 ATP 将获得 CBTC 区域边界信息，并提前通过 DMI 给出提示。由司机确认后，可转入 RM 模式运行。

ATP 支持列车在回车辆段/停车场时可不停车转换驾驶模式。

3.3.2.22　CT 列车信号控制

CBTC 控制级别下时，ZC 通过对管辖范围内对应的顺向信号机进行动态运算，周期性生成对应的信号机强制命令，并将信号机强制命令发送给联锁系统，由联锁系统驱动信号机的亮灭。

信号机强制命令包括：强制灭灯命令和强制亮灯命令。

CBTC 控制级别下，ZC 为其管辖范围内的信号机计算接近列车类型，通过信号机前方第一列车的类型来确定该信号机的亮灭，并将该信号机的亮灭命令发送给 CI，辅助 CI 完成相应的功能。

ZC 为信号机生成强制命令的原则为：

(1)当点灯区段范围内信号机前方列车为 CT 列车时，ZC 向 CI 发送信号机灭灯命令。当 CT 列车在接近信号机的过程中发生了降级，变为 NCT 列车，则 ZC 改变灭灯指令为亮灯指令并发送给 CI。

(2)当点灯区段范围内信号机前方第一列车为 NCT 列车时，ZC 向 CI 发送信号机亮灯命令。当 NCT 列车在接近信号机的过程中发生了升级，变为 CT 列车，则 ZC 改变亮灯指令为灭灯指令并发送给 CI。

(3)若通过检查确定范围内信号机前方无列车时，对该信号机发送默认的灭灯命令。

CBTC 控制级别下，默认所有正线顺向信号机常态为灭灯显示，在非 CBTC 控制级别下所有正线信号机亮灯显示。尽头阻挡信号机不灭灯。

在 ZC 故障或 ZC 与联锁系统通信故障的情况下，ZC 无法生成对应的信号机强制命令或联锁系统无法接收到来自 ZC 的信号机强制命令时，室外信号机将亮灯显示。

3.3.2.23 时钟同步

整个 CBTC 系统有统一的时钟服务器，为信号系统各设备提供实时的校时信息，车载 ATP 通过 ATS 主动从时钟服务器获取校准信息，调整自身的系统时间。图 3-32 所示为时钟同步示意图。

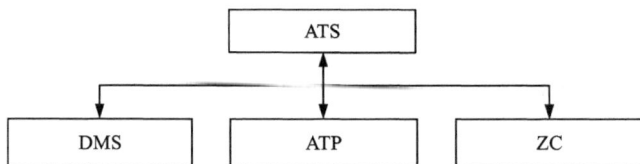

图 3-32 时钟同步示意图

DMS 完成上电进入正常工作后，每隔固定时间(30 min)向 ATS 时钟服务器发送校时申请，进行时间校正。收到 ATS 时钟服务器的时间信息后，与本地时间进行比较，若时间差大于一定范围(30 s)，DMS 立即根据该信息更新本地时钟。若没有收到时间信息，则周期性地向其发送申请。

ZC 完成上电进入正常工作后，每隔固定时间(30 min)向 ATS 时钟服务器发送校时申请，进行时间校正。收到 ATS 时钟服务器的时间信息后，与本地时间进行比较，若时间差大于一定范围(30 s)，ZC 立即根据该信息更新本地时钟。若没有收到时间信息，则周期性地向其发送申请。若一直接收不到时钟服务器的校时应答信息，则 ZC 不修改本地时间，一直用系统默认的出厂设置时间。

车载 ATP 完成上电进入正常工作后，每隔固定时间(20 min)向 ATS 时钟服务器发送校时申请，进行时间校正。当与 ATS 通信正常，收到 ATS 时钟服务器的时间信息后，与本地时间进行比较，若时间差大于一定范围(30 s)，车载 ATP 立即根据该信息更新本地时钟。若没有收到时间信息，则周期性地向其发送申请。若一直接收不到时钟服务器的校时应答信息，则车载 ATP 不修改本地时间，一直用系统默认的出厂设置时间。

3.3.3 系统原理

3.3.3.1 地面设备组成

地面 ATP 设备由 ZC 设备和 DMS 设备组成，采用统一的硬件构架、安全冗余设计，符合"故障-安全"设计原则，独立的内/外通信通道。

3.3.3.2　地面 ATP 结构

ZC 设备和 DMS 设备硬件均采用 2 乘 2 取 2 的冗余安全计算机架构。Ⅰ系、Ⅱ系为两套功能完整的安全计算机，Ⅰ系、Ⅱ系通过内部交换机模块实现通信互连，两系共享通信模块，以提高系统的可用性。

图 3-33 所示为冗余结构示意图，其中只允许通信模块提供外部交互信息接口，每系通信模块通过以太网接入冗余信号网。

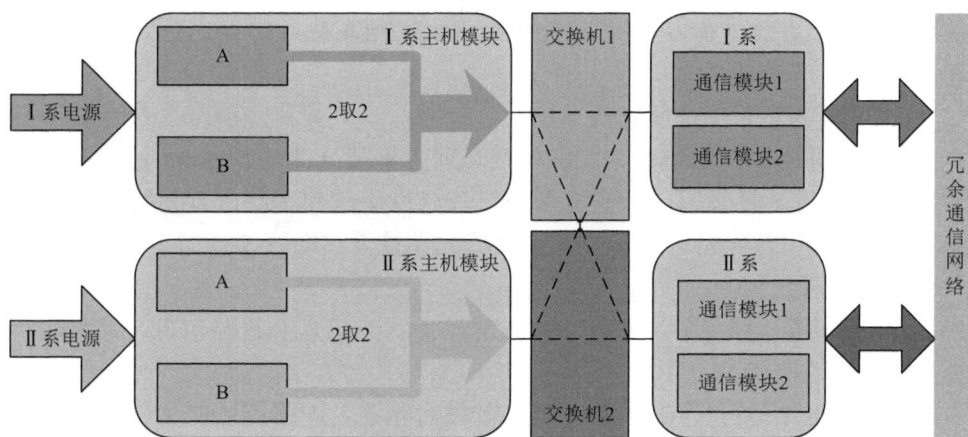

图 3-33　冗余结构示意图

主机模块作为运算主处理单元，主机模块和通信模块通过内部交换机模块连接。通信模块通过以太网连接到骨干网与其他子系统通信。

3.3.3.3　内部接口

ZC 设备和 DMS 设备基于安全计算机平台以太网架构搭建，内部采用以太网总线进行信息交互，每一系都有 2 个通信模块并通过以太网与外部设备通信。通信 1 模块用于安全数据通信，通信 2 模块用于维护等非安全数据通信。

3.3.3.4　地面 ATP 原理

车载 ATP 依据从地面获得的移动授权防护列车运行。移动授权包括点式和连续式两种级别。

ITC 级别下，联锁系统根据进路开放状态选择应答器报文，并通过 LEU 发送至信号机对应的有源应答器。当应答器天线越过应答器时，接收到点式移动授权，点式移动授权无时效性限制。

移动授权处理如下：

（1）驾驶模式为 AM 或 CM 的列车，在收到有源应答器发送的有效的移动授权后，防护列车运行至点式 MA 终点停车。

（2）在收到有源应答器发送的禁止报文后，运行在 AM 或 CM 模式下的列车立即实施紧急制动。

CBTC 级别下，ZC 根据列车位置报告、进路开放及锁闭状态、前方列车属性、前方列车位置等信息，为车载 ATP 实时计算移动授权，移动授权经安全通信协议封装后，通过车-地无线网络连续地发送给车载 ATP 进行制动曲线计算和安全防护。

（3）列车进入 CBTC 区域。

列车由非 CBTC 区域进入 CBTC 区域时，车载 ATP 在转换轨上完成定位后，ZC 将对列车前/后端进行筛选检查，若经过确认列车前后方无隐藏列车进入正线，且入口信号机已经开放，ZC 将为列车计算移动授权。

（4）单车运行。

①单车区间运行，ZC 根据 CI 输入的设备状态信息和进路信息，为列车计算安全的移动授权；

②单车进站运行，ZC 根据 CI 输入的站台信息、进路信息以及进路包含的保护区段信息，共同为列车计算安全的移动授权；

③单车区间运行且前方包含未知非安全区域时，ZC 结合线路设备状态信息并考虑该未知非安全区域，为列车计算安全的移动授权，使其与非安全区域间隔一个物理区段。

（5）CT 列车多车追踪。

当追踪前车为 CT 车且位于非站台区时，若前车已完成后筛检查，则后车的 MA 范围最大到前车的车尾安全位置再预留一定的安全防护距离，如图 3-34 所示。

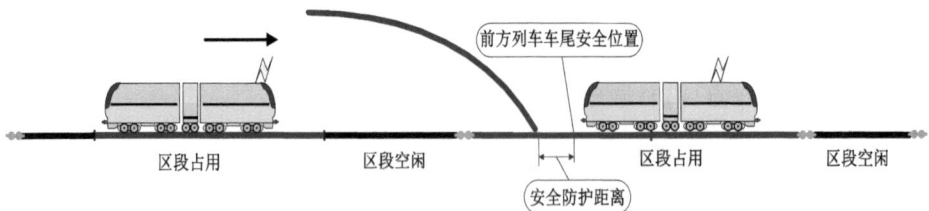

图 3-34 非站台区追踪

当追踪前车为 CT 车且位于站台区域时，后车不允许进入站台区域，如图 3-35 所示。

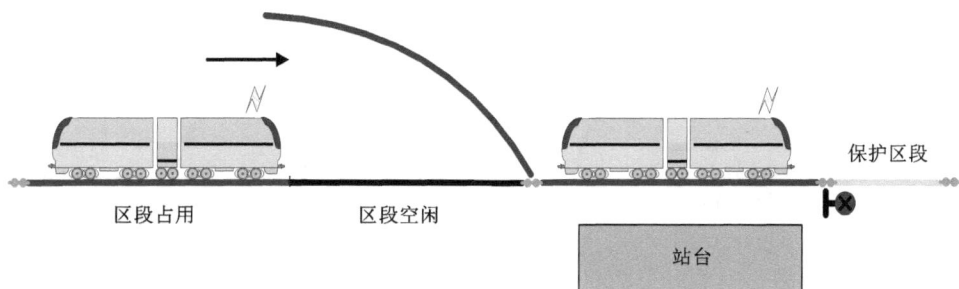

图 3-35　站台区追踪 1

当追踪前车为 CT 车且进站时，若前车已经离站但是前车还没有出清后车进站进路的保护区段，后车不允许进站，如图 3-36 所示。

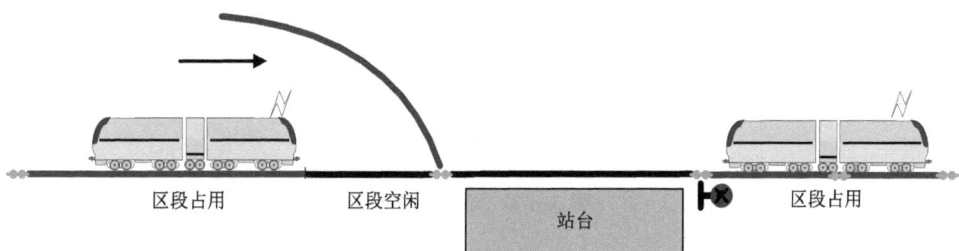

图 3-36　站台区追踪 2

当追踪前车为未完成后筛检查的 CT 列车或 NCT 列车时，后车 MA 终点与前车所在区段间隔一个物理区段，如图 3-37 所示。

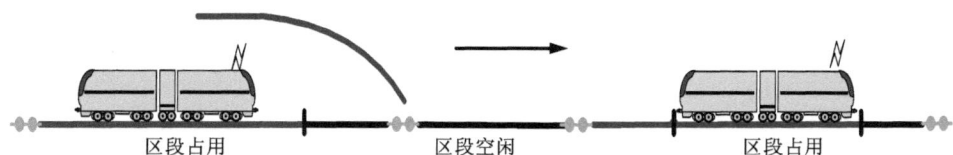

图 3-37　追踪未完成后筛检查的列车

(6)列车混跑。

当 CBTC 级列车追踪人工驾驶的 NCT 列车时,后车 MA 终点与前车所在区段间隔一个物理区段,如图 3-38 所示。

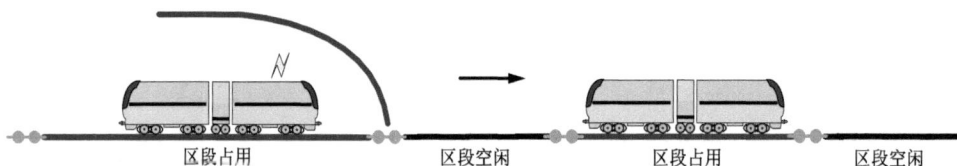

图 3-38　混跑原则 1

当前车为完成后筛检查的 NCT 列车时,后车的 MA 终点到前车的车尾安全位置应再后撤一定的安全防护距离。

当 CT 列车与未完成后筛检查的 NCT 列车运行在同一计轴区段时,CT 列车将紧急制动,如图 3-39 所示。

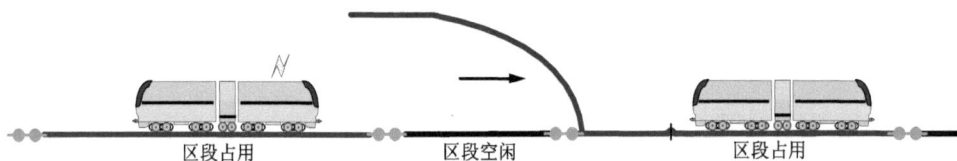

图 3-39　混跑原则 2

当 CT 列车与未完成后筛检查的 NCT 列车在相邻计轴区段运行时,CT 列车将紧急制动,如图 3-40 所示。

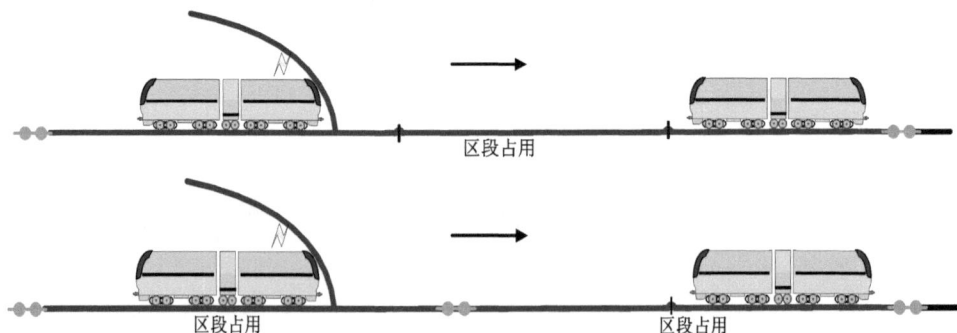

图 3-40　混跑原则 3

（7）列车驶出 CBTC 区域。

当列车完成运营，退出 CBTC 区域时，ZC 为其授权进路的 MA 的终点属性为退出 CBTC 终点（回段/库）。车载设备收到后在一定位置向 ZC 发送退出申请，ZC 收到申请后对列车的位置进行检查，若列车在特定的位置上，则 ZC 向车载设备回复确认信息。MA 的终点放在 CBTC 区域与非 CBTC 区域分界点的回撤安全防护距离处。

（8）保护区段对 MA 计算的影响原则。

进路包含有保护区段，保护区段办理完成且保护区段在进路外方的时候，计算 MA 将考虑保护区段的影响。因保护区段作为在进路的安全防护，在 MA 计算时将在保护区段内延伸一定的距离。当保护区段的长度小于等于 MA 延伸的最大距离值时，MA 终点为保护区段的终点；若保护区段长度大于 MA 延伸的最大距离值时，则 MA 终点为在进路终点的基础上增加 MA 延伸的最大距离值。

（9）道岔对 MA 计算的影响原则。

当 CT 列车运行进入道岔区段，道岔位置不正确导致 ZC 计算 MA 失败，则 ZC 立即向车载设备发送特殊 MA，令其紧急制动。

当待升级的 NCT 列车运行进入道岔区段，道岔位置不正确导致 ZC 计算 MA 失败时，ZC 将继续尝试为其计算 MA。

3.3.3.5　列车安全包络补偿

由于系统存在测速/测距误差、通信延时等原因，ZC 在计算 MA 时会对车载设备报告的列车位置做出补偿，形成一个安全的包络，作为列车安全位置。列车安全位置与非安全位置如图 3-41 所示。

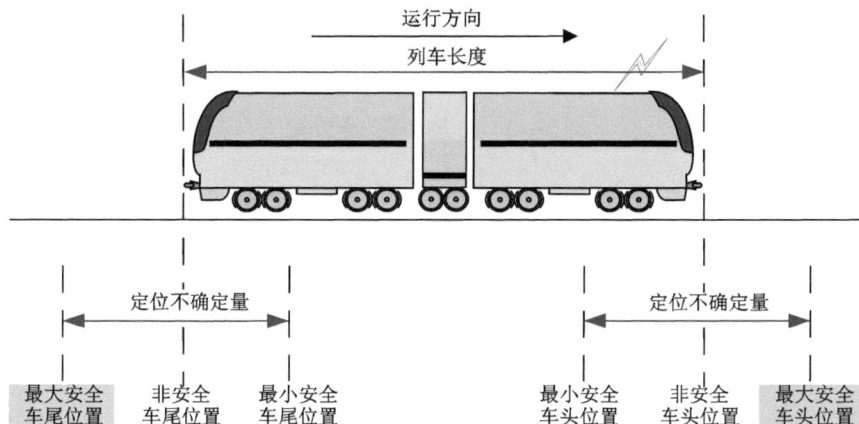

图 3-41　列车安全位置与非安全位置

1. 列车最大安全车头位置计算

列车最大安全车头位置是在列车汇报的列车非安全车头位置的基础上叠加车头安全包络，列车车头安全位置如图 3-42 所示。

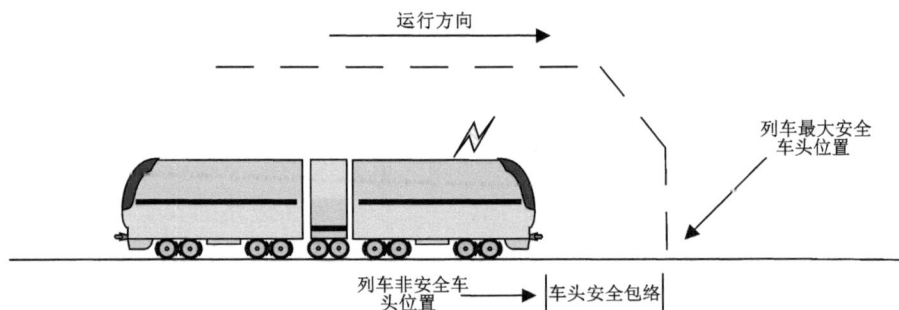

图 3-42　列车车头安全位置

2. 列车最大安全车尾位置计算

列车最大安全车尾位置是在列车汇报的列车非安全车尾位置的基础上叠加车尾安全包络，列车车尾安全位置如图 3-43 所示。

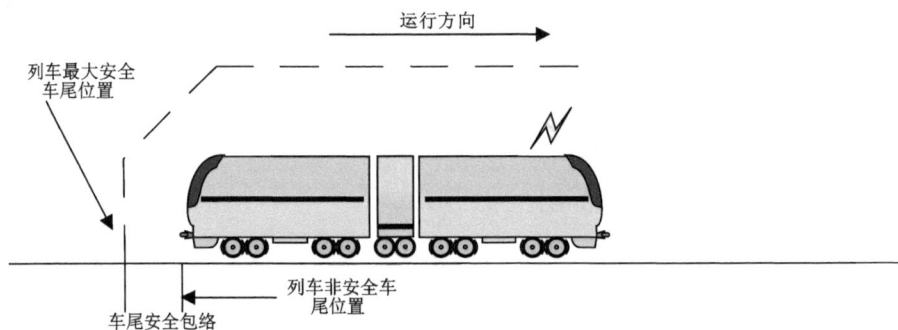

图 3-43　列车车尾安全位置

3.3.3.6　临时限速

线路正、反方向运行时均具备临时限速防护功能，在 CBTC 级别下临时限速暂按每级 5 km/h 进行设置。临时限速设置流程如图 3-44 所示。

1. 临时限速设置/取消

DMS 通过骨干网络接收 ATS 下发的临时限速设置/取消命令，当 DMS 收到 ATS 下发的一次临时限速设置/取消命令时，将对其的合法性进行校验。

若合法性校验没有通过, 则回复 ATS 临时限速不合法, 结束本次设置/取消流程。

若合法性校验通过, 则回复 ATS 一次确认完成, DMS 在回复一次确认完成后开始计时, 若在规定时间里(默认 120 s, 参数可修改)收到了 ATS 再次设置/取消临时限速的信息, 则校验两次收到的临时限速信息。若正确则回复 ATS 二次确认完成, 若不正确则丢弃该数据, 结束本次流程。若在规定的时间里(默认 120 s, 参数可修改)没有收到 ATS 再次设置/取消临时限速的信息, 则丢弃该数据, 结束流程。

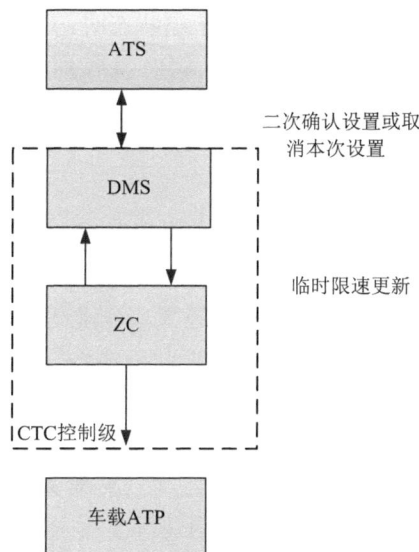

图 3-44　临时限速设置流程示意图

2. 临时限速拆分转发

当 DMS 收到 ATS 的二次确认成功的临时限速命令后, DMS 将临时限速信息按照 ZC 所管辖的范围进行拆分并周期性地向对应的 ZC 下发, 同时接收 ZC 周期性地发送的其管辖范围内的临时限速应用情况。DMS 将下发的临时限速信息和 ZC 周期性地上报的临时限速应用情况进行比较, 若在规定时间内(默认为 30 s, 参数可修改)比较结果一致则认为临时限速设置成功并进行了存储。同时 DMS 会将存盘的临时限速信息上报给 ATS。

当 DMS 向 ZC 发送临时限速信息后, 若在规定的时间里(默认为 24 s, 参数可修改)收到的 ZC 上报的临时限速应用情况跟 ATS 设置的临时限速信息不一致, 则 DMS 继续向 ZC 发送临时限速信息。

当 ZC 发送的临时限速应用情况与 ATS 设置的临时限速命令不一致且发送时间超出了规定的时间时, 则 DMS 不再使用 ATS 设置的临时限速, 而使用本地存盘的临时限速信息, 并重新开始计时。

当在规定的时间里 ZC 向 DMS 上报的临时限速应用情况与 DMS 下发的临时限速信息一致时, 则 DMS 认为临时限速已经生效, 不再向 ZC 发送临时限速信息。

ATS 下发的临时限速命令可能包含多个 ZC 范围, 甚至一个临时限速信息会超出 ZC 范围, 所以在 DMS 下发前将临时限速按照所属 ZC 范围进行拆分, 只有当所涉及的 ZC 上报的临时限速应用情况都一致时,才能认为临时限速生效了。

当系统处于初始上电状态时,DMS 首先和 ATS 进行临时限速的校核,只有与 ATS 完成了该项校核,DMS 接收到 ATS 发送的允许其转入正常工作流程的命令时,DMS 才会开始向 ZC 下发临时限速信息,否则 DMS 会一直等待 ATS 的确认信息。

3. 临时限速存储

对于 DMS 重启前设置的临时限速等命令,在系统重启后该命令仍保持有效。

根据运营临时的施工或作业等需求,通过 ATS 在线路中部分区段设置/取消临时运营限速,DMS 设备在线工作过程中将根据 ATS 下达的命令,在线设置/取消临时限速命令并进行存储。

临时限速的存储需满足以下两个条件:

(1) DMS 与 ATS 经过二次确认下发。

(2) DMS 将临时限速信息拆分后发送给对应的 ZC,且 ZC 回复的临时限速应用情况与其一致。

若 DMS 在存储数据时发生了错误(如文件操作失败、超时等原因),DMS 宕机处理导向安全。

4. 临时限速上传

DMS 向 ATS 汇报线路上设置成功的临时限速信息,ATS 将根据此信息进行线路中的临时限速显示。DMS 向 ATS 上传的临时限速信息,主要分为 DMS 初始上电汇报的信息和周期性汇报的信息。

DMS 处于初始上电状态时,将存储的临时限速信息周期性地上传给 ATS,若 DMS 没有收到 ATS 的确认信息,则 DMS 将一直处于初始上电状态,直至调度人员确认后进行上电解锁操作。

DMS 处于正常工作状态时,应在规定时间内(暂定 30 s)向 ATS 上传整个线路所需的临时限速信息。

3.3.3.7 线路数据库的版本管理

DMS 存储了整条线路的静态数据,如电子地图数据、系统配置数据等。

DMS 将本地静态数据的版本号发给 ZC,ZC 以此作为进行数据唯一性校验的依据。

当 ZC 与 DMS 通信正常,但数据版本不一致时,则 ZC 停止向除 DMS 以外的设备输出。若数据版本是一致的,则 ZC 保持正常工作。当 ZC 与 DMS 发生通信故障时,ZC 将不会进行数据版本比较,但 ZC 可保持正常运行。

3.3.3.8　应答器

应答器利用电磁感应原理，用于在特定地点实现地面与车载设备间高速点式数据传输。

应答器安装于两钢轨的中心，平时处于休眠状态，仅靠瞬时接收车载应答器天线发送的电磁能量而工作，并能在接收到车载应答器天线电磁能量的同时向车载应答器天线发送编码信息。安装于机车底部的车载应答器天线不断向地面发送功率信号并在机车通过地面应答器时接收来自应答器的编码信息。

3.3.3.9　LEU

LEU 盒内安装有母板，在母板上插接 4 块电路板，这 4 块电路板分别为电源板、数据处理板、S 接口通信板、输出板。LEU 连接示意图如图 3-45 所示。

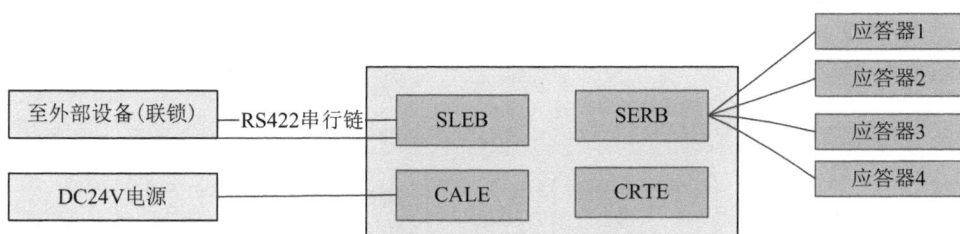

图 3-45　LEU 连接示意图

LEU 是故障-安全设备，可为信号系统与应答器之间提供接口，主要有以下功能：

（1）接收外部发送的应答器报文并连续向应答器转发。

（2）当输入通道故障或 LEU 内部有故障时，向应答器发送预先存储的默认报文。

（3）当有车载天线经过有源应答器上方时，LEU 在一定时间内不会转换新的报文。

（4）1 台 LEU 可以同时向 4 台有源应答器发送 4 种不同的报文。

（5）设备可进行自检及记录事件，并可向外部设备上传信息。

3.3.4　接口

本系统宜为完全自主研发、具备完全自主知识产权的 ATP 子系统，主要设备之间的通信采用铁路通用安全通信协议，符合故障-安全原则，子系统之间接口考虑了其他子系统的接口特性及软件实现方式，接口具有高可靠性。表 3-8 为 ATP 子系统接口关联表。

表 3-8　ATP 子系统接口关联表

发送接收	ATS	CI	ZC	DMS	车载 ATP	ATO	MSS
ATS	—	—	√	√	√	×	—
CI	—	—	√	√	√	×	—
ZC	√	√	√	√	√	×	—
DMS	√	√	√	×	×	×	—
车载 ATP	√	√	√	×	×	√	—
ATO	×	×	×	×	×	×	—
MSS	√	—	—	—	—	—	—

注：符号"√"表示具备接口通信关系；符号"×"表示不具备接口通信关系；符号"—"表示两者之间与 ATP 子系统无关。

接口示意图如图 3-46 所示。

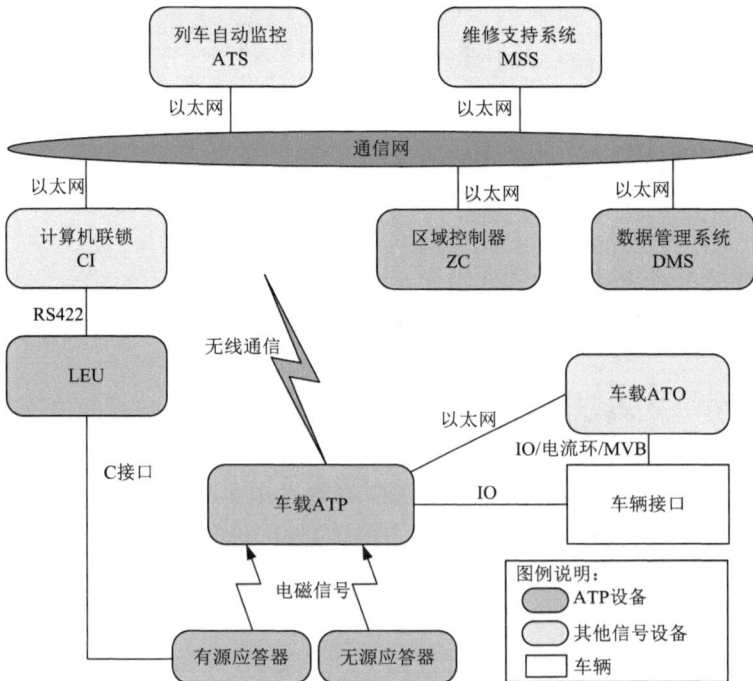

图 3-46　接口示意图

3.4　ATS 子系统改造实施方案

ATS 是 CBTC 的重要组成部分，主要负责对站场信息、列车信息的监督和对列车运行的控制，实现地铁信号系统的自动化列车调度和线路调度功能，是地铁线路运营效率和可靠性的重要保障。

3.4.1　系统组成

ATS 子系统由位于控制中心、正线各车站、车辆段/停车场的 ATS 子系统设备通过网络及传输设备构成；培训中心的 ATS 设备单独组网。

ATS 子系统的关键设备采用双机热备的方式，以保证系统的可靠性。ATS 子系统采用双通道冗余的工作方式，主通道故障时自动切换至备用通道传输数据信息，主备通道进行切换时，系统数据具有信息传输的连续性，可实时、连续地正确显示和控制。

图 3-47 所示为 ATS 系统组成结构示意图。由图 3-47 可见，ATS 由 8 个子系统组成，分别为站场监控子系统、运行图管理子系统、应用服务器子系统、车站服务器子系统、通信服务器子系统、协议网关服务器子系统、模拟培训子系统和数据库服务器子系统。

其中，客户端层包括站场监控子系统和运行图管理子系统。站场监控子系统提供站场和列车监视、信号控制命令下发、列车控制命令下发等人机接口功能，运行图管理子系统可通过配置以在线运行图和离线运行图两种模式运行。

服务器层包括应用服务器子系统、车站服务器子系统、通信服务器子系统、协议网关服务器子系统和模拟培训子系统。其中，应用服务器子系统提供信号控制、列车跟踪识别、自动调整、自动进路、运行图编辑等功能，车站服务器子系统提供信号控制、列车跟踪识别、自动进路等功能。

数据层是指数据库服务器子系统，提供运行图、用户信息等基础数据的存储和访问功能。

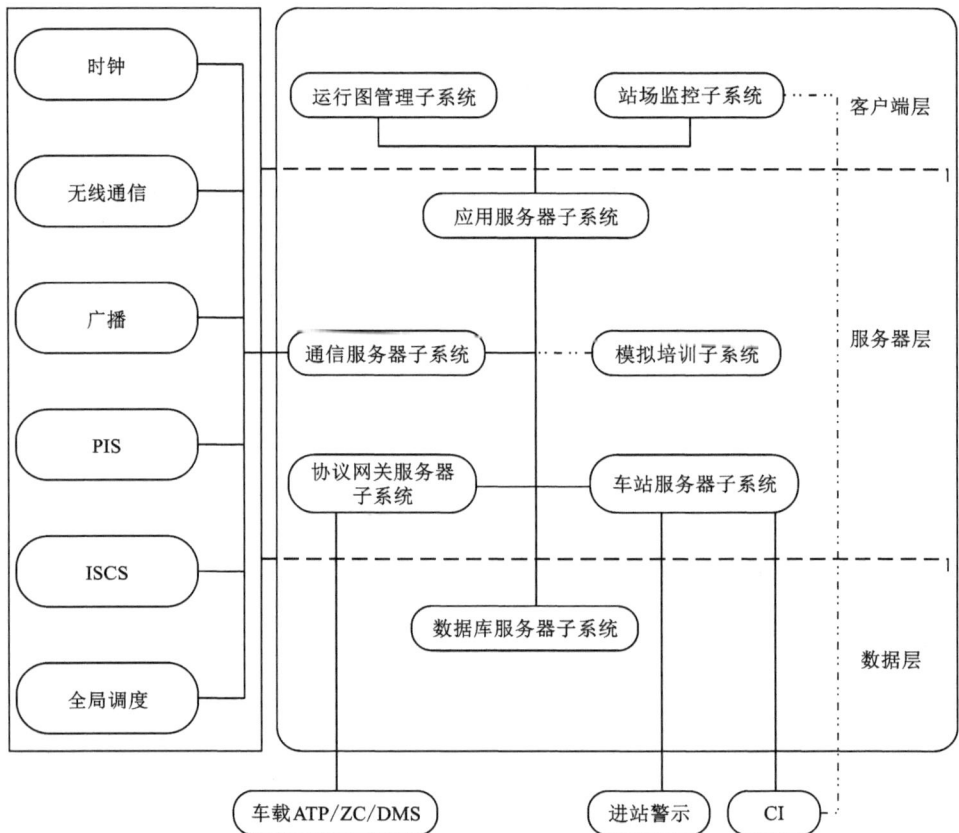

图3-47 ATS系统组成结构示意图

3.4.2 系统功能

ATS实现对列车运行的监督和控制，主要功能包括列车运行情况的集中监视、列车跟踪识别、进路控制、运行调整、运行图管理、运行数据统计与管理等功能。

3.4.2.1 控制模式管理

ATS与CI配合，可为各联锁区提供4种控制模式。

（1）ATS中心控制（含切换到备用中心）。

（2）ATS正常站控。

（3）ATS降级站控（ATS中心故障下的车站控制）。

（4）CI非常站控。

4 种控制模式之间可根据系统运行状态和线路运营需求进行自动或人工转换，控制模式转换如图 3-48 所示。

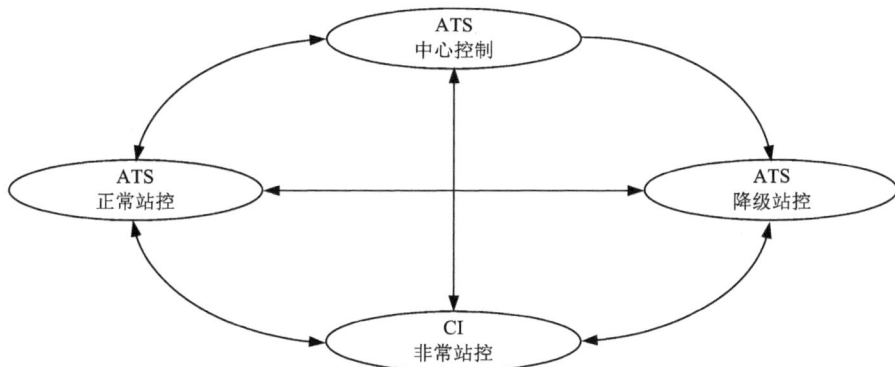

图 3-48　控制模式转换图

（1）执行 ATS 中心控制及 ATS 正常站控的必要条件：应用服务器工作及通信正常。在 ATS 中心控制及 ATS 正常站控模式下，ATS 系统可提供最全面的功能。

（2）执行 ATS 降级站控的必要条件：该联锁区车站服务器工作及通信正常（两台中有一台工作且通信正常即可）。当中心主备应用服务器、车站备用应用服务器均故障时，所有车站 ATS 服务器均将检测到与应用服务器通信异常，所有控制模式为 ATS 中心控制的车站的 ATS 服务器均会将本联锁区的控制模式由 ATS 中心控制自动转换为 ATS 降级站控。在 ATS 降级站控模式下，由于仅与车站服务器通信，因此部分功能会受影响，主要包括列车自动调整、人工设置站台停站时间及运行等级等。

（3）执行 CI 非常站控的必要条件：该联锁区联锁下位机工作及通信正常。在车站服务器故障时的 CI 非常站控模式下，由于仅与联锁下位机通信，因此仅能提供原有联锁上位机功能，列车自动跟踪等功能将无法提供；在车站服务器工作及通信正常时的 CI 非常站控模式下，由于能同时与车站服务器和联锁下位机通信［其中状态采集经过车站服务器，联锁命令下发通过联锁下位机（不经过车站服务器）］，因此除能提供原有联锁上位机的功能外，还可提供列车自动跟踪等功能。表 3-9 为 ATS 转换及功能对照表。

表 3-9　ATS 转换及功能对照表

序号	功能	子功能	ATS 中心控制（中心）条件 1	ATS 中心控制（备用）条件 2	ATS 正常站控（中心）条件 3	ATS 正常站控（备用）条件 4	ATS 降级站控条件 5	CI 非常站控条件 6
1	控制模式	控制模式人工转换	√	√	√	√	√	√
2	列车相关	列车精确位置跟踪	√	×	√	×	×	×
		列车物理占用跟踪	√	√	√	√	√	√
		列车自动进路	√	√	√	√	√	×
		列车自动调整	√	√	√	√	×	×
		启用/禁止列车自动调整	√	√	√	√	×	×
		发车计时器自动控制	√	√	√	√	√	×
		修改列车识别号	√	√	√	√	√	×
		分配/删除车组号	√	√	√	√	√	×
		人工移动车次窗	√	√	√	√	√	×
3	进路相关	设置/取消进路	√	√	√	√	√	√
		设置引导进路	√	√	√	√	√	√
		设置/取消引导总锁(仅在车辆段提供)	√	√	√	√	√	√
		建立/取消自动通过进路	√	√	√	√	√	√
		人工解锁	√	√	√	√	√	√

续表3-9

序号	功能	子功能	ATS中心控制（中心）条件1	ATS中心控制（备用）条件2	ATS正常站控（中心）条件3	ATS正常站控（备用）条件4	ATS降级站控条件5	CI非常站控条件6
4	信号机相关	信号机封锁/解封	√	√	√	√	√	√
		启用/禁止ATS进路自动触发	√	√	√	√	√	×
		启用/禁止CI进路自动触发	×	×	×	×	×	√
		设置/取消自动通过	√	√	√	√	√	√
		信号重开	√	√	√	√	√	√
		信号特开	√	√	√	√	√	√
5	区段相关	计轴预复位	√	√	√	√	√	√
		设置/取消ATP临时限速	√	×	√	×	×	×
		设置/取消CI临时限速	√	√	√	√	√	√
		封锁/解封	√	√	√	√	√	√
		区故解	√	√	√	√	√	√
6	道岔相关	道岔定操/反操	√	√	√	√	√	√
		道岔单锁/单解	√	√	√	√	√	√
		道岔单封/解封	√	√	√	√	√	√

续表3-9

序号	功能	子功能	ATS中心控制（中心）条件1	ATS中心控制（备用）条件2	ATS正常站控（中心）条件3	ATS正常站控（备用）条件4	ATS降级站控条件5	CI非常站控条件6
7	站台相关	设置/取消扣车	√	√	√	√	√	√
		设置/取消反向扣车	√(仅中心调度工作站)	√(仅中心调度工作站)	×	×	×	×
		设置/取消跳停（含站台跳停和列车跳停）	√	√(无法到车上)	√	√(无法到车上)	×	×
		立即发车	√	√(无法到车上)	√	√(无法到车上)	×	×
		设置停站时间	√	√(无法到车上)	√	√(无法到车上)	×	×
		设置运行等级	√	√(无法到车上)	√	√(无法到车上)	×	×
8	车站相关	全站点灯/灭灯	√	√	√	√	√	√
		CI上电解锁	√	√	√	√	√	√
9	车辆段/停车场试车相关	设置非进路调车	√	√	√	√	√	√
		取消非进路调车	√	√	√	√	√	√
		试车同意	√	√	√	√	√	√
		非进路故障解锁	√	√	√	√	√	√
		故障抢权	√	√	√	√	√	√
10	试车线相关（仅有ATS降级站控和CI非常站控两种模式）	试车请求	—	—	—	—	√	√
		试车开始	—	—	—	—	√	√
		试车结束	—	—	—	—	√	√

续表3-9

序号	功能	子功能	ATS 中心控制（中心）条件 1	ATS 中心控制（备用）条件 2	ATS 正常站控（中心）条件 3	ATS 正常站控（备用）条件 4	ATS 降级站控条件 5	CI 非常站控条件 6
11	其他	站场图实时更新	√（全线）	√（全线）	√（全线）	√（全线）	√（本联锁区及相邻联锁区）	√（本联锁区和相邻自然站）
		系统状态图实时更新(仅在 ATS 维护工作站上显示)	√	√	√	√	√	√
		实际运行图自动绘制	√	√	√	√	×	×
		运行图编辑	√	√	√	√	×	×
		用户管理	√	√	√	√	×	×
		编组管理	√	√	√	√	×	×
		派班管理	√	√	√	√	×	×
		运营数据自动统计及分析	√	√	√	√	×	×
		故障监测、自动报警	√	√	√	√	√	√
		系统运行日志及操作事件的自动记录、分类	√	√	√	√	√	√

注：符号"√"表示具备该功能；符号"×"表示不具备该功能；符号"—"表示在此控制模式下不提供该功能。

3.4.2.2　监控权限管理

控制中心大屏幕及 ATS 所有工作站均可显示全线范围内的站场信息。

ATS 中心控制模式下，正线控制范围以联锁区为单位，由主调授权后，各行车调度工作站在授权区域内进行相应控制，任何联锁区同一时刻只能且必须由一台行车调度工作站控制。

ATS 中心控制模式下，正线控制范围以联锁区为单位，由主调授权后，各行车调度工作站在授权区域内进行相应控制，任何联锁区同一时刻只能且必须由一台行车调度工作站控制。

ATS 正常站控/ATS 降级站控下，ATS 监视工作站(非设备集中站的 ATS 工作站)不具有控制权。

ATS 正常站控/ATS 降级站控/CI 非常站控下，现地控制工作站可在当前联锁区范围进行相应控制。

对于分段开通线路，ATS 具备在同一中心进行多线路段监控的功能。

3.4.2.3　用户管理

ATS 在维护工作站提供用户管理功能，用于用户的创建、删除、权限配置及登录信息配置等。

用户通过输入正确用户名及其密码的方式实现设备登录、注销、关闭功能。

系统管理员可创建用户并分配角色和地址，每个用户可对应一个角色和多个登录位置。用户信息与权限及登录位置信息等保存在数据库中。

为了保证在中心应用服务器或数据库离线时依旧可以登录操作界面，车站服务器会自动将其对应的用户同步至车站服务器本地保存，这样在中心应用服务器或数据库离线时，依旧可以通过本地化的验证保证客户端的正常校验。在中心应用服务器在线时，优先使用与中心通信的方式校验用户。

3.4.2.4　站场信息显示

ATS 工作站提供站场行车信息的显示。ATS 提供的站场信息主要包括以下几点：

(1)正线、车辆段/停车场线路拓扑结构。

(2)公里标、地面线、地下线标注(可调显)。

(3)线路目的地信息(可调显)。

(4)信号设备位置、名称(可调显)、状态。

(5)列车图标及位置。

(6)列车状态(驾驶模式、车-地通信状态、运行状态、设备状态等)。

(7)列车的移动授权(可调显)。

（8）列车车次号。

（9）列车门、站台门状态。

（10）扣车、跳停状态。

（11）立即发车状态。

（12）出段列车的预定地点。

（13）列车早晚点。

（14）车站类型、位置、名称、控制模式。

（15）供电区段状态（可调显）。

（16）与其他线路联络线信号元素信息显示等，具体内容在设计联络阶段确定。

（17）能够将车辆 TCMS 信息全部显示在 ATS 系统工作站界面上。

（18）信号车载 MMI 的信息显示，能够将信号车载 MMI 信息全部显示在 ATS 系统工作站界面上。

ATS 基于矢量图绘制技术提供站场监视画面的放大、缩小、全屏查看、滚动查看等功能。

ATS 各工作站监视区域可根据需要进行配置。

ATS 各工作站可选择任意联锁区单独显示该联锁区内的信号设备状态和列车运行状态。所有工作站显示的信号设备状态和列车运行状态均保持一致，在连续式通信列车控制级别下，列车移动显示分辨率和刷新速率状态应与真实的移动状态相匹配。

所有关于线路布局的显示画面按照"上行线在上面、下行线在下面""左边小里程、右边大里程"的规定统一显示方向及方位。具体内容在设计联络阶段确定。

3.4.2.5　车次窗

将站场图上随列车位置移动而在区段上步进的一组列车图标定义为车次窗。

非通信车车次窗主要指示列车类型、列车运行方向、列车识别号、列车早晚点信息等。非通信车车次窗如图 3-49 所示。

通信车车次窗主要指示列车类型、列车运行方向、列车识别号、列车驾驶模式、列车故障报警信息、列车早晚点信息、列车信号模式等。通信车车次窗如图 3-50 所示。

图 3-49　非通信车车次窗

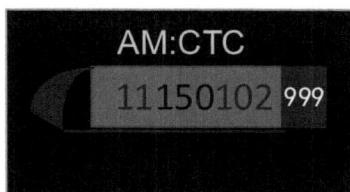

图 3-50　通信车车次窗

3.4.2.6　列车进路控制

ATS 对列车进路的控制包括自动控制和人工控制。

ATS 提供进路自动控制的启用和禁用功能。ATS 默认启用进路自动控制。操作员可禁用线路上所有进路的自动控制功能，此时所有进路都转为人工控制；操作员也可单独禁用某条进路的自动控制功能，此时该进路转为人工控制。当进路不能设置时，系统将给出报警，提示进行人工干预。

中心控制转为车站控制时，车站控制默认保持现有状态，具体实现方式在设计联络阶段确定。

在控制模式的转换过程中及转换后，如未经人工介入，各进路的原自动控制模式将不变。

列车进路控制权的优先级原则为车站控制优先于中心控制，人工控制优先于自动控制。

3.4.2.7　自动控制

ATS 根据列车位置、列车目的地及联锁进路表，自动触发并生成进路控制命令发送至联锁系统，实现进路的自动控制。自动控制分为中心自动和车站自动两种模式。系统在中心控制模式和车站控制模式下均可实现进路自动控制。当 ATS 控制模式由中心控制转为车站控制时，进路的自动控制不会因此而中断。

3.4.2.8　人工控制

任何情况下，操作员均可将进路设置为禁止自动触发。当系统处于中心控制模式时，中心调度员具有进路的控制权；当系统处于车站控制模式时，车站值班员拥有进路的控制权。

进路办理方式采用信号机至信号机的进路方式，且采用菜单方式。当选择某条进路进行办理时，ATS 会将该条进路以高亮显示，以便预览。

操作员下发进路设置命令后，系统对进路进行有效性检查，无论检查是否通过，进路命令都将下发到联锁系统，以防止因 ATS 系统误检导致进路无法排列，提高系统可用性。当进路未通过有效性检查时，系统会将具体原因反馈给操作员。

3.4.2.9　列车运行调整

当列车偏离计划运行时，中心调度员可选择相应的 ATS 列车运行调整功能，使列车尽快恢复计划运行。

ATS 提供的列车运行调整方式包括自动调整和人工调整。默认情况下，系统采用自动调整方式指挥列车运行，调整方式包括调整停站时间和运行等级两种。当列车运行严重偏离计划，超过了自动调整范围(默认为 120 s)时，系统提示需进行人工干预，此时调度员可使用人工调整命令进行列车运行调整。当区间出现阻塞时，系统能实现自动调整功能，针对需要清客的列车，ATS 具备触发站台广播进行清客提示的功能。具体调整方式及实现方式在设计联络阶段确定。

ATS 可设置每个区间的最大运行列车数量，当区间列车数量超过最大数量时，系统给出报警，提示需进行人工干预。

1. 扣车

扣车功能包括设置/取消站台扣车、设置/取消反向扣车功能。

扣车命令既能够在列车未到达站台时就预先设置，又能够在列车进入站台后发车前设置。该命令一次只能对一个站台进行控制。

设置反向扣车即从当前站台开始(包括当前站台)反方向批量设置站台扣车，取消反向扣车即从当前站台开始(包括当前站台)反方向批量取消站台扣车。

通信车到站时，若站台设置了扣车，则 ATS 会将扣车命令发送至列车。

非通信车根据出站信号机显示情况及 TDT 扣车指示进行扣车作业。

无论控制权在中心还是在车站，中心都具有扣车功能。扣车命令发送至 CI，由 CI 执行。

工作站具备扣车站不在当前站场图的提示功能。当扣车站不在当前画面时，调度员可以点击主画面扣车提示按钮，系统自动弹出对话框(此对话框根据扣车站的增减实时刷屏)告知调度员所有已扣车作业的站台，调度员在选择相应站台名后，站场图主画面立即切换至相应站台所在的车站画面。当办理扣车作业时，所有调度员工作站的已实施扣车的扣车提示按钮均变为扣车已成功状态，提示调度员注意扣车情况。

2. 跳停

跳停命令用来通知指定列车在下一个正线站台不停车，直接通过。在线路运行的正方向可以设置跳停。跳停命令既可实现对某一列车的控制，又可实现对站台的控制。

通信车到站时，ATS 将根据运行计划和人工设置的跳停命令，自动计算列车的下一停车点，并发送至列车。

非通信车到站时，ATS 将根据运行计划和人工设置的跳停命令，自动计算本站是否需要跳停，若需要跳停则向 TDT 发送跳停命令。

当前站台的跳停命令设置和取消须在列车从上一站台发车前设置，如图 3-51 所示的场景一和场景二。可同时设置和取消连续多个站台的跳停命令，如图 3-51 所示的场景三和场景四。

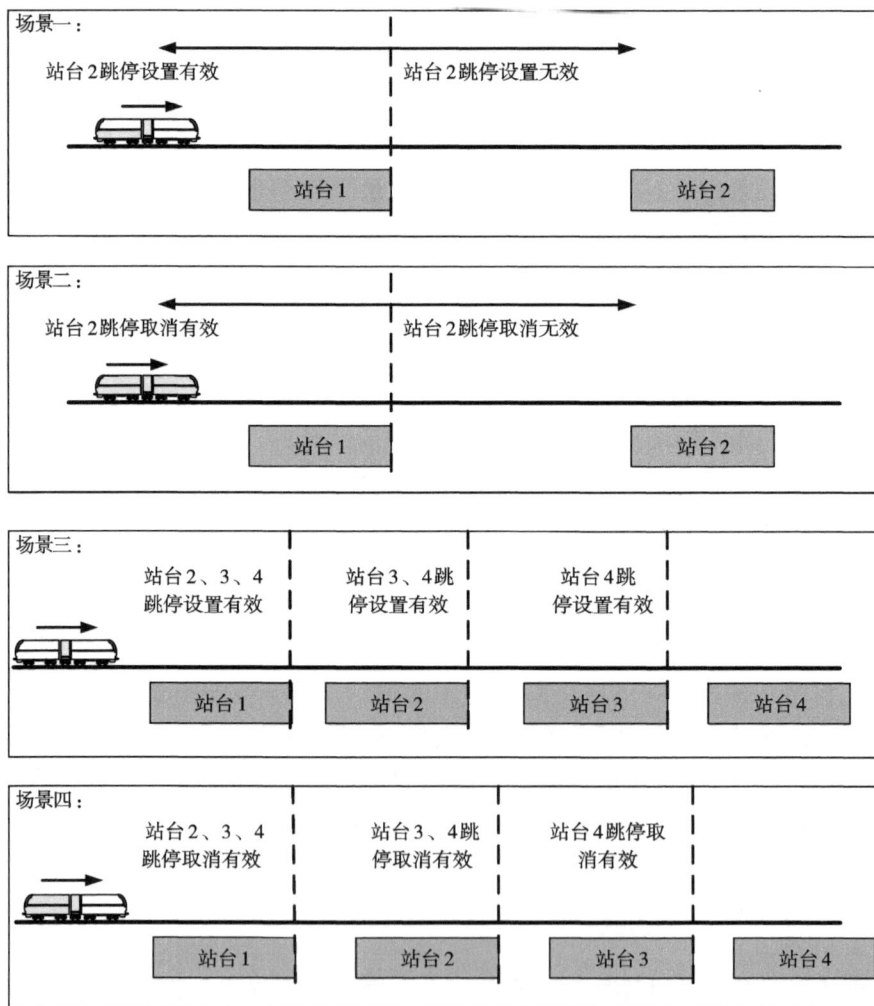

图 3-51　跳停场景示意图

3. 立即发车

立即发车功能用来指示当前站台上的列车立即发车。当执行此功能后，ATS 控制站台发车计时器立即清零。

只有在未办理扣车和封锁作业的情况下，方能办理立即发车，否则系统会弹出相应的错误提示。

3.4.2.10　发车指示

ATS 在站台停车点附近设置发车计时器，是为了给司机提供列车停站时间指示、离站指示、列车调整命令指示等。

ATS 可根据运行计划向即将投入正线运营列车的车载信号设备发送"进入正线服务"的工况指令，向即将退出正线运营列车的车载信号设备发送"退出正线服务"的工况指令。

列车进站停稳后，发车计时器点亮；列车占用第一离去区段后，发车计时器熄灭。

ATS 在站场图中各站台附近提供与现场 TDT 相同的信息显示。

在系统的正常控制模式及后备模式下，发车计时器均具有相应的显示。

发车计时器具有较完善的设备故障诊断功能和报警功能，并能将故障信息传至控制中心和综合维修中心进行报警。

3.4.2.11　节能

ATS 能对高峰和非高峰运营时段的列车运营实施不同的能源优化运行方案，非高峰运营时段在不降低服务质量的前提下，可通过车载信号设备控制列车区间节能运行时间，并保证乘客的舒适度。

3.4.2.12　冲突处理

ATS 具备列车运行自动调整的功能，当运行计划偏离时，不同运行交路的列车经过同一地点时，系统能监测到列车计划冲突，并提示调度员需选择列车计划冲突干预方案，若设定时间(默认为 60 s，可设置)内未进行选择则按原计划进行控制。列车冲突告警对话框提供具体冲突情况的详细描述和调整策略(列车按计划顺序通过、先到列车先通过策略、人工处理策略)供选择，调度员选择"按计划顺序通过"后，ATS 按当天计划顺序自动办理通过冲突区域的进路；调度员选择"先到列车先通过"后，ATS 为先到列车排列进路；调度员选择"人工处理"后，ATS 不触发冲突进路。

调度员可以随时关闭/开启某个信号机的冲突检查功能。

3.4.2.13　列车临时限速

ATS 将设置/取消临时限速命令下发至 DMS。中心调度员和车站值班员可通过各自的现地控制工作站实现临时限速的设置/取消(协议网关服务器故障时,不具备该功能)。设置 CBTC 临时限速指令可通过输入公里标进行。

ATS 将设置/取消 CI 临时限速命令下发至联锁系统。中心调度员和车站值班员可通过各自的控制工作站实现 CI 临时限速的设置/取消。设置 CI 临时限速指令可通过逻辑区段进行。

3.4.2.14　列车信息查询

调度员可以查询某列车的计划运行时间表,也可以查询某站的计划运行列车的时刻表。

调度员可查询在线列车的实际运行信息,ATS 能根据需要列表显示当前某趟列车或全部运行列车所在的车站和区间,并能提供列车运行的早晚点状况提示,同时能列出某站或全部车站的列车位置状况,能显示列车停站、扣车、跳停、人工停站时间、列车运行方向、列车运行等级、列车速度、紧急制动、车门状态、列车级别、驾驶模式、列车精确位置、移动授权终点等信息。

3.4.2.15　运行图管理

运行图是 ATS 组织列车运行的计划,主要规定了运行列车的数量、上线时刻、下线时刻、到站时刻、离站时刻、停站时间、站间运行时间、运行间隔、折返时间、表号、车次号、目的地号。

运行图管理软件须授权后才可登录,以防基本运行图被擅自修改。

ATS 负责维护三种类型的运行图:基本运行图、当天计划运行图及实际运行图。

基本运行图的编辑和管理在离线运行图编辑工作站完成。

当天计划运行图的编辑和管理在在线运行图工作站完成,且任何对当天计划运行图的修改操作(修改时间、操作用户)将被记录。

3.4.2.16　车辆段/停车场管理

列车在车辆段/停车场内有时刻表计划信息和派班计划信息,车次窗内显示可与时刻表计划信息匹配。

ATS 提供创建车组号、删除车组号等人工控制命令,车辆段/停车场值班员可通过人工控制命令对列车识别信息进行编辑。

ATS 在车辆段/停车场内提供列车车组号跟踪功能。

当天运行计划生成后,车辆段/停车场派班员可基于当天运行计划编辑并生成车辆运用计划及派班计划。ATS 提供派班计划的查看、编辑功能。车辆段/停车场派班员可查看列车每一次单方向行程的相关属性,并可为其分配列车及乘务组。

ATS 提供车辆段/停车场列车出入库信息查看功能,通过该功能,车辆段/停车场值班员可获得已出入库列车的信息及待出入库列车信息。

ATS 在站场拓扑图上以预告车次窗的形式提供出入预告信息。车次窗内显示即将出入的列车识别号信息。在前一趟列车完成出入库后,预告车次窗上更新为下一趟即将出入的列车信息,并通过声音提示车辆段/停车场 ATS 工作站准备接/发车。在规定时间内没有检测到列车出入时自动进行报警。

3.4.2.17　故障监测与报警

系统以图形化方式显示 ATS 设备连接关系及与其外部系统的连接关系,以设备间连接线的颜色表示设备通信状态,以设备图标颜色表示设备工作状态,设备之间的通信状态及设备工作状态可实时更新并显示。

系统记录人工操作命令、信号设备状态变化、列车运行状态变化等相关事件,对不合法、违规的人工操作命令、信号设备故障状态、系统识别到的可能故障情况给出报警。

报警信息划分为以下三个等级:

(1)A 类:直接对列车运行及设备发生危害的情况。

(2)B 类:将对列车运行产生影响的情况。

(3)C 类:一般报警情况。

3.4.2.18　模拟培训

ATS 模拟培训系统用于提供 ATS 的运营操作培训及维护培训。ATS 模拟培训系统主要由模拟培训服务器、培训/演示工作站、学员培训工作站组成。离线模式下三者相互配合为培训学员提供各种培训场景。

3.4.3　系统原理

ATS 在 CI、ATP、ATO 等子系统的支持下完成对全线列车运行的自动管理和监控,同时与其他系统实现接口连接。在不同情况下自动或手动切换相应的运行模式,当列车实际运行与计划偏离时或无法按照时刻表计划运行时,系统依据调整策略选择自动或手动调整方式,保障列车运行。针对系统硬件故障、通信故障和软件故障，ATS 设计了不同的检测措施。

正常情况下，ATS 由控制中心进行中心化集中控制，当中心应用服务器故障或数据库集群故障时，所有车站 ATS 服务器接管本联锁区的控制权，进行分散控制；当某车站 ATS 服务器与应用服务器通信故障时，该车站 ATS 服务器接管本联锁区控制权，其他车站 ATS 服务器仍然处于集中控制状态，进行分散控制和集中控制相结合的分层控制。

当应用服务器和某车站 ATS 服务器均工作正常且通信正常时，中心调度员和该车站值班员可通过相应现地控制工作站进行控制模式的人工转换。

控制模式由 ATS 中心控制转为 ATS 正常站控：

（1）车站值班员向中心调度员成功申请控制权，中心调度员须在一定时间内（可设置，默认为 10 min）同意其申请，否则申请失效；

（2）车站值班员向中心调度员紧急申请（抢夺）控制权。

控制模式由 ATS 正常站控转为 ATS 中心控制：

（1）中心调度员向该车站值班员成功申请控制权，车站值班员须在一定时间内（可设置，默认为 10 min）同意其申请，否则申请失效；

（2）中心调度员向车站值班员紧急申请（抢夺）控制权；

（3）车站值班员向中心调度员释放控制权（中心同意后），中心调度员须在一定时间内（可设置，默认为 10 min）同意其释放申请，否则申请失效。

ATS 中心控制与 ATS 正常车控的转换要求为：

（1）在相互转换时保证所执行的命令正常执行；

（2）由 ATS 正常站控转为 ATS 中心控制时，中心的进路控制命令为自动控制状态；

（3）车站可以无条件将控制权从 ATS 中心控制转为 ATS 正常站控；

（4）ATS 正常站控转为 ATS 中心控制时，需进行条件检查。具体条件与应用服务器的通信正常。

ATS 中心控制可直接转换为 ATS 降级站控，但 ATS 降级站控不能直接转换为 ATS 中心控制。ATS 中心控制向 ATS 降级站控的转换过程是自动完成的，不需要人工干预。

当中心应用服务器主备故障时，所有车站 ATS 服务器将检测到与应用服务器通信异常，所有控制模式为 ATS 中心控制的车站 ATS 服务器都将本联锁区的控制模式由 ATS 中心控制自动转换为 ATS 降级站控。

当应用服务器与某车站 ATS 服务器通信故障，且该车站控制模式为 ATS 中心控制时，该车站 ATS 服务器将检测到与应用服务器通信异常，该车站 ATS 服务器将本联锁区的控制模式由 ATS 中心控制自动转换为 ATS 降级站控。

ATS 正常站控与 ATS 降级站控可进行相互转换，且转换过程是自动完成的，不需要人工干预。

当中心主备应用服务器均故障时，所有车站 ATS 服务器将检测到与应用服务器通信异常，所有控制模式为 ATS 正常车控的车站 ATS 服务器都将本联锁区的控制模式由 ATS 正常车控自动转换为 ATS 降级站控。

当应用服务器与某车站 ATS 服务器通信故障，且该车站控制模式为 ATS 正常站控时，该车站 ATS 服务器将检测到与应用服务器通信异常，该车站 ATS 服务器将本联锁区的控制模式由 ATS 正常站控自动转换为 ATS 降级站控。

当应用服务器恢复正常时，所有车站 ATS 服务器将检测到与应用服务器通信恢复，所有控制模式为 ATS 降级站控的车站 ATS 服务器都将本联锁区的控制模式由 ATS 降级站控自动转换为 ATS 正常站控。

当应用服务器与某车站 ATS 服务器通信恢复，且该车站控制模式为 ATS 降级站控时，该车站 ATS 服务器将检测到与应用服务器通信恢复，该车站 ATS 服务器将本联锁区的控制模式由 ATS 降级站控自动转换为 ATS 正常站控。

当车站 ATS 服务器与联锁系统通信正常时，车站值班员可申请由 ATS 控制，分为以下几种场景：

（1）当应用服务器正常时，ATS 现地工作站将提示具有该联锁区管辖权的中心调度员是否同意，若同意，则控制模式转为 ATS 中心控制，否则，控制模式仍然为 CI 非常站控。

（2）当应用服务器故障时，ATS 现地工作站将提示中心调度员是否确认，若确认，则控制模式转为 ATS 降级站控，否则控制模式仍然为 CI 非常站控。

（3）当联锁系统重启时，控制模式为联锁控制（具体实施方案在设计联络阶段确定）。

（4）任何情况下，车站值班员可在现地控制工作站上抢夺控制权，进行 CI 非常站控；当车站 ATS 服务器与联锁系统通信异常时，现地控制工作站自动切换到非常站控模式。

ATS 控制与 CI 非常站控的转换要求为：

（1）在相互转换时保证所执行的命令能正常执行。

（2）车站可以无条件地将控制权从 ATS 控制转为 CI 非常站控。

（3）CI 非常站控转为 ATS 中心控制时，须全面进行条件检查，具体条件包括：与中心的通信正常、无引导进路、无引导总锁、无联锁自动触发进路、无联锁自动通过进路、无联锁自动折返进路、无站台紧急关闭、无车站扣车命令、无强扳道岔授权状态（具体内容在设计联络阶段确定）。

（4）CI 非常站控转为 ATS 降级站控时，须全面进行条件检查，具体条件包括：与中心的通信正常、无引导进路、无引导总锁、无联锁自动触发进路、无联锁自动通过进路、无联锁自动折返进路、无站台紧急关闭、无车站扣车命令、无强扳道岔授权状态(具体内容在设计联络阶段确定)。

所有有岔车站(包括设备集中站和有岔的非设备集中站)均应具备现地控制功能，每个有岔站在本集中站的控制范围可灵活分配，具体内容在设计联络确定。

控制中心应实现对集中站和有岔非集中站控制权限的点对点直接下放和收回。

虽然系统提供车辆段/停车场中心控制，但考虑运营和管理需求，正常情况下应由现地工作站进行控制。

3.4.4　时钟同步

ATS 接收外部时钟源提供的时钟信息，并将时钟信息同步给车载 ATP/ZC/DMS，由于现地控制工作站合设，因此不需要向联锁系统同步时钟信息。ATS 系统对从外部时钟源获取的时钟信息进行校核，过滤异常时间(例如跳变时间、不合法时间等)，仅同步从外部时钟源接收到的正常时钟信息。

ATS 所有服务器及工作站均安装时钟同步软件 NetTime，并在 NetTime 中将通信服务器的主机和备机设置为时钟源并设置优先级，该时钟同步软件根据优先级选择时钟源信息(通信服务器主机或备机)同步给其他所有 ATS 服务器及工作站，ATS 通过相关接口协议将时钟信息同步给其他外部系统。ATS 时钟同步信息流如图 3-52 所示。

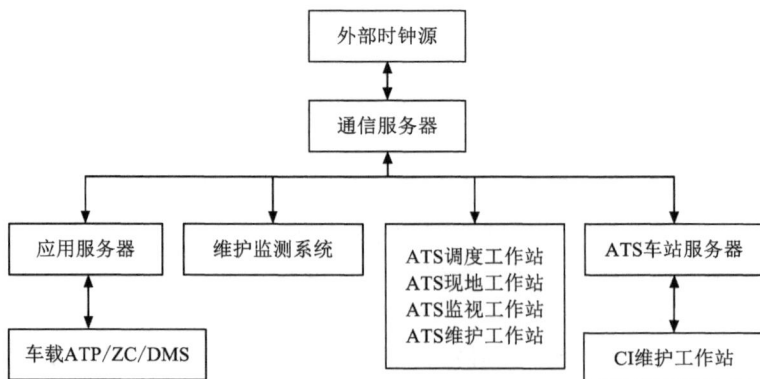

图 3-52　ATS 时钟同步信息流

3.4.5　人机界面

ATS 系统将根据背投式高分辨率组合显示屏和工作站的屏幕大小、显示内容的特点，分别定制不同的最佳的拓扑布局。背投式高分辨率组合显示屏和工作站从服务器接收的数据(信号设备状态数据、列车数据等)完全一致，因此可以确保显示的一致性。人机界面图示的显示和操作方式、风格等符合地铁运营习惯。

集中站的车站现地控制工作站显示其所在设备集中站管辖区范围内和相邻车站间的线路及其所有车站的布局，列车运行状态、信号设备状态、列车进路状态、列车车次等的全景，也可以单元画面和窗口缩放显示细节，并可在获得控制权后通过键盘及鼠标对管辖范围内的信号设备进行控制。

非集中站的 ATS 监视工作站均显示其所在设备集中站管辖区范围内和相邻车站间的线路及其所有车站的布局，列车运行状态、信号设备状态、列车进路状态、列车车次、站台门状态等的全景。具备扣车的控制操作权限。

为确保人工命令的安全性，ATS 主要采用了二次确认技术，包括界面二次确认技术和协议二次确认技术。

界面二次确认技术指用户对命令进行一次下发后，ATS 为用户弹出确认框，提示是否继续，用户按要求进行二次确认后，命令才能被真正下发到执行系统(例如联锁)，界面二次确认技术可有效防止操作员误操作。

协议二次确认技术用于解决执行系统与 ATS 对命令理解不一致而产生安全隐患的问题，ATS 与执行系统会对安全相关命令进行高完整性检查，例如 ATS 下发命令给 DMS 后，DMS 会要求 ATS 对该命令进行二次确认，ATS 提示用户再次确认，用户进行二次确认后，ATS 将该命令再次发送给 DMS，DMS 确认其与第一次接收到的命令一致性时才会执行该命令。由于同一命令传输两次才能被确认，从而有效地提高了系统的安全性。

所有命令下发，ATS 均会进行超时检查，当外部系统没有在指定(可设置)时间响应时，系统将给出超时报警。

3.4.5.1　报警视图

报警视图用于显示/操作线路中的报警信息，位于站场图下方。报警视图以列表的形式显示报警信息，并能对报警信息进行相应的操作。报警信息包括：确认状态、时间、类型、级别、描述。

报警视图的第一行仅用于显示联锁报警信息(挤岔、灯丝断丝、板卡断开)。报警描述将明显区分来自 ATS 的报警和来自 CI 的报警。

3.4.5.2　列车描述

ATS 采用列车识别号的移动和有关信号设备的状态变化来自动模拟和描述列车的实际运行情况和系统工作状态。

3.4.5.3　段内识别

列车投入运营时，由车辆段/停车场值班员通过"分配车组号"人工命令进行创建。

列车离开正线进入车辆段/停车场，退出运营时，列车将失去运行计划信息，其表号、车次号将自动清空，车组号将保留，在车辆段/停车场范围内使用列车车组号进行追踪。

3.4.5.4　出段/场识别

列车从车辆段/停车场到达转换轨停车或不停车时，ATS 系统将校核车组号信息，并根据当天计划生成的转换轨出库计划为该列车自动分配表号、车次号、目的地号。列车到达转换轨后，系统自动搜索固定时间（默认为 30 min）内的当天计划中未分配的列车识别号进行分配。如果没能成功分配列车计划识别信息，将为列车分配临时表号及车次号，并给出报警提示，也可人工修改列车识别信息。

3.4.5.5　折返识别

列车到达折返轨时，ATS 将根据当天计划中当前折返轨折返计划信息为该列车自动分配新的表号、车次号、目的地号。如折返轨处没能成功分配列车计划识别信息，将为列车分配临时表号及车次号，并给出报警提示。

ATS 存在两条折返进路可选时，通过配置第三个虚拟目的地，实现进路的自动选择功能。当其中一条折返进路不能排列时，自动选择第二条折返进路。

3.4.5.6　入段/场识别

将自动删除该列车的表号、车次号、目的地号，仅保留车组号，同时停止对该列车的所有服务。

列车进入车辆段/停车场后，ATS 根据物理区段占用/出清提供车组号追踪。

3.4.5.7　异常情况下列车识别

在列车识别号因故丢失情况下，系统根据运行图、列车位置及时间自动推算并自动设置列车识别号，且能通过车-地双向通信进行校核。

在不大于连续三个计轴区段故障占用情况下，系统根据区段的占用/出清原理，提供非通信车车次跟踪功能，通信车不受影响。图 3-53 所示为连续三个计轴区段故障时车次窗跟踪示意图。

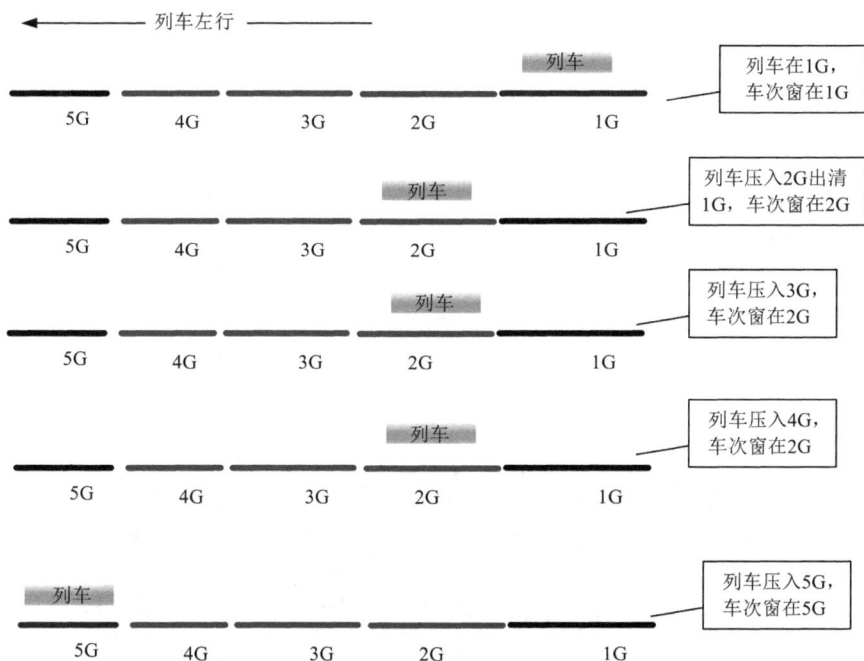

列车左行

5G	4G	3G	2G	1G 列车	列车在1G，车次窗在1G
5G	4G	3G	2G 列车	1G	列车压入2G出清1G，车次窗在2G
5G	4G	3G 列车	2G	1G	列车压入3G，车次窗在2G
5G	4G 列车	3G	2G	1G	列车压入4G，车次窗在2G
5G 列车	4G	3G	2G	1G	列车压入5G，车次窗在5G

图 3-53　连续三个计轴区段故障时车次窗跟踪示意图

3.4.5.8　人工命令

ATS 系统提供以下人工命令，调度员可随时使用这些命令来完成对列车识别信息的管理。

（1）修改列车识别号：可通过该功能使非计划车转换为计划车、使计划车转换为非计划车、为列车分配新的目的地号等；

（2）分配车组号：为列车分配一个车组号；

(3)删除车组号：用于删除列车已有的车组号。

3.4.5.9　列车跟踪

在移动闭塞情况下，列车的移动是根据车载设备系统周期性发送的列车位置信息来计算的。在该列车位置信息中包含列车设备号、位置、速度、方向等信息。ATS 子系统通过记录并比较前后两次收到的信息，正常情况下可检测列车的出现、行进、停车和消失等基本的移动类型。

在降级模式（CBTC 故障等）的情况下，列车的移动可根据计轴占用的状态、道岔位置和进路状态来计算，正常情况下该系统能检测出现、行进、反向行驶和消失等基本的移动类型。

列车自动跟踪功能体现为列车位置的更新及车次窗的步进。ATS 支持双向列车自动跟踪及同时对不同交路上运行的列车进行自动追踪。

3.4.5.10　列车位置更新

对于非通信列车使用计轴进行位置检测，计轴设备判断物理区段的占用、空闲状态，由联锁系统将该信息传输给 ATS，ATS 利用物理区段状态在站场图上模拟显示列车位置，物理区段占用以红光带表示。非通信车位置表示方式如图 3-54 所示。

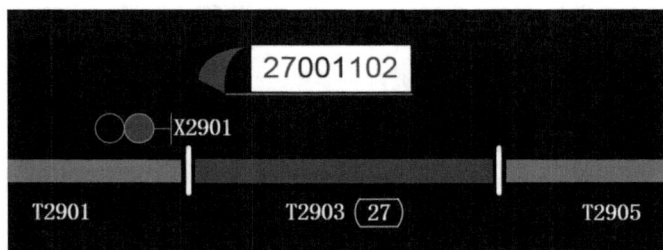

图 3-54　非通信车位置表示示意图

对于通信列车，ATS 根据接收到的车载设备报告的列车精确位置，对通信车的位置进行更新，通信车位置更新方式采用精确位置实时绘制方式，精确位置以黄光带表示。通信车位置表示方式如图 3-55 所示。

若与本线路有换乘作业的换乘线路能够提供相关换乘车站的列车占用状态等信息，则 ATS 应能实现共享换乘站之间的相关信息，在本线的控制中心显示屏、调度工作站、车站现地控制工作站/ATS 工作站上显示相关换乘站的相关信

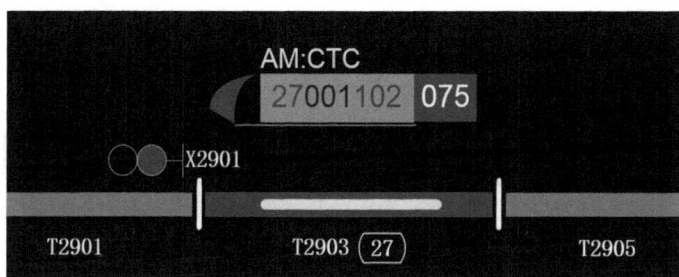

图 3-55　通信车位置表示示意图

息,具体内容在设计联络阶段确定。

3.4.5.11　车次窗的步进

ATS 根据列车位置的更新,相应地移动列车图标,表现为列车车次窗随列车位置移动的步进。

对于非通信车,当某一物理区段由出清变为占用状态时,系统将判断其相邻区段的状态,并将处于占用状态的物理区段上的车次窗移动到状态发生变化的区段上,实现车次窗的步进,如图 3-56 所示。

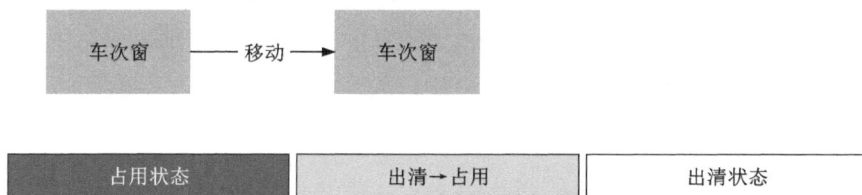

图 3-56　车次窗步进

当物理区段出现计轴预复位、计轴区段故障占用时,ATS 将判断该物理区段相邻区段占用状态的变化,如相邻区段由占用变为出清时,则移动车次窗,实现故障情况下的列车自动跟踪功能,如图 3-57 所示。

对于通信车,ATS 根据来自车载设备的列车精确位置信息判断列车占用了新的逻辑区段时,即将车次窗移动到该逻辑区段上。

ATS 提供人工移动车次窗命令,在由于系统故障车次窗自动步进失败时,可通过人工辅助保持车次窗跟踪功能。

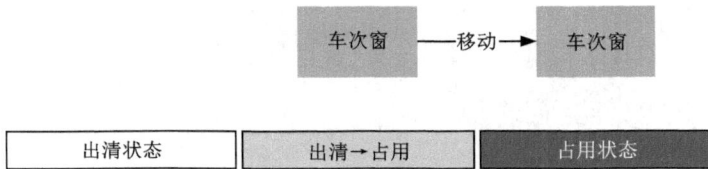

图 3-57　车次窗故障跟踪功能

3.4.5.12　进路操作

进路的自动控制过程包括以下步骤：自动触发、自动选路、条件检查及命令生成并下发。

3.4.5.13　自动触发

自动触发是 ATS 自动进路控制的核心功能。自动触发距离是进路触发点到进路始端信号机的距离。ATS 检测到列车进入自动触发距离范围内并满足触发条件时将不断触发进路。

3.4.5.14　自动选路

当进路被触发时，ATS 根据列车运行目的地自动选择进路。当前往同一目的地存在多条等价通过或折返进路时，提供自动变通进路功能，根据现场设备实际状态自动选择办理进路。

3.4.5.15　条件检查

对于触发的进路，ATS 检查进路满足条件，不满足则每隔一定时间（默认为 30 s）反馈相应报警信息给操作员（最多触发 3 次），直至进路触发成功或触发终止。如果 3 次触发都不成功且原因是进路条件不满足，则当进路条件满足时，调度员可手动选择排列进路。如果 3 次触发都不成功且原因不是进路条件不满足，车站值班员可切换到 CI 非常站控模式，手动排列进路。

3.4.5.16　进路命令下发

进路有效性条件检查通过，将周期性发送设置进路命令至联锁系统，直至进路排列完毕或进路被禁止自动触发。

3.4.5.17　调度命令

系统提供调度命令编辑与传送自动化功能。调度命令由中心调度员编辑好后向指定的受令点发送。这些受令点包括各运营车站、车辆段/停车场以及车辆段/停车场派班室的车务终端。在中心发出调度命令后，受令点车务终端软件上将第一时间弹出调度命令消息，告知值班员有调度命令下达。调度命令经受令点值班员签收后，系统自动记录签收者、签收时间等内容，并发送回执信息到调度中心。调度员可以通过系统界面实时了解车站值班员签收情况。

系统提供调度命令模板功能，可以将常用的调度命令以模板的形式预先存储，方便使用。系统对所有调度命令、提供存储、查询以及打印功能。

3.4.5.18　运行调整

ATS 自动调整功能分为时刻表调整和等间隔调整两种模式。

1. 时刻表调整

(1)时刻表编制过程：运行图编辑员通过运行图管理子系统的离线模式编制基本运行图，并上传至数据库服务器，应用服务器根据运行图自动生成规则，每天在列车运营开始前自动生成当天计划运行图，调度员通过运行图管理的在线模式向应用服务器下发加载当天计划运行图的命令，应用服务器子系统从数据库服务器获取当天计划运行图后反馈给运行图管理软件，运行图管理软件将当天计划运行图以图形和表格方式展示给调度员。

(2)时刻表调整原理：应用服务器根据已生成的当天计划运行图，采用时刻表调整算法，自动指挥列车运行。应用服务器以当天计划运行图为基准，当列车实际运行与计划偏离时，通过向列车和 TDT 发送调整指令，使列车尽可能按照当天计划运行，实现通信车和非通信车的时刻表调整。ATS 优先考虑调整运行等级，当运行等级调整不能满足最优调整方案时，则调整停站时间。当天计划运行图生成或修改后，应用服务器将当天计划运行图下发给车站服务器本地保存。当应用服务器故障时，车站服务器可自动根据本地保存的当天计划运行图接管指挥列车。

当列车无法按照时刻表计划运行时，调度员可通过运行图管理的在线模式人工修改时刻表，并将修改后的时刻表下发至应用服务器，应用服务器将立即根据修改后的当天计划指挥列车运行，使列车尽可能按照新的时刻表运行。

2. 等间隔调整

系统默认采用时刻表自动调整方式，当列车运行紊乱，无法按照时刻表计划运行，且人工调整也很难保证让列车按时刻表计划运行时，中心调度员可选择采用等间隔调整，通过向列车和 TDT 发送调整指令，使得同一交路上的各次列车在各个车站的到达时间保持一个固定的间隔。

对于通信车，车载设备在站内通过无线通信将列车到站停稳信息及列车启动离站信息发送给 ATS，ATS 据此计算列车的到站时间、离站时间。

对于非通信车，ATS 无法精确获取列车到站离站时间，ATS 需要估算列车的到站时间、离站时间。

列车到站时间=列车尾部出清停车股道接近区段的时刻+从该时刻开始到列车停稳的估算值。

列车离站时间=列车进入站台第一离去区段的时刻-从该时刻前列车启动运行的估算值。

上述估算值可在项目测试后根据实际设置。

对通信车，ATS 通过向 ATO 设备发送停站时间和站间运行等级的自动调整命令实现自动调整功能；对非通信车，ATS 通过 TDT 提示列车执行调整后的停站时间。

列车到站时，系统自动对比列车实际到站时刻与计划到站时刻，并计算偏差值：

（1）偏差小于最小调整范围（默认为 10 s），则认为列车正点到站，不进行自动调整；

（2）偏差大于最大调整范围（默认为 120 s），则认为列车严重早点或晚点，不进行自动调整，提示人工干预；

（3）若偏差介于最小调整范围和最大调整范围之间，系统发出早晚点报警，根据列车实际到站时刻与计划发车时刻计算调整后的区间运行时间和停站时间，自动生成调整计划，并将调整后的区间运行时间或对应的运行等级发给 ATP/ATO。

当列车到站时，ATS 根据当前列车的运行计划获得本列车当前站台默认停站时间、下一区间默认运行等级和到达下一站台的计划时间。列车正点，直接将运行等级发送给 ATP/ATO。列车晚点或者早点时，首先调整运行等级并验证能否满足当前的站间运行时间，若不能则再验证调整站停时间能够满足，若还不能满足，则继续调整运行等级和站停时间，直到满足调整需求或者超出最大调整范围后再发给 ATP/ATO。

如已人工设置某车站的停站时间，则不对该车站的停站时间进行自动调整；如自动调整功能禁用，且未人工设置某车站的停站时间，则该车站采用默认的停站时间。

3.4.5.19　运行等级

ATS 数据库保存了所有站台的运行等级与站间运行时间的对应关系，计划员编辑当天计划时将指定站台的运行等级。

3.4.5.20　人工调整

ATS 系统提供多种人工调整方式,主要包括:

(1)设置/取消扣车;

(2)设置/取消跳停;

(3)设置立即发车;

(4)设置停站时间;

(5)设置运行等级;

(6)修改列车识别号(包括设置列车的目的地号);

(7)修改运行交路;

(8)增加/删除车次;

(9)修改车次计划(包括车次始发点及始发时间、出入段/场时间);

(10)平移运行计划等。

3.4.5.21　信号系统维护信息和报警

系统故障包括硬件故障、通信故障和软件故障。ATS 针对以上故障设计了不同的检测措施。

硬件故障主要通过以下措施进行检测:

(1)双机热备冗余。双机热备冗余在提高系统可靠性的同时,也提高了系统的可维护性。在系统非计划性宕机时,系统自动倒机,即备机自动切换为主机。同时,系统支持计划性停机,以方便服务器周期性检修。手动倒机或关停主机后,备机自动切换为主机,维护员可对备机或关停机器进行检修。

(2)安全数据的周期性校验和配置文件监视。可检测硬件(内存或磁盘)随机性失效并通过告警日志通知调度员和维护员。

通信故障主要通过以下措施进行检测:

(1)应用服务器通过心跳机制周期性检测与其连接的备用服务器、工作站、车站 ATS 服务器和外部信号系统的通信状态,当状态发生改变时通过告警日志通知维护员及调度员。

(2)车站 ATS 服务器通过心跳机制周期性检测与其连接的备用服务器、工作站、TDT 控制机和外部信号系统的通信状态,当状态发生改变时通过告警日志通知维护员、调度员及值班员。

(3)通信服务器通过心跳机制周期性检测与其连接的外部非信号系统的通信状态,当状态发生改变时通过告警日志通知维护员及调度员。

(4)TDT 控制机周期性检测与其连接的 TDT 的工作状态,当工作状态发生改变时通过告警日志通知维护员、调度员及值班员。

软件故障通过以下措施进行检测：

(1)线程监视。服务器软件模块的用户界面均提供了线程监视窗口，当线程出现故障时(例如线程进入死循环)，线程监视窗口将显示该线程故障，同时在日志窗口报告故障。

(2)故障数据收集分析。ATS子系统各软件模块在运行崩溃时均会自动生成故障文件，用于保存崩溃时软件的上下文运行环境。

(3)日志数据和回放数据收集分析。ATS系统对软件模块运行中的各种状态进行了日志输出，可通过日志收集分析系统及回放软件，重现故障时的系统运行状态，当系统功能无法正常执行时，可由供应商对日志文件和回放数据进行分析。

3.4.5.22　数据防篡改

安全数据(如本地缓存的配置数据)如因系统故障(如硬件随机性失效、恶意篡改或软件故障等)被修改而未被及时发现，会导致安全隐患。为及时发现安全数据发生了非预期修改，ATS采用了安全数据周期校验技术(关键配置数据校验和内存校验，默认检验周期为60 s)，当发生校验失败时，说明安全数据发生了非预期修改，系统给出报警，提示用户进行干预。此时建议关闭软件重启，如重启后问题依旧存在，则须人工检查是否存在内存损坏、硬盘坏道等硬件故障。

3.4.6　软件

ATS的软件系统可基于消息通信的三层分布式体系结构和标准化功能模块的软件设计方法，分为客户端层、服务器层、数据层和基础服务。客户端层包括站场监控软件和运行图管理软件，服务层包括应用服务软件、车站服务软件、模拟培训软件和接口转换软件，数据层包括数据访问软件和数据库，基础服务包括消息通信中间件、共享软件和监视软件。通过分层，上层仅依赖下层，从而将系统化繁为简，提高了内聚性，降低了耦合性。

ATS所有安装的软件均须无病毒并有合法使用许可证，所有服务器和工作站设备均安装有防病毒软件，禁用U盘，并使用独立子网进行网络隔离。

软件设计严格遵循以下标准：

(1)《基于通信的列车控制(CBTC)性能和功能要求》(IEEE 1474.1)。

(2)《铁路应用—可靠性、可用性、可维护性和安全性(RAMS)》(EN 50126—3：2006)。

（3）《铁路应用—通信、信号传输和处理系统—铁路控制和防护系统软件》（EN 50128）。

（4）《铁路应用—通信、信号传输和处理系统—用于信号的安全相关电子系统》（EN 50129）。

（5）《城市轨道交通 CBTC 信号系统—ATS 子系统规范》（CZJS/T 0030—2015）。

3.5　维修子系统改造实施方案

信号集中监测系统是整个信号系统的设备状态监测和维护的工具，维修监测设备利用计算机、网络和通信技术，完成对信号系统所有设备的状态集中监视和报警，实时监测信号设备的使用情况，定位故障地点、分析故障原因，统计故障时间，管理维修作业，以预防故障发生，提高系统维护管理水平。

信号集中监测须满足《铁路信号集中监测系统技术条件》（运基信号〔2010〕709 号）和《铁路信号集中监测系统安全要求》（运基信号〔2011〕377 号）的规定。

信号集中监测系统包括：

（1）维修中心监测设备：应用服务器、接口服务器、磁盘阵列及监测终端等；

（2）控制中心监测设备；

（3）各维修工区根据需要布设维护监测终端；

（4）车辆段/停车场、每个设备集中站布设维护监测采集站机及维护监测终端；

（5）网络设备；

（6）打印机。

信号集中监测系统需要信号系统提供通信通道。DCS 子系统为信号集中监测系统在各正线车站、车辆段/停车场、维修中心、控制中心之间提供 100M 带宽的数据通道，在上述每个站点提供 1 个 100 MHz 带宽的网络接口。信号集中监测系统在正线集中站、控制中心、维修中心、车辆段/停车场设置交换机接入DCS 子系统提供的网络接口。信号集中监测系统结构示意图如图 3-58 所示。

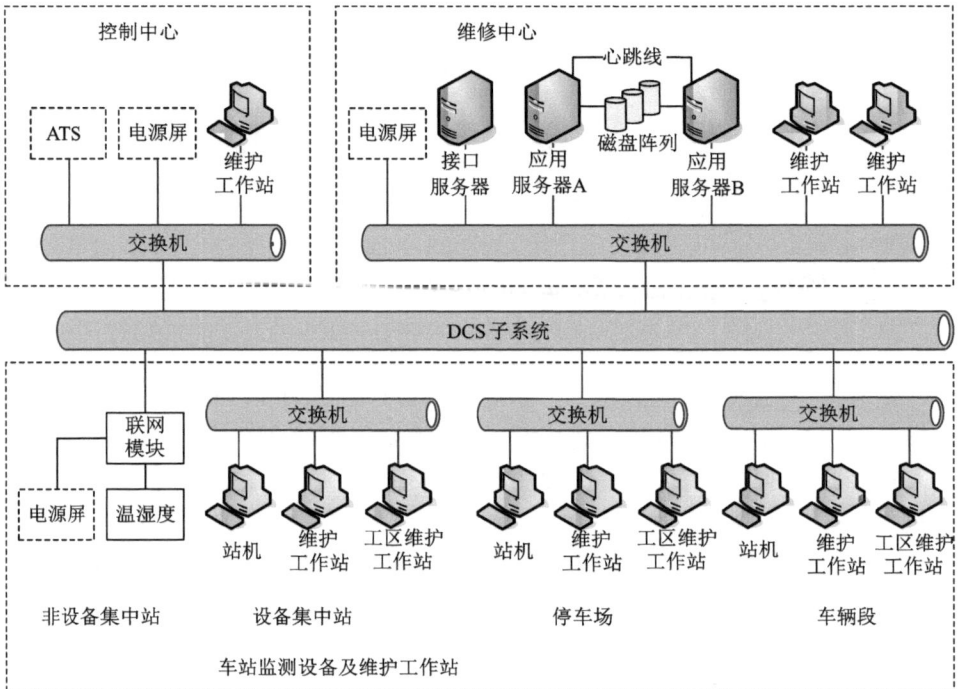

图 3-58　信号集中监测系统结构示意图

3.5.1　维修中心

维修中心由应用服务器、磁盘阵列、接口服务器、维护终端、交换机等组成。维修中心设备连接如图 3-59 所示。

应用服务器采用热备工作方式，执行信号集中监测系统应用服务功能和数据库服务功能。

接口服务器主要完成与 ATS 的数据接口，从 ATS 获取时钟信息、ATS 设备状态和报警信息、正线站场状态信息。

维护终端用于信号设备的维护和管理。

交换机满足服务器双机热备的需求，同时预留与车站机/工区的网络接口。

电源屏以网口方式接入监测交换机，由监测站机通过网络接收并处理中心电源屏信息。

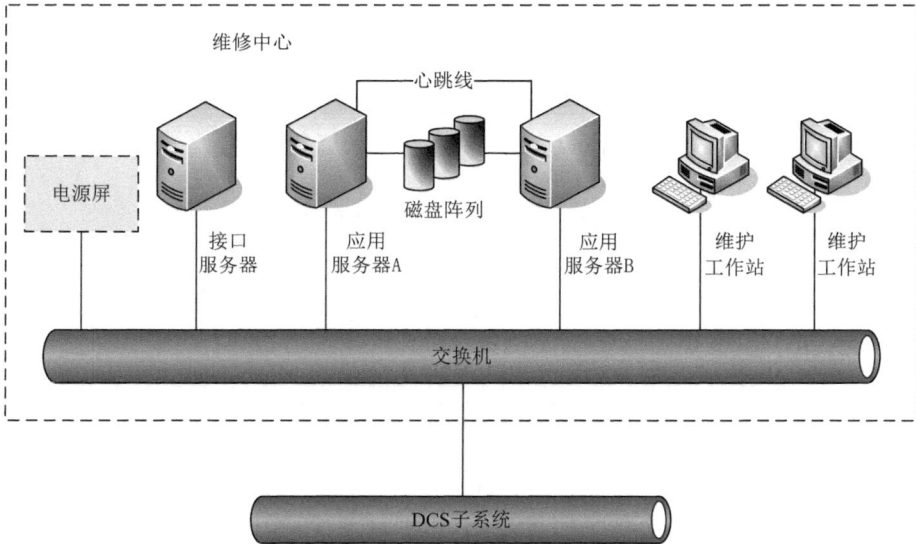

图 3-59　维修中心设备连接示意图

3.5.2　控制中心

控制中心设维护终端, 用于对全线信号设备的维护和管理。
维修中心设备连接示意图如图 3-60 所示。

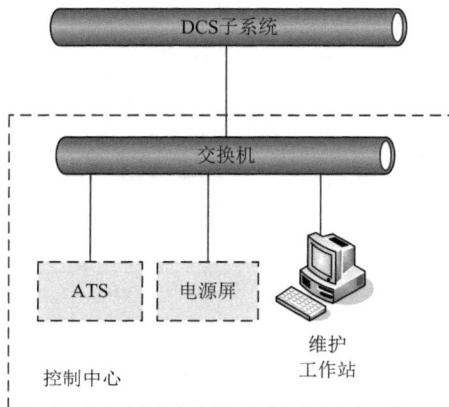

图 3-60　维修中心设备连接示意图

3.5.3　设备集中站

　　设备集中站的信号集中监测的设备负责采集道岔动作电流、环境温湿度、外电网、电缆绝缘等模拟量信息和熔丝报警、关键继电器状态等开关量信息；通过接口接收、道岔缺口监测设备、联锁、计轴、灯丝报警仪、电源屏等设备的工作状态及报警信息。

　　设备集中站设备连接示意图如图 3-61 所示。

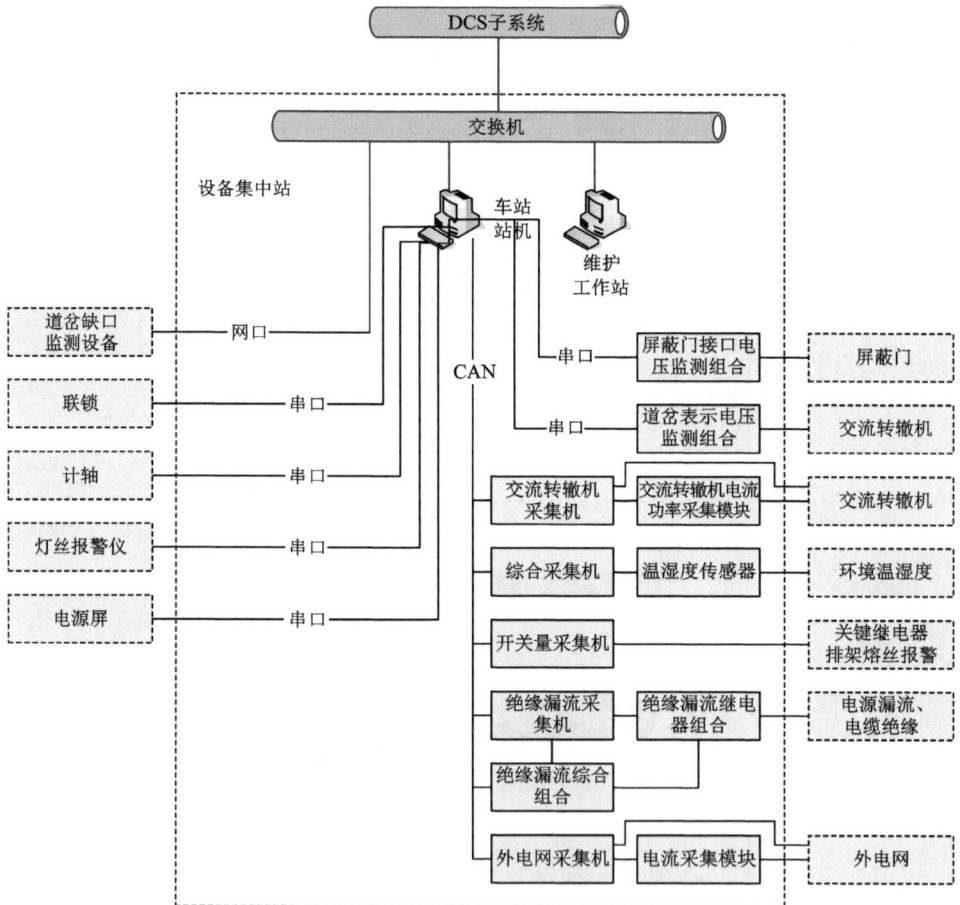

图 3-61　设备集中站设备连接示意图

3.5.4　车辆段/停车场

车辆段/停车场信号集中监测设备由车站设备主机、维护工作站、采集设备、交换机等组成。

车辆段/停车场信号集中监测设备通过采集机采集道岔动作电流、道岔表示电压、环境温湿度、外电网、轨道电压、电缆绝缘、电源漏流等模拟量信息和熔丝报警、关键继电器状态等开关量信息，通过接口接收道岔缺口监测设备、联锁、灯丝报警仪、电源屏等设备的工作状态及报警信息。

车辆段/停车场设备连接示意图如图 3-62 所示。

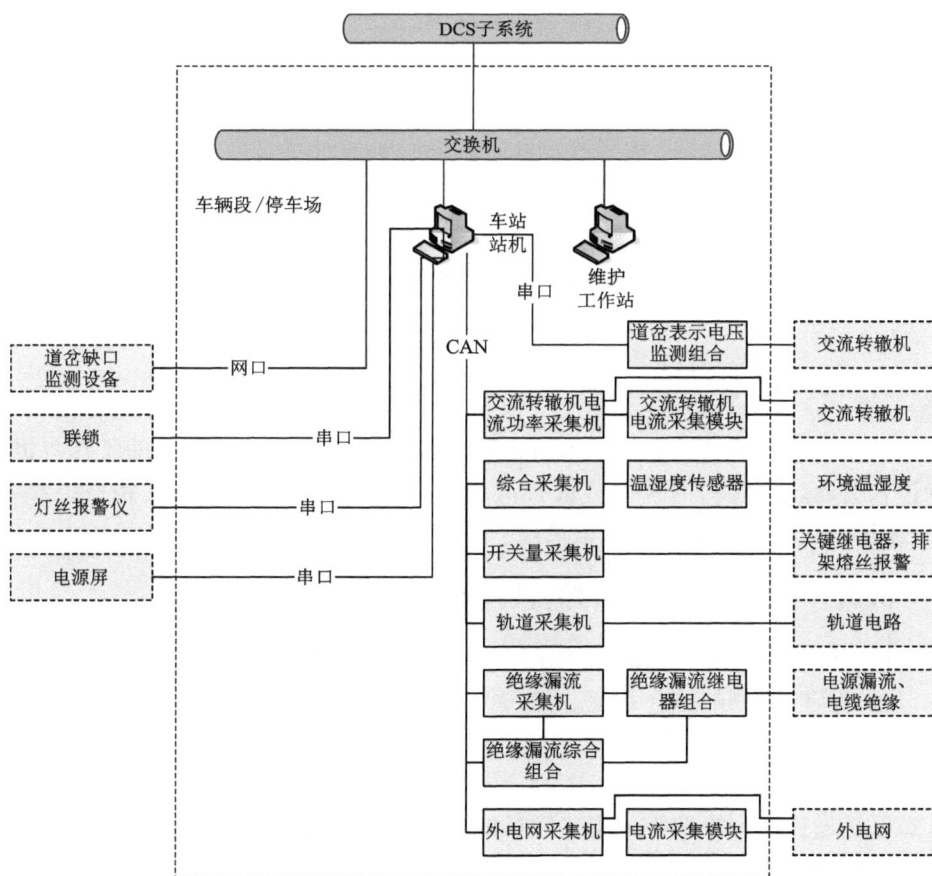

图 3-62　车辆段/停车场设备连接示意图

3.5.5　非设备集中站

非设备集中站采集设备由串口联网模块、温湿度传感器等组成。电源屏、温湿度传感器传来的信息，经模块转换后通过网口连接到通信网络传送到归属设备集中站。非集中站外电网信息由电源屏提供。

非设备集中站设备连接示意图如图3-63所示。

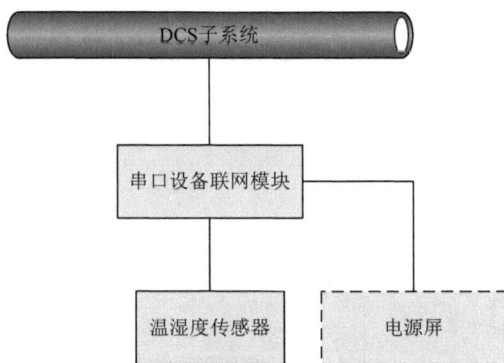

图3-63　非设备集中站设备连接示意图

3.5.6　终端

维护终端是信号设备维护人员进行信号设备日常维护和管理的工作界面，维护人员通过其监测信号设备运行情况。相应的维护终端分别安装在维修中心、控制中心、设备集中站、车辆段、停车场等地。

3.5.7　道岔转换设备综合监测系统

道岔转换设备综合监测系统是以视频监测技术为主要手段，实现对转辙机缺口进行实时监测的综合系统。

3.5.7.1　缺口监测

系统通过微型摄像头采集转辙机的缺口图像并进行分析，得到缺口表示杆与缺口的距离值和缺口偏移量，通过缺口图像和缺口偏移量可以检查转辙机是否正常扳动。道岔缺口监测示意图如图3-64所示。

图 3-64　道岔缺口监测示意图

3.5.7.2　阻尼监测

阻尼监测即对道岔转辙机输出力矩进行监测，通过监测扳动过程中的电参数，按数学模型转换为阻尼，记录为阻尼曲线，根据阻尼曲线对比判定道岔工作状态是否正常。阻尼曲线示意图如图 3-65 所示。

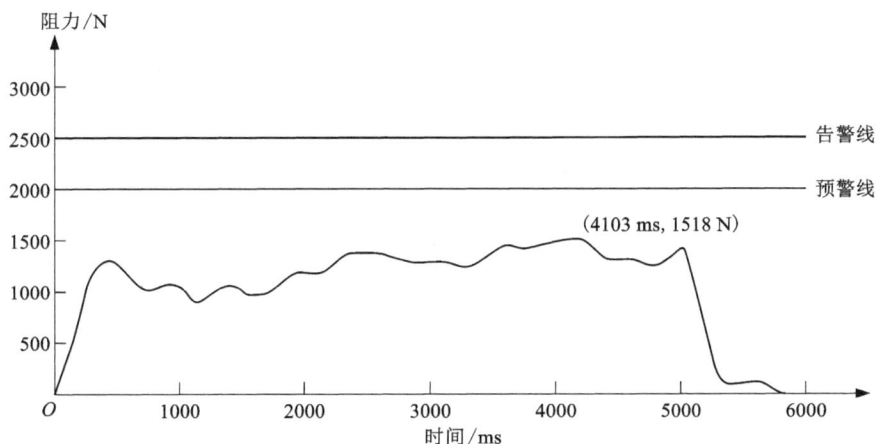

图 3-65　阻尼曲线示意图

3.5.7.3　硬件结构

道岔转换设备综合监测系统硬件自上而下分为人机会话层、数据处理层、通信传输层、数据执行层 4 个层次。系统硬件结构示意图如图 3-66 所示。

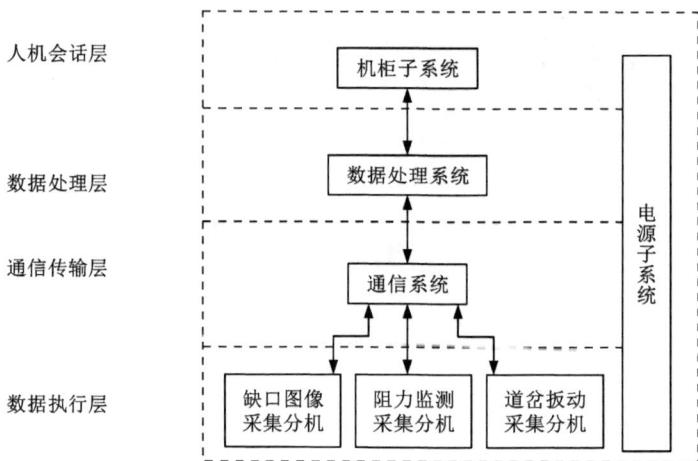

图 3-66　硬件系统结构示意图

道岔转换设备综合监测系统软件分为信号输入层、数据处理层、人机会话层 3 层。系统软件结构示意图如图 3-67 所示。

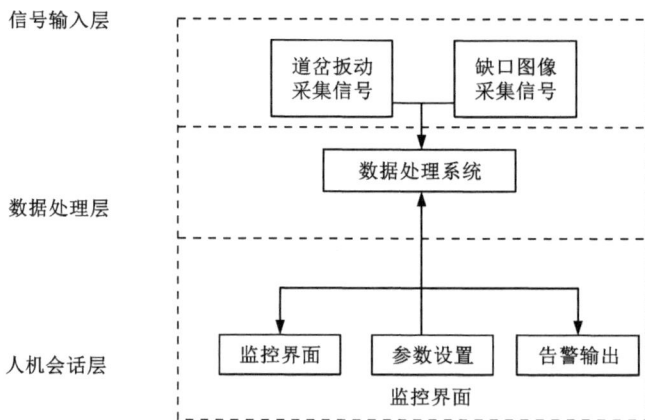

图 3-67　系统软件结构示意图

3.5.7.4　设备配置

道岔转换设备综合监测系统的室内设备主要由站机和道岔扳动信号采集分机组成。站机包含了机柜、电源箱、显示器、工控机(带键盘鼠标)、交换机、局端机、道岔扳动采集转换单元等主要设备。道岔扳动信号采集分机和电流传感器安装于分线柜内。

室外设备主要由缺口图像采集分机和中继路由设备组成。

3.5.8　功能

维修支持系统的主要功能为：各子系统维护信息的搜集（如 ATS、CI、ATP等）；轨旁基础设备监测（如道岔、信号机等）；道岔缺口监测。

3.5.8.1　应用服务器功能

应用服务器提供数据存储转发、数据流量控制和系统时钟同步功能。服务器是系统的核心设备，为保证系统长期稳定工作，服务器采用双机热备的方案。

3.5.8.2　系统管理

（1）系统在线自检，记录系统运行日志。

（2）提供维护管理系统软件的配置、管理。

3.5.8.3　通信管理

（1）负责维护/管理终端与站机之间有关命令和响应数据的转发；

（2）网络通信时数据的压缩、解压缩以及数据的分等级传输；

（3）实时显示系统网络的通信状态，实现网络管理；

（4）数据处理及控制；

（5）向所辖车站机或终端发送控制命令；

（6）将车站机和终端的关键数据存储到历史数据库；

（7）车站报警信息的存储、分类汇总和统计；

（8）向各个维护终端提供历史信息的查询，包括：开关量、模拟量历史报表及其曲线；报警及其统计汇总报表；信号维护报表；系统日志；状态报表；等等。

3.5.8.4　数据存储

（1）存储各车站原始开关量和模拟量信息；

（2）存储各车站上传的曲线、报表数据；

（3）存储各车站上报的设备故障数据文件；

（4）存储车站、终端的工作日志。

3.5.8.5　接口服务器功能

接口服务器主要完成与 ATS 的数据接口，从 ATS 获取时钟信息、ATS 设备状态和报警信息、正线站场状态信息。

3.5.8.6 终端功能

维护终端用于控制中心和车站信号设备维护人员对信号设备进行日常管理和维护，是信号维护人员的日常工作平台。根据信号设备维护的组织结构不同，可以设置不同的权限和功能。

车站维护终端用于查看本站监测信息；维修中心、控制中心的维护终端可以查看全线各站监测信息；工区维护终端可以设置权限查看辖区多个车站的监测信息。

3.5.8.7 车站站机设备功能

信号集中监测系统车站站机作为车站信号集中监测系统进行集中管理的机器，集中处理各种采集机采集的实时信息，并进行显示和存储，同时又为信号维护人员提供人机界面。人机界面实现车站作业状态及设备运用状态的实时显示和各种数据的查询功能。站机可将本站监测信息实时传送到服务器，实现远程监测和管理。

站机系统应用软件是一个多任务系统，其功能是从采集分机中取得数据，同时完成本站数据分类、逻辑分析处理、报警、数据统计、汇总、存储、回放等功能，并有站场和操作界面显示，可以查看所有采集数据。软件满足信号人员操作和日常管理的要求，实现车站作业状态及信号设备质量状态的实时监测和各种数据的查询。

3.5.8.8 正线车站站机设备功能

（1）转辙机的监测，包括转辙机全程动作电流、功率、故障电流、动作时间、动作次数并记录判断转辙机是否故障等；

（2）转辙机表示电压监测，监测转辙机表示继电器线包电压的交直流分量；

（3）计轴系统接口监测；

（4）实现与灯丝报警仪的接口功能，通过灯丝报警仪输出的继电接点状态，对 LED 信号机进行实时监督、报警并记录；

（5）信号电源屏监测，监测信号电源屏的各路供电输出指标；

（6）电源屏对地漏泄电流进行监测；

（7）电缆绝缘监测；

（8）维护监测系统具有较强的自检功能，能正确反映自身工作状态；

（9）维护监测系统有声光报警功能；

（10）外电网检测；

（11）道岔综合监测；

（12）对站台门和防淹门的开关量信息/分线柜端子电压模拟量进行监测；

（13）对站台紧急停车按钮继电器节点进行监测。

3.5.8.9　车辆段/停车场站机设备功能

（1）转辙机监测，包括转辙机全程动作电流、功率、故障电流、动作时间、动作次数并记录判断转辙机是否故障等；

（2）转辙机表示电压监测，监测转辙机表示继电器线包电压的交直流分量；

（3）计轴系统接口监测；

（4）实现与灯丝报警仪的接口功能，通过灯丝报警仪输出的继电接点状态，对 LED 信号机进行实时监督、报警并记录；

（5）信号电源屏监测，监测信号电源屏的各路供电输出指标；

（6）电源屏对地漏泄电流监测；

（7）电缆绝缘监测；

（8）微机联锁监测；

（9）外电网监测；

（10）维护监测系统具有较强的自检功能，能正确反映自身工作状态；

（11）维护监测系统有声光报警功能；

（12）环境温湿度监测。

3.5.8.10　数据采集、存储和显示

（1）可以为信号维护人员提供友好的设备维护界面，该界面中集中组合显示了与维护和维修设备相关的数据信息，方便维护人员直观了解设备的工作状态和实时参数。

（2）可以表格、图形的方式查看开关量的实时和历史状态。可根据用户定制的内容进行显示，多个的开关量状态信息可以在同一表格、图形中显示，方便用户对开关量动作时序进行比较、分析。

（3）所有采集的实时模拟量数据都可以通过实时测试表格、历史数据表格、日报表、实时曲线、日曲线、月曲线、年趋势线进行全方位地表现。可以根据用户定制的内容进行显示，多种模拟量类型的多个模拟量信息可以在同一表格、图形中显示，方便用户对数据进行比较、分析。

（4）显示转辙机动作电流曲线，分析转辙机动作参数。

（5）显示关键设备动作次数及时间表，包括转辙机动作次数等，提供统计

记录查询功能。

(6)电源对地漏泄电流需要通过人工命令进行测试,提供用户测试入口。

(7)开关量和模拟量滚动数据存储。可以根据硬盘的剩余空间大小,自动调整数据存储时间。

3.5.8.11 报警及事件管理

(1)有一、二、三级实时报警和预警四种模式;

(2)一级报警:涉及行车安全的信息报警,报警方式为声光报警,人工确认后停止报警,并通过网络上传到各级终端;

(3)二级报警:影响行车或设备正常工作的信息报警,报警方式为声光报警,人工确认后停止报警,并通过网络上传到各级终端;

(4)三级报警:电气特性超限或其他报警,报警方式为以红色显示报警,电气特性恢复正常后自动停报,可通过网络上传到维修中心;

(5)预警:根据电气特性变化趋势、设备状态及运用趋势等进行逻辑判断并预警,报警方式为以蓝色显示预警。预警可通过网络上传到终端;

(6)重要报警提供人工确认操作界面及记录;

(7)对设备故障及报警进行汇总、统计并提供查询功能;

(8)对系统运行事件、用户操作事件进行记录及提供历史查询功能;

(9)对用户登录、修改配置、标调等权限进行管理;

(10)系统具有自检功能;

(11)实时显示 CAN 状态图、采集板状态图、各种接口通信状态图等,方便用户对系统进行维护;

(12)在不涉及数据配置修改的情况下,可以在控制中心对全线软件进行统一升级;

(13)自动进行时钟校核,保证系统时间的一致性。

3.5.8.12 数据处理及控制

(1)配置文件、历史数据可以方便地进行导入/导出。

(2)曲线和各类报表都可以进行打印。曲线可以导出为 bmp、jpg 等标准格式的图形文件。报表可以导出为 Excel 等通用格式的文件,方便用户资料的采集及调阅。

(3)通过对用户、密码等权限的管理,具有一定权限的用户可以对电气特性参数和报警上下限进行调整。

(4)向服务器、终端传送各种实时数据,包括开关量、模拟量、报警、预警及各种状态和系统信息。接收并执行服务器、终端的命令，根据需要向服务器、终端传送响应数据。

3.5.8.13　设备状态信息显示

信号集中监测系统站机显示信号集中监测系统设备本身的维护信息，设备状态信息显示主要内容如下：

(1)实时显示信号集中监测系统设备状态信息。包括 CAN 通信状态、采集板状态、各种接口通信状态等。当设备状态发生异常时进行及时报警。

(2)实时显示各个接口设备的设备状态信息。

(3)存储再现各个接口设备的关键记录信息。

3.5.8.14　道岔综合系统功能

系统通过微型数字图像传感器(安装在道岔表示杆缺口区域)，对缺口图像进行实时采集，依据工程现场情况采用 CAN、ADSL 或载波等传输技术自动上传，利用特有的图像自动识别技术和测量技术，计算偏移量数据，实现缺口监测的直观性(避免开盖检查)和准确性。

系统通过对道岔转辙机现场电机端实时的电压电流功率及功率因数参数采集，利用电机力矩和功率模型，计算转辙机输出力矩，并同步给出动作过程输出力矩、电机端电压、电流、功率系数等曲线图，实现电参数测量的准确性和便捷性。

系统连续监测道岔的工作状态，对道岔的缺口偏移量、输出力矩、转换压力等分别设定预告警值，发生超限即发出告警提示(语音提示与短信通知)，提供对道岔进行预防性维修的必要依据。

系统记录道岔工作过程中监测到的数据、趋势、环境参数等信息，并提供各种统计功能(缺口日统计和月统计、阻尼日统计和月统计等)，实现对道岔工作状态的全方位监测和记录，有助于相关人员进行追踪分析。

系统通过车站和各级管理终端的内部网络，实现对各车站的站机远程登录操作，实现管理的便捷性和时效性。

道岔缺口图像以及电参数采集数据都利用车站备用电缆进行传输，明显节省了工程投入和施工费用，并且布网灵活。

系统可扩展站场全景的采集。可以采用敷设主干通道，建立全站室外室内双向宽频传输网，并且为扩展其他监测信息提供通道基础。同时，系统可以实现对站场作业区与进出站区的全景动态图像录制和回放，为有关人员提供实时可靠的现场依据。

3.5.9 原理

3.5.9.1 道岔

对 ZDJ-9、S700K 等三相交流转辙机的动作电流和功率曲线的采集由交流转辙机电流/功率采集机和转辙机电流/功率模块完成。每块道岔采集板可以实现对 4 个 ZDJ-9 或 S700K 的动作电流和功率的采样。每个道岔转辙机采集信息包括：1 个 1DQJ、1 个定表示、1 个反表示、三相道岔电流和 1 路道岔功率输入。图 3-68 所示为三相交流转辙机电流功率监测原理图。

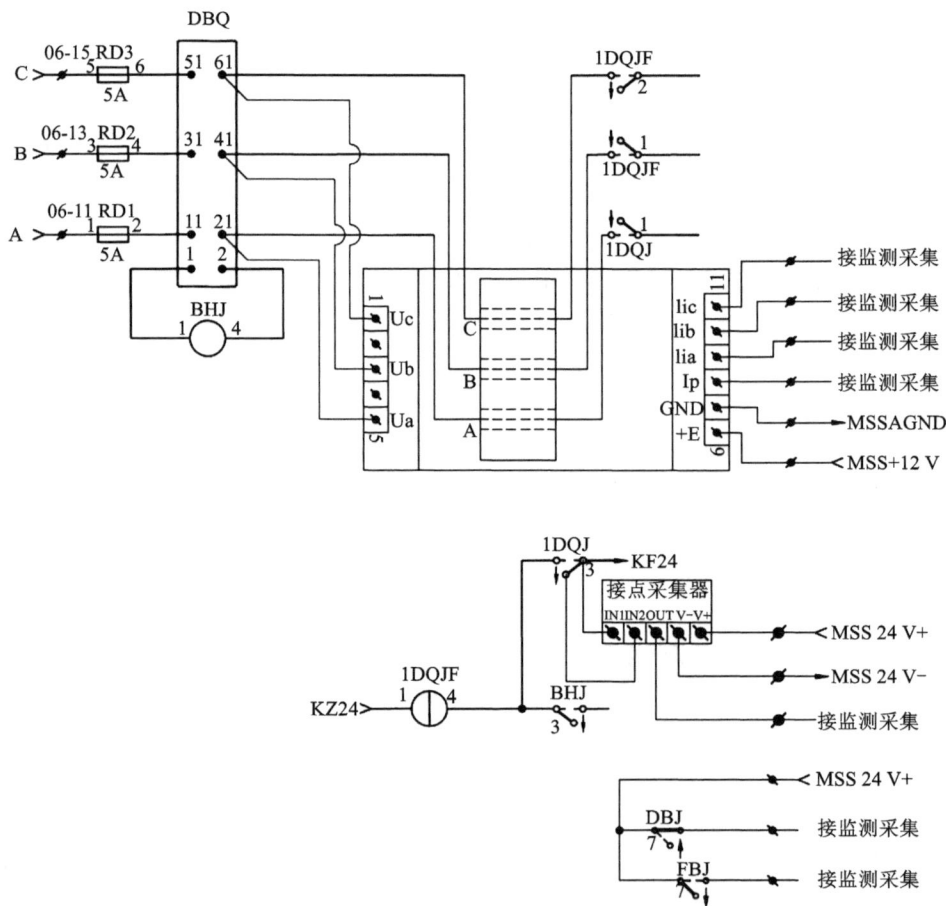

图 3-68 三相交流转辙机电流功率监测原理图

对道岔表示电压的监测由表示电压采集器完成。采集器为标准继电器安装模式：每个表示电压采集器可采集 4 路电压，对应 2 个转辙机；每层表示电压监测组合可安装 5 个表示电压采集器，采集 20 路电压，对应 10 个转辙机。图 3-69 所示为电压采集器接线图。

72		82	
71	IN1+	81	IN1-
73		83	
52	IN2-	62	IN2+
51		61	
53		63	
32	IN3+	33	IN3-
31		41	
33	IN4-	43	IN4+
12		22	
11		21	
13		23	
3	RS485A	4	RS485B
1	24 V	2	GND

图 3-69　表示电压采集器接线图

三相交流转辙机定位表示电压为 X4、X2，反位表示电压为 X3、X5。图 3-70 所示为转辙机表示电压采样示意图。

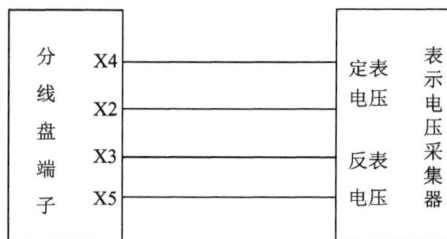

图 3-70　转辙机表示电压采样示意图

3.5.9.2　站台门监测

以开关量采集机采集信号侧的站台门状态继电器、命令继电器空接点，参见开关量监测原理。

以站台门电压监测组合采集站台门继电器接口电压，采样位置在设备集中站防雷分线柜。

站台门状态继电器接口电压信息包括：联锁侧电源电压；关门锁闭继电器接口电压；联锁旁路继电器接口电压。

站台门命令继电器接口电压信息包括：站台门侧电源电压；开门继电器接口电压；关门继电器接口电压；使能继电器(如果有)接口电压；站台区段占用继电器(如果有)接口电压。

3.5.9.3　外电网

外电网采集设备由外电网监测单元、电流互感器模块组成。外电网电压采集方式为直接采集，在配电箱闸刀上方引出电压监测线 4 根，即 A 相、B 相、C 相和 N 相(220 V 外电网引出 2 根，即 L 相和 N 相，这里以 380 V 外电网为例)，接入到外电网监测单元，在监测单元内经过保险、衰耗电阻、电压转换电路后送入处理单元。外电网电流的采集方式是在配电箱闸刀下方穿三个电流互感器，采集输出线上的电流，电流互感器的输出线接入到外电网监测单元，经转换电路后送入处理单元。处理单元计算并分析出外电网的相电压、线电压、电流的有效值、功率、功率系数、相位角和频率等参数，并通过 CAN 总线送至上位机显示、存储。如果电网波动超限，系统会自动记录报警值，送至上位机显示并保存。

每个外电网监测单元可以采集 2 路 AC 380 V 外电网或者 2 路 AC 220 V 外电网。图 3-71 所示为外电网监测原理。

3.5.9.4　环境温湿度

系统通过工业标准传感器采集温湿度信息，以 4~20 mA 电流信号传输至模拟量采集机，模拟量采集机把电流信号转换为电压信号，经 AD 转换后，每秒定时上报至车站设备站机。图 3-72 所示为环境温湿度采集原理。

3.5.9.5　轨道电路

车辆段 50 Hz 微电子相敏轨道电路监测点是微电子相敏接收器轨道电压输入端(即端子 73、83)、局部电压输入端。通过实时监测微电子相敏接收器轨道

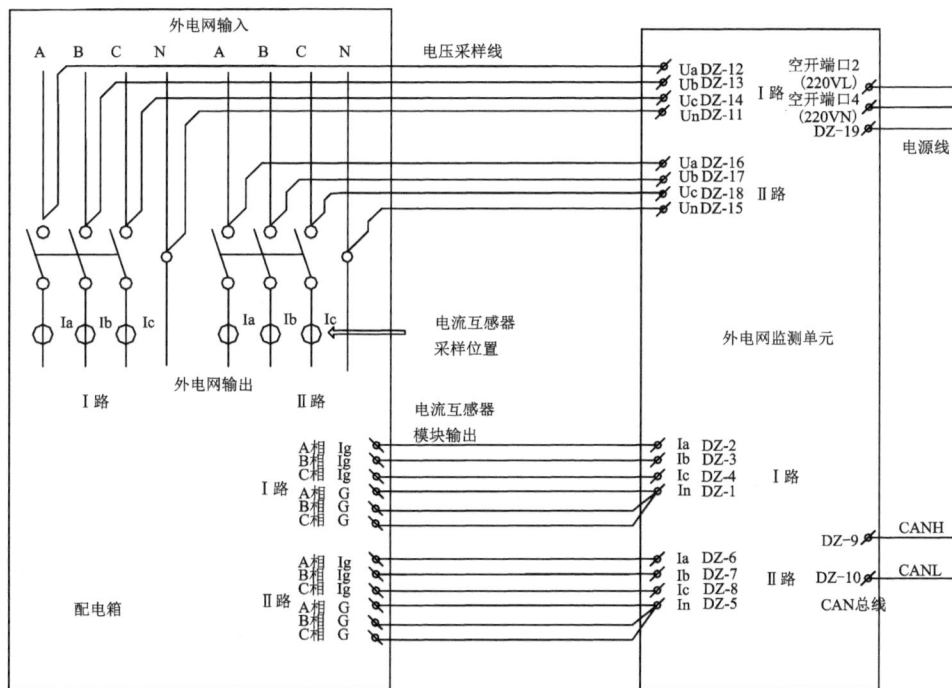

图 3-71　外电网监测原理

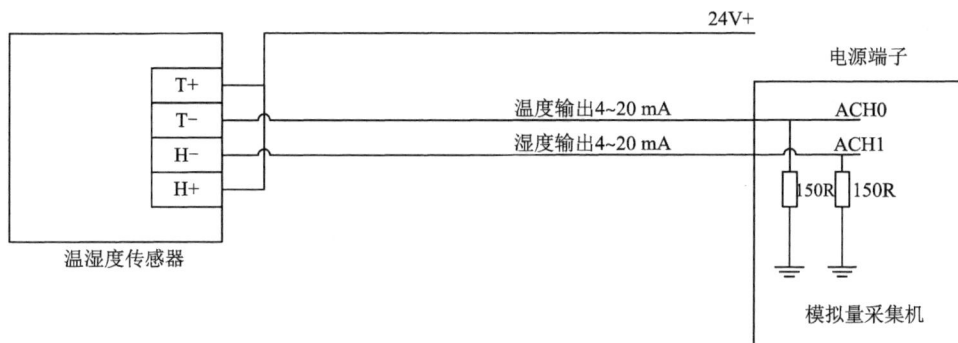

图 3-72　环境温度采集原理

电压输入端电压值的变化，反映轨道电路调整状态和分路状态的工作情况，50 Hz 微电子相敏轨道电路如图 3-73 所示。

为了不影响轨道电路的正常工作，从微电子相敏接收器轨道电压输入端将

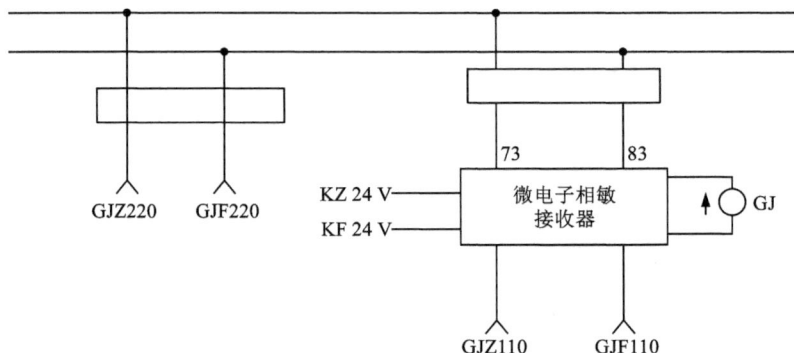

图 3-73　轨道电路

轨道电压引入轨道采集机，经过衰耗电阻接入互感器模块，互感器模块的输出经过运算放大、整流滤波、电压抬升电路，转换成适合 AD 电路处理的电压，送到 CPU 进行 A/D 转换。由 CPU 计算轨道电压及其相对于局部电压的相位角，通过 CAN 网络送至上位机。

每块轨道电压采集机可以采集 7 路轨道电压、1 路局部电压。

3.5.9.6　开关量监测

除了联锁系统接口传输的开关量以外，信号集中监测系统将单独采集站台门和防淹门的继电器空接点。通过排架熔丝报警器采集排架熔丝情况。

信号集中监测系统采集站台门和防淹门的继电器空接点，使用信号集中监测系统 24 V 直流电压接入中间接点，上接点连接到开关量采集输入端子采集。图 3-74 所示为开关量监测。

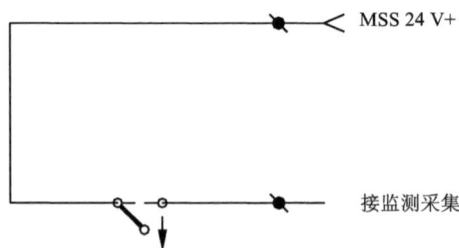

图 3-74　开关量监测

信号集中监测系统的开关量输入公共端与排架熔丝报警器的开关量公共线连接，开关量输入端子采集排架熔丝报警器接点。图 3-75 所示为排架熔丝报警器接点采集原理。

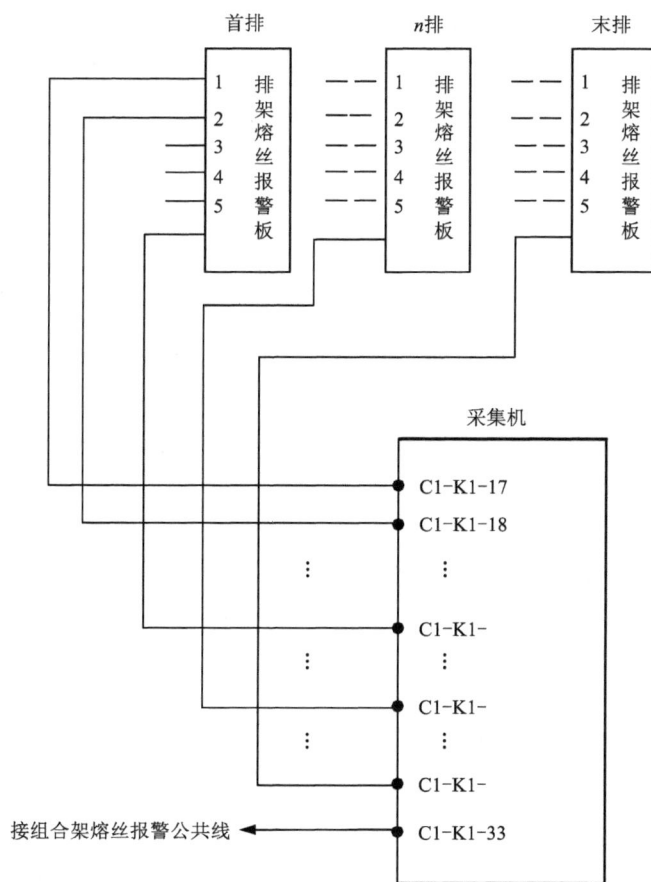

图 3-75   排架熔丝报警器接点采集原理图

3.5.9.7   电缆绝缘漏流测试

电缆绝缘漏流测试是指使用绝缘漏流采集机、绝缘测试选路继电器组合、绝缘漏流综合组合，对选中的电缆进行绝缘测试或漏流测试。图 3-76 所示为电缆绝缘测试原理框图。

电缆绝缘测试是由绝缘漏流采集机驱动绝缘漏流继电器组合中的安全型继

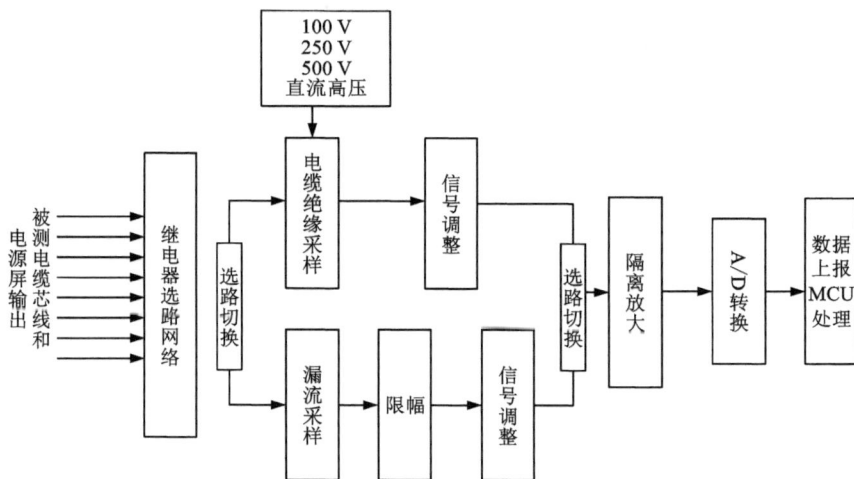

图 3-76　电缆绝缘测试原理框图

电器，由继电器接点组成多级选路网络和互切电路，将所测电缆芯线通过选路网络逐条接入电缆绝缘漏流监测电路，相当于把电缆芯线全程对地绝缘电阻 R_x 接入测试回路；根据命令选择 500 V、250 V 或 100 V 直流高压，选择相应的取样电阻，从取样电阻上获得取样电压，再将取样电压量化转换成适合 AD 电路处理的直流电压，送入 CPU 进行 A/D 模数转换和数据处理。图 3-77 所示为电缆绝缘测试原理图。

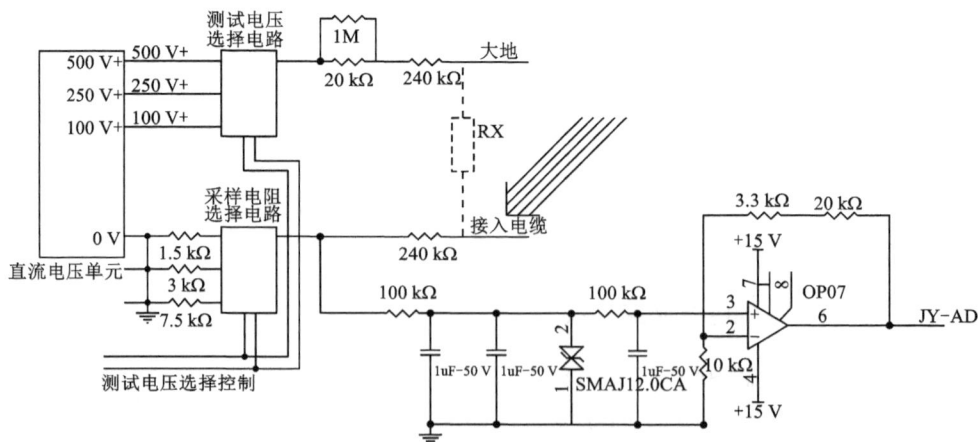

图 3-77　电缆绝缘测试原理图

直流高压加至电缆芯线上,需要充电时间较长,约需 7 s,每测一根电缆约需 10 s。

通过电源对地漏流的测量,可以了解各电源线是否破损和接地,及时发现线路故障。因漏流测试要求将电源屏各输出端人为接地,所以对它的采集需要非常慎重,一般要求串入保护电阻进行测量。在测试电路中串入了较大的保护电阻(例如 1 kΩ)和保护熔断器。图 3-78 所示为漏流测试原理图。

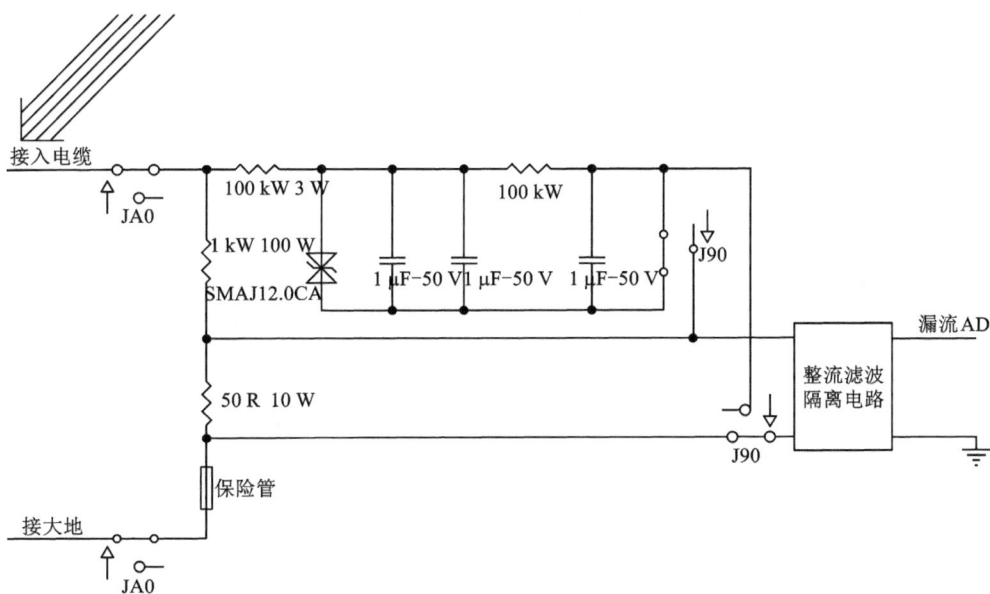

图 3-78　漏流测试原理图

通过测试继电器组合把被测的电源回路经电缆芯线接至绝缘漏流综合板上的采样测试电路,电源屏输出电源有交、直流之分。为了提高测试精度,需加装两个继电器,对于不同的电源切换到不同的电路:

(1)测交流电源漏流时 JA0 吸起、J90 落下,在 50 Ω 电阻上取样;

(2)测直流电源漏流时 JA0 吸起、J90 吸起,在 1 kΩ 电阻上取样;

(3)整流滤波隔离电路将取样电压信号量化转换成适合 AD 电路处理的直流电压,送至 CPU 进行 A/D 转换和数据处理。

3.5.9.8　道岔综合监测

道岔综合监测如图 3-79 所示。

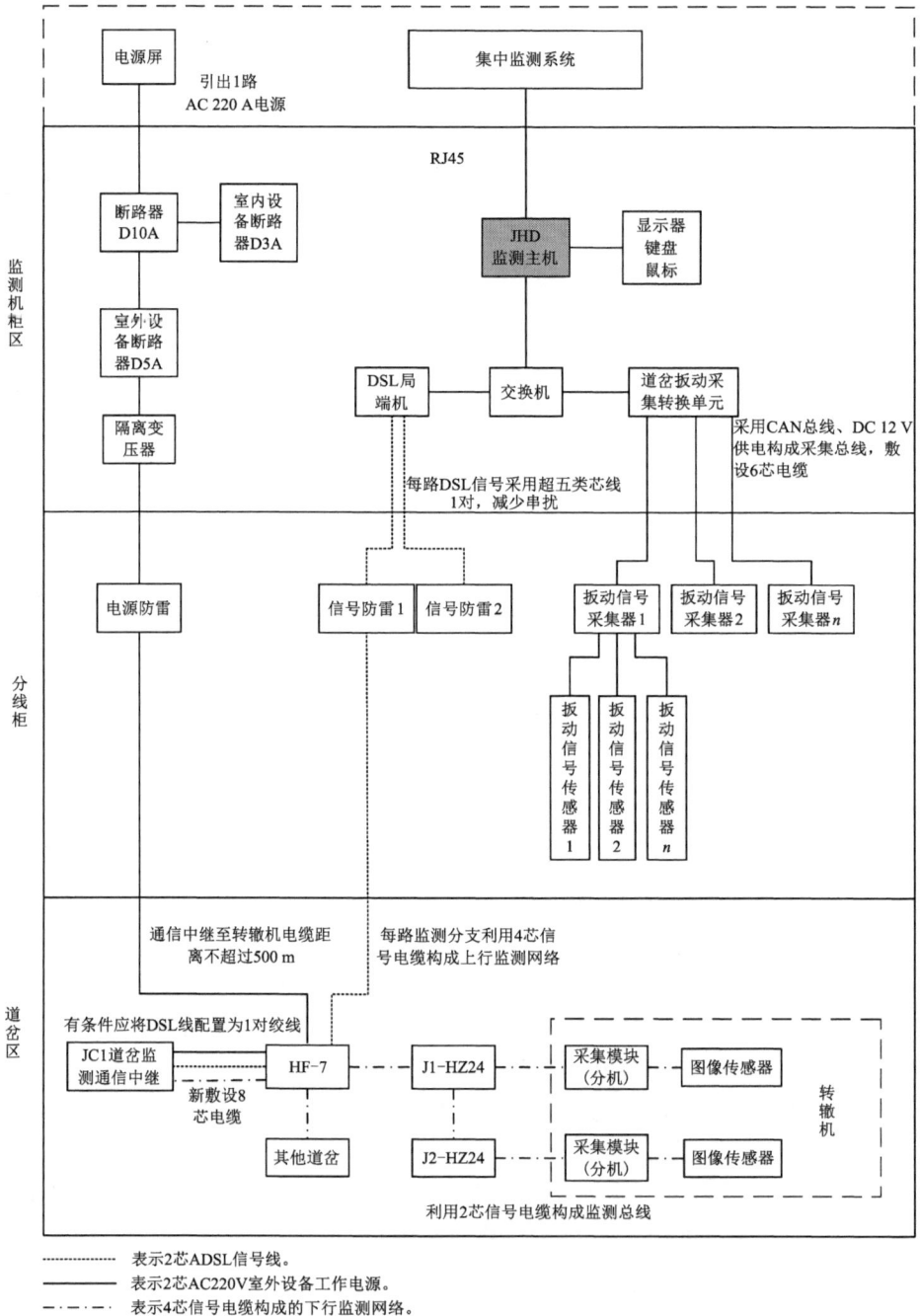

图 3-79 道岔综合监测

方案说明：

（1）回楼方向盒敷设 XB1 轨道交通信号箱盒，XB1 需接地。

（2）采用机内视频方式采集表示缺口信息，转辙机内安装缺口采集模块，完成表示缺口监测。

（3）道岔区转辙机与通信中继器利用 4 芯信号电缆构成监测总线，完成供电和数据传输。

（4）通信中继器到机械室利用 4 芯信号电缆完成供电和数据传输。

（5）中继器与最远端道岔的距离限制为 500 m，超过 500 m 需增加中继器，对应回楼电缆也需增加一对。

（6）道岔监测系统在分线柜位置设置电源防雷模块，每个监测分支设置信号防雷模块。

3.5.10　接口

3.5.10.1　与 ATS 接口

（1）接口位置：控制中心 ATS 交换机接口与监测交换机，通过网络接入维修中心监测接口服务器；

（2）接口方式：网口；

（3）接口信息内容：时钟信息、ATS 状态信息和报警信息、正线站场状态信息。

3.5.10.2　与联锁系统接口

（1）接口位置：正线设备集中站、车辆段/停车场联锁维修机与监测站机；

（2）接口方式：网口、RS422 串口；

（3）接口信息内容：站场状态信息，包括信号机状态（显示列车信号和调车信号的各种开放、关闭状态）、道岔位置（显示道岔的定位、反位、四开、挤岔状态）、轨道区段状态（显示轨道区段的占用、锁闭、空闲状态）和部分按钮信息。

3.5.10.3　与计轴系统接口

（1）接口位置：设备集中站计轴主机与监测站机；

（2）接口形式：RS485 串口；

（3）接口信息内容：轴数、区段状态、设备工作状态、设备故障报警、设备自诊断信息等。

3.5.10.4 与电源屏接口

接口位置：设备集中站、非设备集中站、车辆段/停车场电源屏主机与监测站机。非设备集中站电源屏主机接入串口联网模块。

3.5.10.5 与灯丝报警仪接口

(1)接口位置：设备集中站、车辆段/停车场灯丝报警仪主机与监测站机；

(2)接口方式：RS485 串口；

(3)接口信息内容：LED 信号机工作状态信息、报警信息、信号机电流信息。

第 4 章

施工组织

4.1 改造施工特点

4.1.1 施工安全、施工条件量要求高

确保运营设备安全、避免因施工影响次日正常运营是在地铁营业线施工最根本的要求，是营业线改造区别于新建线路的本质特征。

施工前必须按照地铁运营部门施工要点规定办理相关手续，施工中必须遵守相关安全规定，不得出现影响、私自触动及损坏现有的运营线路及设备的情况发生，对施工中可能受影响的地铁运营设备要采取必需的防护设施；如有可能导致设备电气特性变化的，应在施工完毕后进行试验检测良好并经相关人员确认后方可离开施工现场，以确保系统的正常运行。

安装的新设备不能影响正常运营，现场不能遗留、遗漏施工工具、材料等，做到人走场清。

要针对可能影响运营安全的因素，制定不同于新线施工的专项预案。

在施工进场前，安排技术人员确认现场施工条件。首先是确认从既有信号设备房至新增设备点的线缆径路是否畅通。其次是确认各个新增设备的安装环境有无特殊情况，安装位置是否能够满足后期运营需求。

4.1.2 作业时段、施工场地受限

每周作业时间要根据调度审批计划情况，施工时间只能安排在晚上停运

后，施工时间短。

　　施工场地限制，室内施工场地均在运营位置，施工作业面要做好所有运营设备设施的保护，施工材料机具的放置会受到限制。既有信号设备室现有空间进行系统设备机柜插入施工，设备不能一次正式就位，需开通启用新设备后拆除既有设备腾出位置供新设备正式安装就位。施工过程中需对既有设备用途、性能进行充分调查，尽量减少施工对既有设备的影响。

4.1.3　接口多，系统构成复杂

　　信号系统按设备所在位置可分为：控制中心设备、车站与轨旁设备、车载设备、车辆段设备、培训中心设备、维修中心设备。

　　信号系统采用区域控制模式，根据正线配线、车站分布和信号设备的控制距离分为设备集中站和非设备集中站。

　　其中计算机联锁子系统和ATP子系统核心设备所在的车站为设备集中站，其他为非设备集中站。

　　信号系统不但各子系统之间存在通信和接口关系，安装在不同位置的信号设备之间也存在互相通信；同时信号系统与其他系统(如车辆、通信系统、综合监控系统、乘客信息系统、屏蔽门防淹门系统等)也存在接口关系，施工过程中必须保证信号系统接口功能的完整性。

4.1.4　线路地处城市核心区，设备运输困难

　　轨道线路横穿主城区，交通流量大，沿线建筑物密集，给设备、材料装卸运输带来一定困难，需编制详细的运输方案，保证设备、材料安全、平稳地运输到施工现场。

4.2　改造施工资源需求

4.2.1　材料、设备管理

　　(1)施工方将根据工程进度制定集成商提供的材料、设备供货计划并明确到货地点，到货地点为项目部下设的中心料库、车站地面或车辆段地面。

　　(2)甲供材料、设备到货后，施工方将负责如下工作：配合供货商在集成商提供的材料、设备运抵到货地点时开展卸货工作；对集成商提供的材料、设备在到货地点进行开箱商检，办理移交手续；集成商提供的材料、设备交接后负

责临时仓储与保管；集成商提供的材料、设备从到货地点运至沿线各信号施工现场的二次倒运工作。

（3）设备开箱检验必须有业主代表、监理工程师、系统集成商代表到场，在各位代表的见证下进行。

（4）设备开箱后，对以下内容进行严格检查、登记：①包装；②设备名称、规格型号、数量及外观；③零配件数量及外观；④备件数量及外观；⑤随机文件。如发现不符、遗漏或损伤，应当场提出，并明确各方责任。

（5）设备到货附带的随机文件必须包括产品清单、产品出厂合格证、各主要部件及设备检测报告、原产地证明文件等。

（6）开箱检验的各方代表如对开箱检验无异议，应在开箱检验记录上签字确认。此后，设备及其配件由施工方接管（包括安装完成后的成品保护）。

（7）对于到货但未进行开箱的设备及材料，施工方与设备供货方应共同确认包装良好，并应严格做好仓储及日常管理工作，同时做好收货记录并签字确认，明确各方责任。

自购的材料、设备，必须送样品经业主、监理确认，经业主审查确认后方可执行采购程序。

施工方采购和加工的某些专项设备、非标设备以及批量较大或较重要的机电设备安装器材，在采购和订货前必须报驻地监理工程师审查、业主批准，以明确采购品种、规格和订货厂家，并在进行必要的出厂测试验收。出厂验收必须由驻地监理工程师代表、业主代表共同参加，验收确认后方能出厂。

施工方自行采购的材料，均应有质量证明书正本，经业主、监理验证确认后才能使用，如发现施工中使用未经业主、监理验证确认的材料时，监理工程师可以要求暂停使用，直至履行确认手续后，才能恢复使用。

如发现工程中使用不合格的材料，监理工程师即发出书面通知，项目部将立即按通知进行更换，并承担由此造成的一切损失。

在施工过程中不论该种材料是否履行了质量确认手续，业主均可视需要进行抽查或送专业检验部门检验。

4.2.2　物资供应计划

要认真审核图纸，详细、准确地掌握材料、设备的规格、型号和要求，根据施工进度计划编制材料供应计划，确保物资供应满足工程实际需要。

4.2.3　到货检查

购买的所有设备、材料及技术文件运抵规定的交货地点后，业主和施工方双方人员共同对其进行检查，并认真做好检验记录并签字。业主和施工方双方人员共同对其进行开箱前检查，以证实满足：

(1)合同对包装的要求；

(2)外观良好，运输途中未受损；

(3)编号、数量、名称与合同要求的货物清单核实无误。

所进行的检查满足合同中招标人的要求后，即办理入库交接手续，同时出具入库单或交接单，双方代表在入库单或交接单上签字。

4.2.4　开箱检验

对施工方提供的材料和工程设备，施工方将会同监理工程师进行检验和交货验收，查验材料合格证明和产品合格证书，并按合同约定和监理工程师指示，进行材料的抽样检验和工程设备的检验测试，检验和测试结果将提交给监理工程师。

对集成商提供的材料和设备，集成商应在材料和工程设备到货7天前通知施工方，施工方将会同集成商、监理人在约定的时间内，赴交货地点共同进行开箱检查并验收。

开箱检验前首先应对包装进行检查，确定有无损坏和开启、划痕等异常现象，开箱后检查设备的外观有无碰伤、卡伤、拉伤和腐蚀情况。

对精密、贵重、特殊的重要设备，开箱检验时应有技术人员参加，开箱最好在室内进行。

开箱检验后，根据实际验收记录，填写开箱检验单，按质验收，如有需要索赔或补供的货物，应及时通报。

4.2.5　抽样检验

委托具有相应资质的检测机构，按照技术标准要求对重要产品进行抽样检验，确保进场物资设备的规格型号、数量和质量等符合采购合同要求。

4.2.6　物资贮存及保管

1.物资入库

根据物资的性能提供安全、适用的库房、料棚和存料场所。

管库员对入库的物资，必须核对其数量及检验标识。当数量与检验标识无误后，按照物资贮存的规定，做好入库物资的实物标识和记录标识。

2.物资的保管保养

对库存物资要按照合理、定量、安全牢固、整齐、节约的要求进行堆码。

对库存物资执行循环自点和定期检查制度。

管库员对库存物资要按照有关规定进行日常保管保养,做到库存物资账、卡、物相符。

做好入库物资的防火、防盗、防潮等工作,配备必要的视频监控设备和消防器材并确保管库员能正确使用。

3. 物资的发放

物资发放过程中,管库员必须坚持"三检查",即检查发料凭证是否正确无误,检查发出物资的编码、品名、规格、数量是否相符,检查应附技术文件和有关凭证是否齐全;"三核对",即发料凭证与账卡核对、发料凭证与发出实物核对、结存实物与账卡核对制度。

物资出库前必须经过复验。未经复验或经检验不合格的物资,禁止投入使用。

监理工程师有权根据自己的工作需要和工程施工具体情况对各项材料进行抽样试验,施工方需为驻地监理工程师进行监督检查提供必要的条件和一切便利。

4.2.7　施工机械、安装工具、试验及调试设备配置计划

为确保改造工程优质、高效、安全、按期完成,项目实施阶段将配备运行状态优良、性能可靠、数量充足的机械设备及仪器仪表,可根据需要随时调配使用,挖掘设备潜力,进一步提高机械化施工水平。

机械设备的选择,本着因地制宜、因工程制宜、技术上先进、经济上合理、生产上适应、性能上可靠、使用上安全、操作和维修方便的原则,贯彻执行机械化、半机械化与改良工具相结合的方针,突出机械与施工相结合特色,使其具有工程的适应性、保证工程质量的可靠性、使用操作的方便性和安全性。

机械设备的主要性能和技术参数,应能满足施工需要和安全质量要求,并能充分发挥机械设备的效能,力求获得较好的综合经济效益。

改造工程所有施工机具及仪器仪表须经业主和监理工程师检查合格后再调入现场使用。

项目工程管理部负责施工机械及测试设备的调配和管理工作,相关管理措施如下:

(1)定期对机械设备状况进行检查,保证机械设备运行状态良好,合理组织机械设备的调配,提高其利用率,减少进出场时间和装卸费用,对主要设备的使用有详细的操作记录。

(2)对于施工机具及仪器仪表的管理,严格按照《检验、测量和试验控制程

序》执行。组织好机械设备的流水作业，减少进出场时间和装卸费用。

（3）在仪器仪表的日常使用、搬运、保养、存放过程中，必须轻拿轻放，运输过程中摆放稳固，采取必要的防震措施。如发生意外碰撞时，及时进行校验，防止不合格仪器仪表投入使用。

（4）向机械操作员进行安全操作交底，使其对施工要求、场地环境、气候等安全生产要素有清晰的了解，杜绝机械带病运转。

（5）仪器仪表应根据工程的测量任务及所要求的准确性，选择适用的经法定检定部门校验合格的检测设备。

（6）检测仪器仪表使用前，应检查其状态标识的有效性，确认仪器仪表是否完好；在使用中发现检测仪器仪表偏离校准状态时，必须立即停止使用，并对已检验和试验的结果进行检验评定，并有书面记录。

（7）仪器仪表操作员施工前进行上岗培训，考核合格取得操作证后，持证上岗。主要设备、机具操作者经过培训考核合格，取得驾驶证和机械设备操作证后，持证上岗。施工过程中定期对以上人员进行考核、评定，不合格者立即更换。

为确保改造工程优质、高效、安全、按期完成，施工方需根据工程具体特点，制定出各阶段劳动力组织计划方案。方案的基本原则：参与项目的管理人员和班组主要技术人员在项目实施过程中保持不变，根据项目实施阶段不同，及时进行分工和人力调整。在项目实施过程中，根据工程实际需要及时增减相关人员，以保证工程按计划顺利交付使用。

4.2.8 劳动力组织计划

施工方应根据总体施工进度安排，统筹安排施工力量，特别是针对控制性工程、重难点工程，必须集中优势兵力，保证有充足的劳动力。

4.2.9 劳动力组织保证措施

根据现场实际情况和施工进度及时调整劳动力配置，保证管理人员、技术人员、熟练技术工人、普通技术工人的数量能满足现场施工进度的要求。

健全项目部各部门人员编制，做到人力资源充分使用，特殊岗位设置资质符合岗位要求的人员。

在项目准备前期，引进施工实力强、管理优化、服从统一管理的劳务队。

根据每月计划的施工任务提前配置劳动力数量。

4.2.10　劳动力平衡措施

充分考虑工程的特点，综合考虑工期目标和施工工艺方法等，以结构合理、高效精干、技术素质高、专业对口、施工经验丰富、各工种科学合理搭配的原则进行劳动力配备。

专业技术工人需技术水平高、责任心强，参加过国家重点工程建设、具有类似工程施工经验。劳动力数量根据标段工期要求及工程数量确定。

施工机构、队伍、劳动力按照作业队的要求配备和管理。

为确保工程施工安全和质量，所有施工人员进场前必须经过专业技术培训，并经考试合格后持证上岗，上岗前进行分层次分阶段技术交底。

4.3　改造实施过程管控

4.3.1　指导思想

坚持以"四个全面"为指导，以标准化建设为抓手，坚持高起点谋划、高标准管理、高质量建设、高效率推进，突出安全质量，强调进度投资，兼顾环保创新，确保和谐推进。

（1）坚持科学性、先进性、经济性、合理性与实用性相结合的原则，要体现科学性，采用先进的施工技术，应用科学的组织方法，合理地安排施工顺序和选择施工方案。

（2）坚持整体推进、均衡生产、确保总工期的原则。指导性施工组织要卡死开通工期，通过倒排工期、卡住节点工期来确保总工期；建设与创优、环保并举。

（3）坚持保证重点、突破难点、质量至上的原则。施工组织必须坚持统筹安排、轻重缓急的原则，要优先安排实施控制性重点工程；对于那些难点工程，必要时要组织专家进行科技攻关，确保工期、质量、安全、成本可控。

（4）突出"安全第一"的编制原则。任何一个施工计划、方案都要仔细研究，确保安全措施到位。

4.3.2　总体方案规划

以信号系统改造施工为重点，建筑（含装修）、通风空调、给排水及消防、动力照明、火灾报警、门禁、站台门、防淹门、综合监控（含大屏）等配套专业配合施工为辅,合理安排重难点工程及关键工序施工;注重减少项目内各专业间的交叉施工影响,避免返工现象发生,以保证建筑(含装修)、通风空调、给排水及消防、动力照明、火灾报警、门禁、站台门、防淹门、综合监控(含大屏)等配套专业与总体工程施工进度计划相互协调,确保工程按期完工。

4.3.3 总体施工流程

4.3.3.1 信号系统总体施工流程

施工准备、定测→光电缆敷设→室内外设备安装→设备配线、单体试验→单站联锁倒切试验→系统倒切试验、调试→系统倒换、开通→拆旧。

4.3.3.2 通信系统总体施工流程

信号系统线缆敷设→信号系统 LTE 无线设备安装→信号系统无线设备调试(单网)→信号系统 LTE 设备启用(单网)→无线设备倒切接入既有 800 MHz 并调试→通信相关业务切割、倒切、试验、启用→拆除通信系统既有相关无线设备。

4.3.3.3 配套工程施工流程

1. 车站装修改造施工流程

现场调查→孔洞开槽→吊顶、地板拆除→防火门改造→线缆敷设、设备安装→吊顶、地板恢复。

2. 车站动力照明、FAS、通风空调、给排水消防改造施工流程

现场调查→配套工程改造施工→设备安装、调试→信号系统设备安装。

车站动力照明、FAS、通风空调、给排水消防等配套改造工程结合信号系统施工进度进行改造施工。在相关建筑环境满足设备安装、调试条件后,再进行信号系统设备安装,确保信号系统设备安装、调试不受相关建筑环境影响。

4.3.4 新系统设备安装施工方案

4.3.4.1 正线信号系统施工方案

根据改造范围及利旧设备要求,制订对应的施工方案。

对利旧设备进行统计,分析,制定倒切原则并对利旧设备进行统计。

针对新增轨旁设备及线缆考虑施工方案及防护方案,例如新增信号机,为了避免其在改造期间影响司机驾车,新增信号机在既有系统运行期间须加装黑

色防护罩。

4.3.4.2　设备运输

1. 搬运路线确认

人工搬运：每根电缆从电缆盘上取下盘放捆扎整齐后，利用人工从车站出入口搬运至车站临时存放点，施工点内再由人工搬运至轨行区敷设。

工程车运输：在车辆段将电缆装载在工程车上，施工点内运输至施工轨行区敷设。

按以下原则确认搬运方式：

(1)不得影响既有设备正常运行，最大限度减少对运营、旅客通行的影响。

(2)通道宽度满足设备运输要求。

(3)运输距离尽可能短。

(4)根据现场调查后，使用临时屏蔽墙进行通道物理隔离，并设置相应的指示标语指导旅客通行。

2. 临时堆放防护

临时堆放地点使用隔挡隔离，同时做好地面、墙面及天花板防护，防止损坏既有地面、墙面等配套设施。

(1)车站站厅、站台设备临时堆放时，不得占用消防通道。

(2)对需要占用区域进行围蔽防护，并设置警示及指示标识。

(3)轨行区临时存放光电缆时，必须固定捆绑牢固，不得侵入行车安全限界。并指派专人在指定时间内巡视、检查。

3. 搬运方式及防护

(1)工程车运输。

针对长途主干光电缆、漏泄同轴电缆，采用轨道工程车在接触网停电施工天窗内进行光电缆转运及敷设施工。计划轨道工程车停放在车辆段工程线上。

施工前，对各站是否有空间临时存放光电(漏)缆展开充分调查。

材料吊装方法：首先采用汽车将光电(漏)缆等材料转运至车辆段工程车线轨道工程车停放位置附近。材料吊装至轨道车平板时，应先向运营部门请点，确保吊装区域范围内接触网停电后进行。

轨道车转运材料至各车站方法：首先向运营管理部门上报轨道车动车计划，获批准后做好相关准备工作，待运营结束后，即可请点，给点后，确认接触网停电后，轨道车按照计划开行至相关站点进行相应作业。

(2)人工转运。

各车站站台、站厅等处所的短途光电缆均利用人工从车站出入口进行转运

147

及敷设。

轨行区设备、材料从各车站出入口采用人工转运至轨行区后,使用小型平板推车进行设备转运。

4.3.4.3 轨行区施工方案

改造过程中的重点是轨旁设备安装及线缆敷设。线缆敷设需要按照工艺标准进行。

1. 施工准备

完成光、电缆单盘测试并确认产品达标。对使用的轨道工程车、小型平板车、工具进行检查,确保性能指标正常。施工前应申请轨行区施工天窗,并得到设备管理单位同意及配合。

2. 径路复测

实地测量区间的总长度(包括各种余留);电缆径路定测主要包括:电缆径路位置确定、电缆长度实际测量。电缆径路定测前必须完成所有信号设备位置的定测,以保证电缆敷设后的长度能满足设备安装要求。径路复测完毕,应及时形成施工调查报告和径路复测台账,并确定单盘光、电缆长度。

3. 光、电缆配盘

根据现场电缆径路走向,计算光电缆实际使用长度,并按联锁区编制电缆配盘表。光电缆长度计算应充分考虑线缆自然弯曲量,线路长短链,线缆过轨、过人防门、过防淹门等弯曲量,线缆接续及成端余量,一定的预留量。按线路行别进行电缆配盘,避免线缆敷设过程中增加转运工作量,少量线缆可按联锁区采用合盘的方式来配备。

4. 光、电单盘测试

(1)光缆单盘测试。

光缆单盘测试:光缆单盘测试采用光时域反射仪(OTDR)进行 A→B、B→A 双向测试,并应进行双窗口(1310 nm 波长衰减:$\alpha<0.35$ dB/km;1550 nm 波长衰减:$\alpha<0.22$ dB/km)指标的测试。为了提高测试精度,应采用高精度、稳定度好的活动连接器,并采用厂方提供的折射率设定仪表。测试后认真填写记录,并与合同技术指标(验收标准)进行对比,确定其是否为合格产品。

(2)电缆单盘测试。

普通信号电缆主要测试项目有:电缆芯线间绝缘电阻、任一芯线对地绝缘电阻,芯线间导通测试。其他型号的信号控制电缆,应根据厂家提供的技术规格书中的技术参数进行相关测试。

测试结束后,技术人员如实填写测试记录,对测试不符合要求的电缆,坚决不予投入使用。

5. 光、电缆敷设及防护

(1)以轨道车+人工方式进行光电缆敷设。如区间圆形隧道内光电缆敷设不需要跨越障碍物时,采用轨道车敷设及固定,并配置人工辅助配合施工。如站台区域、车站矩形等地段需穿越接触网隔离开光、排水管等障碍物时采用纯人工敷设。

(2)隧道内光电缆采用单根方式绑扎固定在既有电缆托架上。

(3)车辆段、试车线区域光、电缆采用人工敷设,人工挖沟/槽直埋防护。

4.3.4.4　既有设备的防护以及便利条件的实施

凡涉及既有线改造施工,在施工现场需按照“人防、技防、物防”的原则对有关既有设备采取有效的安全防护措施。

1. 以“人防”为中心的安全保证措施

(1)项目部按照本工程招标文件及信号系统改造工程用户需求书的有关要求,充分发挥人力资源优势,选派具有既有线改造丰富经验的精干施工人员和安全管理人员及技术骨干力量投入到本工程改造施工。

(2)前期选派骨干专业工程师、作业队长和具有丰富施工经验的员工进行既有设备室施工组织调查,对信号设备运输及安装位置等进行详细的调查,充分掌握施工所需的第一手资料。

(3)经常性开展岗位责任心教育,不断强化施工人员的岗位安全责任意识,牢牢扣紧“安全”这根弦,营造“安全施工、人人有责”的工作氛围,将安全责任分解落实到个人。

(4)经常性开展岗位应知应会的理论知识培训,每一项工作对应一个细化的安全行为,使施工人员的日常施工行为规范化、程序化,不断提高施工人员的岗位履责能力。

(5)实施安全应急预案演练,制订既有线信号设备室施工关键岗位的应急预案,不断提高施工人员对突发事件的应变解决能力。

2. 以“技防”为重点的安全保证措施

(1)凡进行既有设备区域改造施工的人员必须认真执行“三不动”“三不离”“四不放过”“七严禁”等基本安全制度。

(2)现场施工负责人及施工人员严格按照早点名、晚例会和施工现场工完料清制度执行落实。

(3)进行既有信号改造施工,必须执行召开日施工方案会,召开时机一般为施工前2小时,参会人员为施工单位现场施工负责人、施工人员、安全员,现场监理、设备管理单位配合人员、集成商督导人员，会议由施工单位现场负责人主持，对当日内容、人员安排、安全卡控措施等内容进行布置，各配合单位对布置内容进行补充和建议。

（4）在施工的各项作业中，严禁动用既有设备和违章使用封连线。

（5）拆、改、配线施工前应向设备管理单位提报日施工方案、施工图纸、拆线表、配线表，施工必须在天窗点内进行，并执行一人配线、一人复核制度。

（6）在既有信号设备区域进行改造施工时，应提前一天向设备管理单位提报"施工计划和施工配合作业申请单"，经批准后，携带有效的施工计划和施工配合作业单在设备管理单位配合人员的配合下进行施工作业。

（7）当日施工作业内容应与施工配合作业申请单和日施工方案内容一致，现场施工负责人不得随意更改施工内容及范围。

（8）在轨行区施工作业时，全体施工人员须穿戴有反光标识的防护服、安全帽。现场负责人及有关人员应携带通信工具并确保联系畅通。在光线不足处所必须有足够的照明灯具。

（9）进入轨行区施工作业前，现场负责人应清点人数和施工机具材料，离开轨行区时应进行复验人数和机具材料，避免遗漏，做到人走场清。

（10）在轨行区作业需要接触网停电时，严格执行要点、销点制度，作业前现场施工负责人必须与接触网配合人员联系确认设备停电及加挂接地线措施后方可下达开始作业命令；作业完毕后施工负责人会同现场监理、设备管理单位配合人员对作业区段进行检查，确认设备状态及施工机具人员撤离完毕后，方可通知开通线路恢复接触网供电。

3. 以"物防"为手段的安全保证措施

（1）进行既有信号设备室施工前，在信号设备室既有机柜或墙壁适宜位置张贴醒目的"安全警示标语"标志，采取隔离防护措施划分出施工区和既有设备禁区，一般情况下严禁施工人员进入既有设备禁区。

（2）对于既有机柜前、后带门框的，在施工期间将门关闭，采用"警戒隔离带"进行围蔽，并加挂"既有在用设备"标志。对于没有门框的机柜采取硬隔离措施，采用"透明阻燃板"进行防护，避免在施工过程中误碰既有设备。

（3）在轨行区改造时，对新安装的设备应张贴"新设信号设备"标志，谨防后续施工时开错设备及箱盒。

4.3.4.5 室内既有设备的防护方案

信号系统室内设备进行更新改造仍利用既有机房时，由于空间限制，新设机柜在原机房内进行安装，这就要求对既有设备的防护必须做到万无一失。为了确保室内设备改造施工的正常运转,须采取以下防护措施。

1.室内配套设施改造阶段的防护

室内配套设施改造主要是对天花板、地面、墙体进行拆除、调整或更换,为了做好既有设备、管线的防护,减少施工噪声和施工灰尘,信号设备室、信号电源室内须利用阻燃绝缘板、彩条布搭设有效围挡,把既有设备区域和拆除施工区域进行分隔。

室内配套设施改造阶段,机房内需配备吸尘器、毛巾、水桶、拖布等,每天施工完成后对既有设备区域进行打扫。

设备房顶进行其他项目施工时,必须用完好的防尘布将设备顶部及四周遮盖好,严防重物从高处坠落,撞击设备。

由于室内配套设施改造期间设备房内的通风、空调、气灭等设施处于临时关闭状态,故需做好室内通风和既有设备降温工作,可在室内既有设备区域增设工业风扇,为运行设备散热。

2.室内新设机柜安装阶段的防护

施工开始前要对施工人员进行现场安全交底和安全教育,强调不能乱动机房内的任何设备。

地铁运营配合人员完成请点确认前,不得擅入设备房开展作业。

清理信号设备室内新设机柜范围内的物品,对无法进行移动的物品或设备设置防护标识。

机柜搬运过程中,为避免碰撞到既有设备、设施,须将室内和过道、出口处容易与其发生碰撞的设备进行隔离或包封。

机柜、线槽和支架安装时,对于需要与既有线共用线槽的问题,须对施工人员做好交底,严禁踩踏在既有线线槽内,严禁私自乱动既有线线槽内的线缆。

坚持执行"三不动,三不离"方针。

现场临时用电线路的安装和使用,严格执行配电规程、安全操作规程和地铁运营单位施工配合人员要求,不准任意拉线接电。

设备安装完毕后,经常用吸尘器、毛巾等对设备表面和内部进行卫生扫除,保持设备干燥、清洁。

当在设备上部进行电缆敷设或电缆头制作时,严禁踩或站在设备上部。高度不足时,必须使用凳子等辅助设施,严防梯子上端挤压设备。

4.3.4.6 室内机柜安装

施工要求如下。

（1）施工准备。

1）机柜、底座及槽道规格、型号符合安装需求。

2）机柜、底座及槽道表面无变形、无损伤，镀层、漆饰完整无脱落。

3）机柜内部件完好、连接无松动；无受潮发霉、锈蚀。

（2）机柜安装。

1）将分体支架安装于机柜底部。按照底座确定好的位置，使用冲击钻在地面钻 φ14 mm 孔，将 M12 不锈钢膨胀螺栓植入。

2）按照设计图总体布局，测量和确定机柜位置。同排机柜的正立面在同一直线上，主通道侧的纵向侧面应在同一直线上。

3）将机柜摆放至安装位置后，调整分体支架使机柜与地面垂直，相邻机柜间紧密靠拢，将底座和机柜用 M12 高强尼龙螺栓固定好。

（3）走线槽安装。

1）走线槽就位。

按照组合柜布置进行走线槽就位，走线槽不应设成环状，受现场实际情况制约环状不能避免时，通过增加绝缘板方式形成梳状。

2）走线槽调整、固定。

①室内采用下走线方式，为避免下走线槽道与网格地线交叉，在槽道下部安装支架支撑。

②使用槽道安装附件进行连接，连接牢靠。

③槽内加装绝缘垫。

（4）接地连接。

1）各种机柜等所有室内设备必须与外墙体绝缘，其安全地线、防雷地线、工作地线等以最短距离分别就近与接地汇集线连接。

2）金属机柜采用多股铜导线（黄绿相间外护套）与接地汇集线连接。

3）设备门体、槽道与机柜主体部分应进行等电位连接。

4.3.5 单机设备及动车调试阶段

4.3.5.1 调试组织机构及职责

在设备单台试验完成后，则进行子系统调试，在试验人员完成单体设备调试后马上进入子系统调试。

子系统调试过程由系统集成商组织，设备供应商提供技术，施工方全力配合。

子系统试验包括 ATP/ATO 系统功能试验、联锁系统的联锁试验、ATS 系统的功能试验等。

1. 调试组长

由总工程师负责，负责信号系统功能调试的全部工作，并负责组织、协调调试人员的工作分配，以及调试进度的安排。

2. 技术负责人

由工程管理部部长负责，在调试组长的领导下，具体负责调试工作的技术环节及测试数据的审核、把关，且在调试现场发挥技术督导作用。

3. 安全质量负责人

由安全工程师、质量工程师负责，在调试组长的领导下，具体负责调试安全工作和质量保证，负责制定有关的安全、质量保证措施，且在调试现场发挥安全、质量督导作用。

4. 调试工程师

由工程管理部技术人员负责，在调试组长的领导下，在技术负责人和安全质量负责人的督导下，进行信号系统具体调试工作。

5. 技术工人

均为高、中级工人，在调试组长或项目负责人的领导下，配合调试人员进行试验。

4.3.5.2　一致性测试方案

1. 信号机一致性测试

(1) 新联锁设备上电，将测试信号机所在倒切柜上的倒切开关置于新联锁位置。

(2) 在现地工作站界面上排列进路开放待测信号机的待测状态，观察现地工作站界面上显示正确的状态，室外对应信号机待测灯位状态正确，其他灯位并无错误状态，同时待测继电器状态正确，其他继电器并无错误动作。

(3) 信号机测试时必须单独进行，不可以同时测试多个信号机。比如排列进路开放待测信号时，需将其他信号机全部关闭。

(4) 测试完成后关闭新联锁设备，将倒切开关置于既有联锁位置，按照上述步骤对既有联锁进行一致性测试。

2. 转辙机一致性测试

(1) 新联锁设备上电，将测试转辙机所在倒切柜上的倒切开关置于新联锁位置。

（2）定操、定表：道岔在反位，室内定操道岔，室外道岔向定位转动，道岔转换到位后，转辙机停止转动，室内现地工作站显示定位表示。

（3）反操、反表：道岔在定位，室内反操道岔，室外道岔向反位转动，道岔转换到位后，转辙机停止转动，室内现地工作站显示反位表示。

（4）道岔故障：室外模拟道岔挤岔故障，室外道岔转动 13 s 后停止转动，现地工作站道岔显示红闪故障，定表继电器落下，反表继电器落下。

（5）测试完成后关闭新联锁设备，将倒切开关置于既有联锁位置，按照上述步骤对既有联锁进行一致性测试。

3. 计轴设备一致性测试

（1）新联锁设备上电。

（2）在室外对被测区段的计轴设备进行占用操作，现地工作站界面上对应区段显示红光带，其他区段没有红光带，被测区段 GJ 继电器落下，其他区段 GJ 继电器不动作。

（3）在室外对被测区段的计轴设备进行出清操作，现地工作站界面上对应区段的红光带消失，恢复灰光带状态，对应 GJ 继电器吸起。

（4）计轴区段的占用采用划轴方式，划入 2 轴为占用，轨道区段内 0 轴为出清。

（5）逐一测试每个区段占用情况。

（6）测试完成后关闭新联锁设备。

4. 站台门一致性测试

（1）新联锁设备上电，将测试站台门所在倒切柜上的倒切开关置于新联锁位置。

（2）开门测试：列车发送开门命令，站台门 KMJ 继电器吸起，现地工作站界面上站台门开门，室外站台门打开。

（3）关门且锁闭测试：列车发送开门命令，站台门 GMJ 继电器吸起，现地工作站界面上站台门关闭且锁闭，室外站台门已关闭且锁闭。

（4）站台门系统操作"互锁解除"命令，观察 MPLJ 继电器吸起，现地工作站界面上站台门已切除，室外站台门系统在互锁解除状态中。

（5）测试完成后关闭新联锁设备，将倒切开关置于既有联锁位置，按照上述步骤对既有联锁进行一致性测试。

5. 紧急停车按钮一致性测试

（1）新联锁设备上电，将测试紧急停车按钮所在倒切柜上的倒切开关置于新联锁位置。

（2）启动：IBP 盘或者站台处某一紧急停车按钮（所有紧急停车按钮需逐一测试，每个 ESB 对应 2 个站台按钮和 1 个 IBP 盘按钮）按下，IBP 盘紧急停车按钮指示灯亮，对应紧急停车 ESBJ 继电器落下，现地工作站显示相应的紧急停车按钮激活。

（3）复位：按压 IBP 上对应行车方向的紧急停车复位按钮，IBP 盘紧急停车按钮灭灯和相应紧急停车 ESBJ 继电器吸起，现地工作站显示相应的紧急停车按钮复位。

（4）每个站台 ESBJ 逐一测试。

（5）测试完成后关闭新联锁设备，将倒切开关置于既有联锁位置，按照上述步骤对既有联锁进行一致性测试。

4.3.5.3　动车调试方案

1. 试车线动车调试方案

试车线调试主要是验证车载设备是否安装准确、功能正常，基于第一阶段的调试，试车线已经具备新车载设备调试条件。

由于试车线新旧设备并存，且在新系统投入试运营前既有设备也需要使用，因此调试阶段同样需要注重倒切柜的管理。

2. 正线动车调试方案

正线的动车调试主要包括 ATS 子系统、ATP 子系统、联锁子系统、ATO 子系统、电源设备的联合调试。信号系统联调将在单机调试及子系统调试合格后进行，以 ATC 信号系统为核心，以 ATP/ATO 系统控车模式组织列车运行。

正线动车调试顺序如下：

（1）第一步：单车线路一致性测试；

（2）第二步：单车点式及无线测试；

（3）第三步：单车及多车 CBTC 调试。

4.3.5.4　本阶段重点和难点

为保证既有线路的运营，设备安装及动车调试时间严重受限：

为保障工期进度，施工方须积极配合集成商完成室内完整性及与实际现场的匹配性，减少现场测试用例和现场调试时间。可采取以下措施：

（1）对不影响既有系统运行的新增设备安装及调试工作，可在运营期间开展；

（2）对于轨旁施工复杂度较高的工作，宜尽早确定方案并实施；

（3）在非节假日适当缩短运营时间，延长有效工作时长。

4.3.6　全线倒切调试

4.3.6.1　阶段目标

本阶段在新系统的全部功能调试完成后进行，主要进行系统联调、144 h 累计试验及跑图试运行，在取得安全授权、具备开通运营条件后，一次性将全系统平滑倒切到 CBTC 系统投入运营。

在倒切前，为了验证确保倒切一次成功，需进行多次倒切测试以及演练。每次倒切测试前，将各设备集中站的倒切开关置于"调试"模式后，方可按照相关大纲进行测试；夜间测试工作结束后，将倒切开关置于"运营"模式并进行相关确认工作，确保不影响第二天的正常运营。

4.3.6.2　144 h 测试

新旧信号系统倒切前，在非运营时段开展不少于 3 次的实战演练，新信号系统经过累计不少于 144 h 的不载客运行后方可投入运营。

144 h 测试在夜间进行，进行此测试的目的在于：对系统可靠性、可用性和运营能力进行验证；对不同可用驾驶模式进行测试。

4.3.6.3　综合联调

信号系统与各相关系统完成 144 h 测试后进入综合联调运行阶段。

在综合联调运行期间，信号系统完成与各相关专业的联合调试工作，如车辆、通信、ISCS、PIS、TCC（预留）、站台门、动照、供电等。信号系统按计划运行图进行不载客的列车运行综合调试。

4.3.6.4　试运行

试运行旨在把所有合同设备、系统及材料放在实际运营环境中作为一个不可分割的系统进行检测。通过试运行，动态地检测、调试系统设备，以满足信号系统功能规格书规定的功能、性能、操作方式等方面的要求。

改造项目为既有线改造项目时，白天需保障既有设备运行，试运行在晚上进行。试运行期间，所有新信号系统均启用，全线所有倒切柜置于新设备侧，信号系统与外部接口也均接入至新信号系统。试运行时间采用累加形式，试运行最后 20 日按照初期运营开通时列车运行间隔进行，每次保证至少 3 列车按计划图运行。

试运行期间，所有系统、设备均将按实际操作模式无故障连续运行。施工方须组织各子系统专业技术人员来保障试运行的正常运转。

4.3.6.5　正式倒切初期运营

试运行结束及专家评审通过后，在新旧设备倒切的当日，在各设备集中站及控制中心安排人员同步操作倒切开关，新系统进入初期运营。至此信号系统更新改造工作结束，进入新系统设备正式运营阶段。

新系统初期运营期间，在运营时段须保持倒切开关处于"调试"模式。

4.3.7　既有系统拆除及二次移设

4.3.7.1　阶段目标

当新系统投入运营稳定后，利用非运营时间逐步拆除既有设备、倒切开关及相关连线，确保不影响新系统运行。

4.3.7.2　拆旧内容

当信号系统倒切完毕后，新的信号设备已正式启用。根据工程进展情况对既有信号设备进行拆除。主要包括：

（1）既有信号系统轨旁设备的拆除；

（2）既有信号系统室内设备（电源、机柜、缆线）的拆除；

（3）既有区间线缆的拆除；

（4）倒切设备的拆除。

既有信号设备及倒切设备的拆除需在非运营时段内进行，并不得影响新信号系统设备的运行。

4.3.7.3　既有设备拆除方案

1. 室内设备的拆除

提前对现场实际情况进行了解，根据既有信号系统图纸确定要拆除的缆线，结合现场布线情况进行调查确认，确定是否有其他专业的线缆。

根据既有图纸确定既有系统的各机柜、设备情况，确定拆除的范围，并做好标记。

设备搬运时对正在运营的设备进行保护，确保拆除过程中不影响正常运行的设备。

对于较大、较重设备，拆卸前施工人员必须做好准备，慢慢放下，确保人员和设备安全。对于较大、较重、无法经过房门和楼道的设备，需要在业主确认后对其进行切割分解。

机房内旧电缆拆除时，由于新旧电缆可能位于同一个电缆沟槽，拆除时应从始端慢慢将旧电缆抽出，绝不可硬拉硬拽，以防损伤新电缆，影响运营的安全。

拆除工作完成后对机房内设备进行检查，确认正常后，经值班员再次确认后离场。

2. 电缆的拆除

电缆的拆除必须从其始端或终端开始，顺着电缆的走向从电缆托架上逐段拆除。绝不可将电缆从中间锯断，以防错误锯断电缆影响运营安全。

所拆的电缆中绑扎在托架上的比较多，要逐个解开，如果同一个绑扎中有多根电缆，还要将不拆的电缆绑扎牢固，防止留下安全隐患。须由专人负责电缆拆除后托架电缆的绑扎工作。对于当日未拆完的电缆，要放置在托架上绑扎好，并做好标记、记录。

拆除后的电缆不能放置在隧道内，必须当晚运走并放在指定的地方。在站台上不可拖拉电缆，施工完后要把站台存放物资的地方清理干净。

3. 室外设备拆除

由于室外需拆除的设备与新系统室外设备是完全独立的，其本身对新系统没有影响，但在拆除旧设备时，拆下来的旧设备应放在指定的地方。

4.3.7.4 既有设备拆除的施工组织及方法

1. 光电缆拆除施工方法

（1）施工调查。

对既有光电缆进行拆除前，首先安排工程技术人员对正线全线车站及区间敷设的既有光电缆进行详细调查，根据施工设计图纸，了解缆线敷设路径、敷设方式、穿越人防门和过轨孔洞情况等，并统计梳理清楚需拆除既有报废光电缆的规格型号、用途、数量，做好详细的拆除记录和现场拆除标识。然后针对性地制订光电缆拆除作业计划。

（2）光电缆拆除方法。

（1）光电缆拆除准备。

确认施工作业区域、施工作业时间，人员、车辆、工机具到位情况。

本工程需拆除的所有光电缆进行确认。

2）既有光电缆标识。

根据施工计划安排，组织工程技术人员和技术工人对正线全线车站及区间的既有光电缆进行标识。根据图纸对每一根需拆除的光电缆进行标识，人防门、引入口、区间都应进行详细标识，便于后期电缆拆除施工；特别是穿越人防门和引入口的孔洞处，每一根电缆都需确认好，避免回收电缆时出错影响运营。

3）既有光电缆拆除。

按照施工作业计划，组织好施工人员。进入轨行区后首先根据电缆标识把固定电缆的扎带从电缆托架上逐段依次去除，再从设备端或引入口把电缆头抽出，按电缆敷设路径将电缆从托架上取下进行盘留，再使用自制轨道平板车回收运送至车站；如果是较长的区间贯通电缆，在做好电缆标识的情况下，可以分段截断进行回收。某个施工车站或区间的既有光电缆拆除完成后，对引入口、人防门的预留孔洞进行封堵。

施工完成后，对施工区域进行仔细检查，确保工完料清。

2. 轨旁设备拆除施工方法

（1）施工调查。

在进行既有轨旁设备拆除前，首先安排工程技术人员对正线轨行区的既有信号机、转辙机、应答器、钢轨绝缘、箱盒、计轴等进行详细调查统计，并做好详细的设备拆除记录及拆除标识。然后针对性地制订轨旁设备拆除作业计划。

（2）轨旁设备拆除方法。

1）设备拆除准备。

确认施工作业区域、施工作业时间，人员、车辆、工机具到位情况。

确认好本工程需拆除的信号机、计轴、钢轨绝缘、箱盒等轨旁设备名称，具体里程位置。

2）既有轨旁设备标识。

根据施工计划安排，组织工程技术人员和技术工人按照施工图中的设备布置，将正线全线轨行区内的每一个信号既有设备进行拆除标识。

3）轨旁设备拆除。

进入施工现场后，按照图纸核对现场已做拆除标识的轨旁设备，确认无误方可进行拆除作业。首先将旧设备和终端箱盒进行拆卸，其次把既有设备的支撑架拆除，待把设备和支架拆除完成后，将地面或隧道壁上的固定膨胀螺栓用切割机进行修缮处理，保证地面或隧道壁平整。钢轨绝缘、钢轨接续线等设备直接关系着行车安全，相对于整个信号系统而言，转辙机及安装装置、钢轨绝缘、钢轨接续线的更新改造比较独立，是新信号系统与老信号系统的唯一叠加接口。因这部分设备更换后次日就要投入运营使用，所以在拆除施工过程中不得有任何失误。

3.室内设备拆除施工方法

(1)施工调查。

根据工程进度情况，在进行室内设备拆除前首先安排工程技术人员对正线车站、试车线、控制中心、车辆段信号设备进行详细调查，查看室内需拆除的既有机柜名称、各类机柜停用情况、机柜的安装固定方式、机柜下部的管线桥架情况等，并做好详细的设备拆除记录及拆除标识。然后针对性地制订室内设备拆除作业计划。

(2)室内设备拆除方法。

正线信号系统的室内设备拆除，需新信号系统与老信号系统全部倒替开通完成后方可进行。

1)室内设备拆除准备。

确认施工作业区域、施工作业时间，人员、车辆、工机具到位情况。

确认好每个车站室内需拆除机柜的数量、地面管线桥架及室内既有电力电线。

2)室内机柜设备标识。

根据施工计划安排，组织工程技术人员和技术工人按照施工图中的设备布置，将信号设备房内的每一个设备进行拆除标识。

3)室内设备拆除。

室内既有旧设备机柜拆除前，做好新旧设备间的隔断防护。首先断开既有机柜间的电力电线，再将机柜内和管槽内的所有线缆全部抽出并盘留捆扎；然后对每排既有旧机柜进行拆除，拆除完成后利用手推平板车倒运出站。待把室内的机柜、缆线拆除清理后，对固定在室内地面的底座支架和管槽进行拆除，拆除完后把地面报废的膨胀螺栓进行切割处理。室内所有设备、电线、管槽全部拆除清理后，安装恢复既有设备位置上的地面防静电架空地板。

4.车站站台设备拆除施工方法

(1)施工调查。

根据工程进度情况，在进行站台设备拆除前首先安排工程技术人员对正线车站站台安装的紧急停车按钮、折返按钮、发车指示器、管线桥架进行详细调查，了解站台设备的具体安装位置、安装方式、拆除所需的工机具，以及需相关运营部门配合进行的施工内容，并做好详细的设备拆除记录及拆除标识。针对性地然后制订站台设备拆除作业计划。

（2）站台设备拆除方法。

根据站台既有发车指示器、紧急停车按钮箱、折返按钮箱的布置，检查安装地点是否有其他专业设备影响或需相关专业运营配合，提前确认好设备拆除方式、管线拆除路径、所需工机具等，并将本次所有拆除项进行详细标识。

发车指示器与折返按钮设备位于站台端头门处，设备、支架的拆除相对简单，管线根据图纸设计路径进行拆除回收，拆除过程中，注意尽量不要站在顶棚上的桥架或管道、风管上，避免损坏既有设备而影响运营。紧急停车按钮箱拆除时，注意保护好装修面板上的其他专业设备，设备拆除完后需对孔洞进行封堵。

4.3.7.5 拆旧时间安排

每天拆旧工作按运营公司内部管理流程提报旬计划，并按批复的计划实施。

在现场施工前拟订现场施工方案，方案中具体描述现场施工作业时的工作背景、目的、作业范围、作业时间、施工前后对设备的影响及其风险控制措施、现场作业及恢复工序等内容。按照运营公司内部管理流程提前报旬计划，并按批复的计划实施。

根据给点计划所有施工人员提前 40 min 就位，进行工作交底和安全教育，并做好记录。

根据给点计划提前 30 min 结束施工，清理现场，由施工工长、运营公司配合人员及相应的单位与科室人员进行回检。

出隧道后由工长组织施工人员集合，进行人员、工具清点和物品回收，保证隧道内不留有任何杂物。

由运营公司配合人员查看新设备的运营状态并联系控制中心查看设备状况，确保设备运营正常后销记。

4.3.7.6 拆旧设备的运输及保管

拆除的设备根据运营公司物资管理要求，每天运输到业主指定位置，并在仓库管理人员清点、确认后，双方在物资退料单上进行签字。

4.3.7.7 拆旧保障

通过成立拆旧指挥组、技术保障组、安全保障组进行拆旧保障，各自的职责如下：

（1）拆旧指挥组：负责整个拆旧过程中的组织协调。

(2)技术保障组：负责拆旧的内容、技术交底及拆旧中过程监控设备的运行状况，并组织处理施工过程中突发的设备问题。

(3)安全保障组：负责对所有的拆旧施工人员进行安全教育与学习，确保拆旧过程中运营安全。

4.3.7.8　材料工具的准备

(1)拆除室内设备时必须带全相应的缆线及工具，以保证拆除过程中损伤正在用的缆线时能够及时恢复处理。

(2)拆除电缆线、室外设备时必须带全电缆接续材料及发电机、电钻等相应的工具。一旦出现其他电缆损伤及时恢复处理，确保运营的安全。

(3)当夜工作完成后，由现场配合人员完成检查工作后将现场情况及清理情况向调度室汇报，经调度人员确认不影响第二天正常运营后，方可离开。现场安排技术人员进行值守保障，直至早高峰时段结束确认无问题后方能离开现场。

(4)如果在正常运营期间出现信号系统故障，影响了正常运营秩序，值守人员需第一时间处理问题，并向业主方、项目经理、现场安全负责人汇报。

4.3.7.9　测试验证保障方案

本阶段需按照集成商 CBTC 测试方案，对倒切柜涉及的所有内容进行测试工作。

本阶段由于全线更换为新的 CBTC 系统，既有线白天仍需正常运营，工程施工调试只能在夜间完成，因此倒切系统需要提前调试好，以免影响线路正常运营。

在倒切设备拆除前，首先须要对倒切开关与利旧设备的连接关系按照工程设计图纸进行一一校验。

倒切柜二次就位后须进行完整的一致性测试。

4.3.7.10　设备二次移设方案

设备移设、二次就位内容包括：开通前室内外设备必要的移设；个别车站机柜的二次移设；开通后室内外设备必要的二次移设。主要涉及室内设备、机柜、线缆、线槽等。

1. 实施步骤

(1)提前对现场实际情况进行调查了解，根据新系统设备机柜等设备的设计安装位置，结合既有线信号系统布置，确定新设备的机柜临时安装位置，安装的位置既不能影响既有设备的运行，又要考虑后期既有设备的拆除不能影响新设备的正常运行。

（2）新安装机柜等设备的位置应尽可能地贴近设计位置并有利于机柜间布线；

（3）在线缆敷设中提前预留出机柜间的线缆二次就位的长度，确保在移设中不切断线缆，从而保证正常设备的运营。

（4）在新设备移设前，首先对既有设备进行拆除，腾出空间，具体根据每个站现场情况编制一站一专项方案。

（5）机柜等设备移设时要逐步移动，不可猛推硬拉，尽量减少移动对机柜内设备的震动，也避免缆线被扯断或挤压受损，影响正常的运营。

（6）机柜就位后及时进行连接、固定、稳设。

2. 工作安排

在现场施工前拟订现场施工方案，方案中具体描述现场施工作业时的工作背景、目的、作业范围、作业时间、施工前后对设备的影响及其风险控制措施、现场作业及恢复工序等内容。按照运营公司内部管理流程提前报旬计划，并按批复的计划实施。

运营公司配合人员负责联系登记并按要求时间向联调行车调度员（以下简称"行调"）确认当晚计划，根据施工计划计划所有施工人员提前40 min就位，进行工作交底和安全教育，并做好记录。

施工完毕后，由运营公司配合人员查看新设备的状况，确保设备运营正常后销记。

3. 安全措施

（1）设置专职安全员：负责安全管理工作，并对移设及二次就位人员进行安全培训，明确当晚施工的内容及范围，并由现场技术负责人及运营配合人员确认后方可实施。

（2）施工前对施工人员进行安全教育，确保每名施工人员明确各自的职责和分工；现场人员必须严格执行运营公司相关规定，服从管理人员的指挥，严禁打闹、违章作业、在现场吸烟。

（3）现场配合人员要加强施工中的安全监督、检查，发现问题及时处理；加强信息反馈，出现问题要及时向运营公司生产调度室和相关部门汇报。

（4）提前做好各项准备工作：包括熟悉现场，图纸、材料、工具、仪表、通信设备、备品备件准备到位；施工中，必须着劳保服装。

（5）施工中，发现安全隐患时应立即停止作业，待请示后方可继续作业。

（6）施工结束后，对设备进行检查，确认设备工作正常后方可离去。

4.保障及应急预案

(1)拆旧保障及应急预案。

1)成立拆旧指挥组：负责整个拆旧过程中的组织协调。

2)技术保障组：负责拆旧的内容、技术交底及拆旧中监控设备的运行状况，并组织处理施工过程中突发的设备问题。

3)安全保障组：负责对所有的拆旧施工人员进行安全教育与学习，确保拆旧过程中运营安全。

(2)二次移设保障及应急预案。

1)成立设备二次就位指挥组：负责整个设备移设及二次就位过程中的组织协调。

2)技术保障组：负责设备移设及二次就位的内容、技术交底和施工过程中监控设备的运行状况，并组织处理施工过程中突发的设备问题。

3)安全保障组：负责对所有的设备移设及二次就位施工人员进行安全教育与学习，确保拆旧过程中运营安全。

4)设备移设及二次就位室内设备时必须带全相应的缆线及工具，以保证施工过程中损伤正在用的缆线时能够及时恢复处理。

4.3.7.11 既有设备拆除施工保障方案

1.进度保证方案

为了确保既有信号旧设备拆除施工的进度，须制订详细的作业计划，并确保在有限的时间内完成室内设备、轨旁设备、光电缆、站台设备及管线桥架的拆除清理。

做好详细的既有设备拆除工程施工调查，熟悉正线全线既有运营区域的施工环境和旧设备安装位置，细化拆除作业工序，责任到人，保证每个人都按既定计划作业，保证进度。

加强作业人员的安全技术培训，掌握详细的施工内容、注意事项，避免影响新信号设备正常运行。

在有必要的情况下，增加作业人员，扩大作业面，保证拆除工程整体进度。

2.安全保证方案

既有线施工安全隐患多，影响既有线正常运营业务的因素也多，必须服从地铁运营配合部门的协调安排，做好防护措施。

所有员工必须遵守业主所订立的安全作业程序，并按业主要求进行训练并考试合格，考试不合格的员工不能上岗，只有经业主认可的合格人员，才可进行工作。

现场必须由考取地铁公司施工负责人证的人员带领进行施工。

施工人员应与运营配合人员保持联系，必须在确认给点停电后方可进入施工现场。进入轨行区必须穿三防鞋及荧光衣。

加强对既有设备的保护，不得擅自在既有设备上进行操作，杜绝踩踏、挪动等一切对既有设备有影响的行为。

所有施工人员严格服从现场负责指挥人员的统一安排，不得盲目施工。为保证设备和人身安全，作业人员认真执行"三不动、三不离"的安全制度，穿绝缘鞋，佩戴安全帽，杜绝违章蛮干行为，严禁无计划或超范围施工。

在施工时间内，设置专职的安全检查员对每个区域内的每项拆除工程进行检查，发现问题及时处理。

施工结束前安全检查员要与施工负责人、工程监理人员、运营配合人员共同确认设备安全和人员安全，并完成对既有旧设备、材料拆除后的搬运和清理工作，方可出清施工现场。现场负责人及时对施工人员、工机具、材料进行清点；待清点完毕，确保无任何遗漏物件，到车站控制室进行销点。

3. 协调保障方案

设专人负责既有线的设备拆除协调工作，加强与业主、监理单位、运营单位的沟通。

服从业主及监理工程师的统一协调指挥和有关指令，满足相关专业的有关要求。

部分光电缆引入拆除牵涉到穿越其他专业设备房的，必须听从运营配合人员协调，绝对不能盲目地抽拉，以免对既有系统造成影响。

4.3.7.12　既有设备拆除施工应急措施

为了应对既有线设备拆除施工时可能出现的紧急情况，确保既有线运营的绝对安全，成立以项目经理为组长的应急救援领导小组，针对工程出现的各种险情制订应急预案，配备必要的应急救援器材、设备。

若发生安全事故，立即向项目部应急领导小组报告，项目部领导小组根据报告故障情况，判断采用何种应急预案，命令相应抢险小组立即出动进行抢险，同时按规定逐级上报。

1. 人身伤害

施工过程中，对施工人员进行自救知识培训，若发生安全事故，立即向项目部应急领导小组报告，项目部领导小组根据报告故障情况，判断采用何种应急预案，命令相应抢险小组立即出动进行抢险，同时按规定逐级上报。如发生人身伤害事故，现场应及时做好急救、自救，现场急救由当晚施工负责人负责组织应急车辆对伤员进行运送和转移。

2. 电缆断裂

既有线光电缆拆除、管槽拆除过程中需特别注意既有线缆的防护，提前准备好应急救援电缆，放置于最有利位置。组织足够的人力、物力，做好应急措施。发生电缆断裂时，立即用应急电缆进行紧急救援，采用电缆接续盒方式进行接续。

3. 设备故障、施工延点

营运线施工过程中突发设备故障、施工延点时，现场负责人立即召集或通知应急小组全体成员，制订抢修方案、明确职责，并向建设单位和相关单位及时通报事故及抢修情况。同时立刻召集全部抢修人员，携带抢修用设备、仪表、工具和材料尽快赶到事故地点，调查事故影响范围，确认停用设备，按调度命令登记并组织抢修施工。停用抢修的设备试验良好后，按调度命令恢复使用、销记。抢修工作必须在运营单位的指导和监督下进行，停用抢修的设备试验由运营单位确认良好后，才能交付使用。

第5章

国内某改造项目实践

5.1 顶层设计

　　智能技术的快速发展为轨道交通行业的建设、运营、改造提供了全新的发展思路和技术创新。目前，在建设、运营方面的智能化研究已经较为深入，且逐步开始实施、落地。但针对改造的智能化应用智能列车、智能调度、智能运维、智能管理、智能服务的研究较少，尚有待进一步探究。之前部分国内成功改造项目提供了宝贵的改造经验，但其改造模式对运营维护、乘客乘车有一定程度的影响。相对于新建线路，改造线路面临更大的难度和更高的成本。

　　无感改造是一种不降低运营维护水平，并且对乘客乘车无影响的改造方法。目前我国城轨交通已发展至第五代，若跨代际之间的车路存在耦合，就无法协调时间、空间的冲突，故实现跨代际的无感改造的核心问题是要把车和路完全解耦合，就需要有一套能够实现横向标准化和纵向兼容化的核心装备。

　　国内已实现互联互通的工程示范应用，攻克了互联互通的世界性难题，带领国内多家企业开发满足互联互通标准的系统，形成中国标准的 CBTC 互联互通的产业链。中国 CBTC 横向标准化已成为现实。在中国城市轨道交通协会牵头带领下，形成了横向标准化的 CBTC 互联互通系列规范，适用于基于通信的列车运行控制系统(CBTC)的新建、更新改造及扩建的城市轨道交通线路建设，指导信号系统的系统设计、产品设计、设备招标、工程建设。

　　结合我国城市轨道交通运营需求和运输特点，考虑未来发展，中国城市轨道交通列车运行控制系统标准 CMTCS 正在修订过程中。

国内已实现横向标准化的工程化及纵向兼容的自主化探索，为实现整体横纵无感改造打下了坚实的基础。依据"政产学研用"思路，推行符合中国国情的无感改造标准及技术框架，从理论上做好建设体系的准备。

无感技术体系包含系统化设计、核心装备设计、全生命周期安全保障、人员培训等基础条件。构建基于优化投资结构的局部改造技术和系统化设计，降低改造影响，缩短改造周期。根据改造项目的特点及最终需求，制订"量体裁衣"的改造方案。

5.2 改造方案

既有信号系统的总体构成如图 5-1 所示，由车载 ATP/ATO、BP（闭塞处理

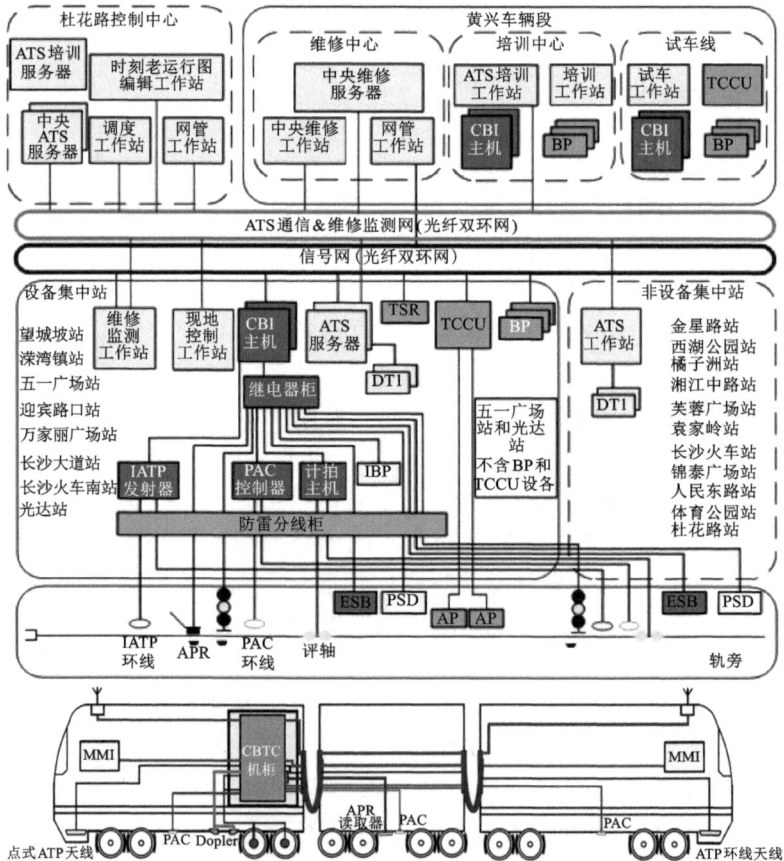

图 5-1 既有系统构成示意图

器)、联锁、ATS、PAC(站台 ATO 控制器)等设备,以及连接这些设备相应的网络、信息传输通道,构成了一个完整的 CBTC 信号系统。

系统改造范围:

(1)正线 10 个设备集中站,13 个非设备集中站及轨旁所有信号设备;

(2)控制中心设备室及调度工作站所有信号设备;

(3)32 列既有列车车载信号设备;

(4)试车线信号设备;

(5)车辆段增设 LTE 及 ATS 设备。

5.2.1 利旧及新增设备

5.2.1.1 利旧原则

(1)最大化利旧既有设备,如表 5-1 所示。

表 5-1　利旧设备表

序号	设备种类	措施	备注
1	道岔缺口监测、IBP 按钮(紧停、计轴复位)、ATS 对外接口(PIS、时钟等)	利旧	室内
2	信号机及电缆、转辙机及电缆、通信泄漏电缆	利旧	轨旁
3	站台门及防淹门控制电缆、紧停按钮及电缆、自动折返及电缆	利旧	站厅层
4	试车线、培训中心、维修中心、非设备集中站电源设备(扩容改造)	利旧	室内

(2)利旧设备在过渡阶段,可在运营时间和调试时间倒切使用或独立使用,以不影响运营为原则。

5.2.1.2 设备利旧方案

1.道岔缺口监测

道岔缺口监测系统与其他子系统不存在接口,在设备安装及调试过程中可使用,适时将线缆移至新系统防雷分线柜即可。

2.扩容改造

试车线、培训中心、维修中心、非设备集中站电源进行扩容改造。

3. IBP 按钮

(1)紧急停车按钮(含站台),紧急停车按钮及站厅层紧急停车按钮均通过分线柜电缆连接至室内继电器,本次改造将保持接口电路一致。新旧系统分线柜接口线缆数量及定义一致,新旧系统直接通过倒切柜完成倒切,后期拆除倒切机柜。

(2)计轴复位按钮,旧系统中 IBP 上存在计轴复位及计轴复位限制按钮,新计轴系统将设置临时的复位盘,临时的复位盘通过新的分线柜与计轴系统进行连接,保证安装调试并在系统倒切完成后移至 IBP 盘。

非设备集中站 IBP 盘上仅有 ESB 按钮,旧系统中该按钮通过非设备集中站分线柜转接至设备集中站分线柜,再与继电器进行连接。本次改造将在旧的分线柜中将 ESB 外部进入线缆与旧系统断开,通过分线端子(临时放置于旧分线柜中,后期建议保留旧分线柜)直接连接至设备集中站倒切柜,同时由倒切柜分为2路,1路连接至设备集中站新分线柜,2路连接至旧系统设备集中站分线柜(原 ESB 外部线缆进入端子)。本次改造将保持接口电路一致,新旧系统分线柜接口线缆数量及定义一致,新旧系统直接通过倒切柜完成倒切,后期拆除倒切柜。

4. 站台门

设备集中站站台门接口部分通过旧分线柜进入系统,旧系统接口电路信号侧与新系统接口电路存在较大差异,建议保持站台门侧对接口电路及控制逻辑的要求,由新系统对控制逻辑进行适应,改造过程对站台门系统不构成影响。站台门接口线缆在旧分线柜处断开,接入倒切柜再由倒切柜分为2路,1路至旧系统分线柜,2路至新系统分线柜,新旧系统直接通过倒切柜完成倒切,后期拆除倒切柜。

非设备集中站站台门通过旧分线柜进入旧系统,其中门状态、开门命令、关门命令须进入非设备集中站 PAC 机柜,门状态、互锁解除命令须通过非设备集中站分线柜转接给集中站分线柜供联锁系统采集。因此开门命令、关门命令外部进入线缆需要在旧分线柜中断开,连接至非设备集中站倒切单元(需要新的电缆芯数),由倒切单元分为2路,1路连接新系统防雷柜,2路接通旧系统分线柜(非设备集中站)。门状态、互锁解除外部电缆可直接在设备集中站旧分线柜处断开后,进入倒切柜进行倒切。

5. ATS 对外接口

ATS 对外接口为数据接口,且位置均在控制中心对外接口交换机处,新系统对外接口同样设置在接口交换机处,新系统 ATS 软件适应外部系统,系统切换通过线缆插拔的方式完成。其中 ATS 与大屏接口方案中,ATS 软件设置在大屏专业的接口机中，本次改造重新设置临时的大屏接口机并安装软件，过渡期间倒切通过插拔大屏侧线缆实现，后续再将软件移设至大屏专业的既有接口机中。

6. 信号机、转辙机

信号机及转辙机为通用的接口，且其与室内通过硬线接口连接，均在设备集中站通过倒切柜倒切。

7. 联络线接口

联络线接口为继电器接口，室内外通过硬线连接，在设备集中站通过倒切柜倒切。

8. 光缆及线缆

光缆及线缆根据现场勘测情况确定是否利旧。

5.2.1.3　新增设备方案

本项目在轨旁新增信号机，计轴、应答器、RRU 及泄漏电缆。

考虑到当地的轨旁布置原则，增加部分折返信号机；同时考虑到反向运行的需求，在 ZC 边界处增加反向信号机，为了避免新增信号机在改造期间影响司机驾车，新增信号机在既有系统运行期间加设黑色防护罩。

改造项目在室内集中站设置 ZC\DMS、ATS、DCS、LEU、智能维护监测、计轴机柜、组合柜、分线柜、倒切柜、控制及维护工作站、电源设备。非设备集中站设置电源设备、综合柜(含 ATS 及分线柜合设)。新增室外设备均与新系统直接连接，不需要进行倒切。图 5-2 所示为新增设备方案系统配置图。

5.2.2　车载设备改造方案

5.2.2.1　车载改造原则

(1)32 列既有车拆除既有系统、安装新系统方案；

(2)根据新系统需求对既有线电气接口进行梳理，尽可能利用既有接口、线缆和车辆继电器。

图 5-3 所示为旧系统车载设备示意图，图 5-4 所示为新系统车载设备示意图。

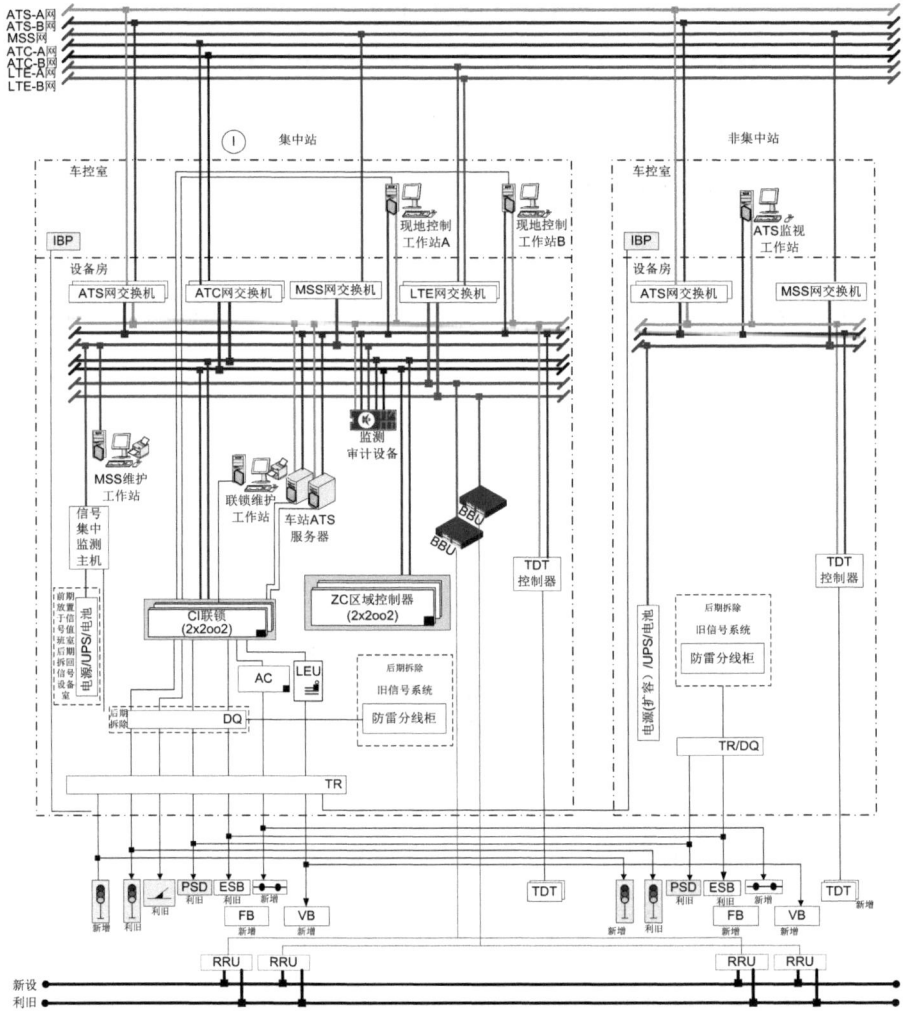

图 5-2 新增设备方案系统配置图

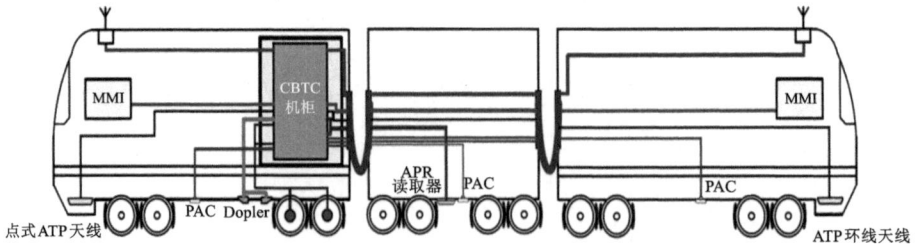

图 5-3 旧系统车载设备示意图

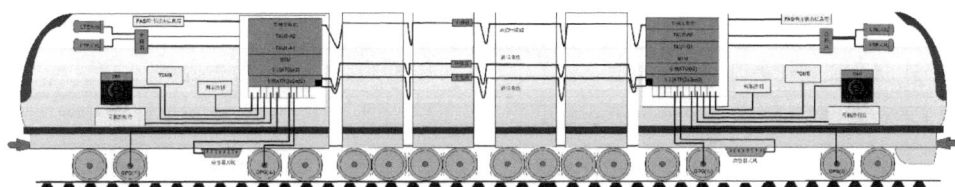

图 5-4　新系统车载设备示意图

5.2.2.2　电气接口

电气接口统计如表 5-2 所示。

表 5-2　电气接口统计表

序号	新系统电气接口	信号类型	既有电气接口	改造说明
1	紧急制动命令	ATP 安全输出	紧急制动命令 LE1、LE2	节点已有，需新增布线
2	牵引切除命令	ATP 安全输出	牵引切除请求	节点已有，需新增布线
3	左门使能命令	ATP 安全输出	左侧门使能	节点已有，需新增布线
4	右门使能命令	ATP 安全输出	右侧门使能	节点已有，需新增布线
5	ATO 已激活状态	ATO 非安全输出	ATO 驾驶模式指示	新增继电器和布线
6	ATO 牵引命令	ATO 非安全输出	ATO 牵引请求信号	节点已有，需新增布线
7	ATO 制动命令	ATO 非安全输出	ATO 制动请求信号	节点已有，需新增布线
8	ATO 保持制动命令	ATO 非安全输出	独有接口	取消
9	ATO 开左门命令	ATO 非安全输出	ATC 输出开左侧车门（TC1 端）命令	节点已有，需新增布线
10	ATO 关左门命令	ATO 非安全输出	ATC 输出关左侧车门（TC1 端）命令	节点已有，需新增布线
11	ATO 开右门命令	ATO 非安全输出	ATC 输出开右侧车门（TC1 端）命令	节点已有，需新增布线
12	ATO 关右门命令	ATO 非安全输出	ATC 输出关右侧车门（TC1 端）命令	节点已有，需新增布线
13	ATO 启动指示灯	ATO 非安全输出		替换按钮和新增布线

续表5-2

序号	新系统电气接口	信号类型	既有电气接口	改造说明
14	ATB 指示灯	ATP 非安全输出		新增指示灯和布线
15	无人折返模式	ATP 非安全输出		新增继电器和布线
16	驾驶室激活	ATP 安全输入	TC 端司机钥匙激活信号	利旧 1 路常开信号，增加 1 路常闭信号
17	列车完整性	ATP 安全输入		新增继电器和布线
18	车门关闭且锁闭	ATP 安全输入	车门关闭	节点已有，需新增布线
19	牵引已切除	ATP 安全输入		节点已有，需新增布线
20	车辆已实施紧急制动	ATP 安全输入	紧急制动状态	节点已有，需新增布线
21	保持制动已施加	ATP 安全输入		节点已有，需新增布线
22	牵引制动手柄在零位且方向手柄向前	ATP 安全输入		节点已有，需新增布线
23	方向手柄向前	ATP 安全输入	TC1 端方向手柄向前信号 TC2 端方向手柄向前信号	节点已有，需新增布线
24	方向手柄向后	ATP 安全输入	TC1 端方向手柄向后信号 TC2 端方向手柄向后信号	节点已有，需新增布线
25	确认按钮	ATP 安全输入		替换按钮和新增布线
26	ATO 启动按钮状态	ATP 非安全输入	TC1 端 2 个 ATO 启动按钮串联 TC2 端 2 个 ATO 启动按钮串联	替换按钮和新增布线
27	模式选择升级	ATP 非安全输入		替换按钮和新增布线
28	模式选择降级	ATP 非安全输入		替换按钮和新增布线
29	ATB 折返按钮状态	ATP 非安全输入		替换按钮和新增布线

续表5-2

序号	新系统电气接口	信号类型	既有电气接口	改造说明
30	ATC 隔离开关状态	ATP 非安全输入	TC1 端旁路开关常开触点采集信号 TC1 端旁路开关常闭触点采集信号 TC2 端旁路开关常开触点采集信号 TC2 端旁路开关常闭触点采集信号	节点已有，需新增布线
31	左门开命令	ATP 非安全输入	司机按压左侧车门门开启信号	节点已有，需新增布线
32	左门关命令	ATP 非安全输入	司机按压左侧车门门关闭信号	节点已有，需新增布线
33	右门开命令	ATP 非安全输入	司机按压右侧车门门开启信号	节点已有，需新增布线
34	右门关命令	ATP 非安全输入	司机按压右侧车门门关闭信号	节点已有，需新增布线
35	门模式开关 A-A	ATO 输入	TC1 端车门控制选择信号 1 TC1 端车门控制选择信号 2 TC2 端车门控制选择信号 1 TC2 端车门控制选择信号 2	替换按钮和新增布线
36	门模式开关 A-M	ATO 输入		
37	门模式开关 M-M	ATO 输入		
38	ATO 输出的模拟信号	ATO 模拟输出	ATO 牵引/制动命令	需要车辆接口模块和布线

5.2.2.3　机械接口

1.电气柜安装

在两端TC车Ⅱ位端增加设备电气屏柜，用于新系统车载机柜、交换机、TAU等设备的集中放置。图5-5所示为电气柜安装位置示意图。

新增设备电气柜

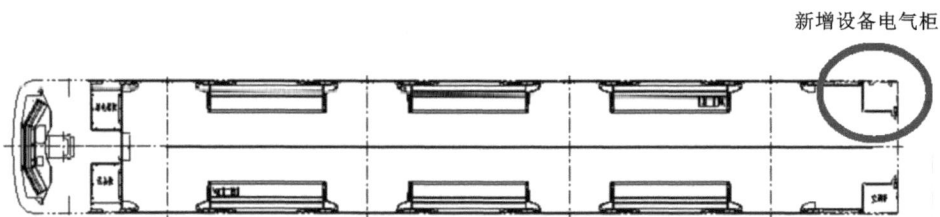

图5-5　电气柜安装位置示意图

2.开关按钮

需对既有驾驶台既有信号开关按钮进行更换；驾驶台DMI安装中车自主12.1寸(1寸≈3.33 cm)DMI显示器；司机室电器柜保留ATC供电总开关和ATC隔离开关；为了检修方便，需要增加DMI供电、TAU供电等开关。图5-6所示为车载按钮示意图。

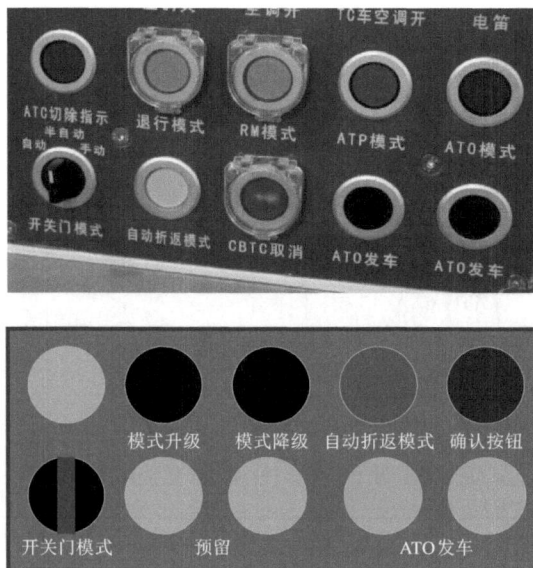

图5-6　车载按钮示意图

3. LTE 天线

在两端 TC 车车顶拆除既有信号无线天线，在既有 PIS 天线位置替换安装 LTE 天线。图 5-7 所示为车载天线安装示意图。

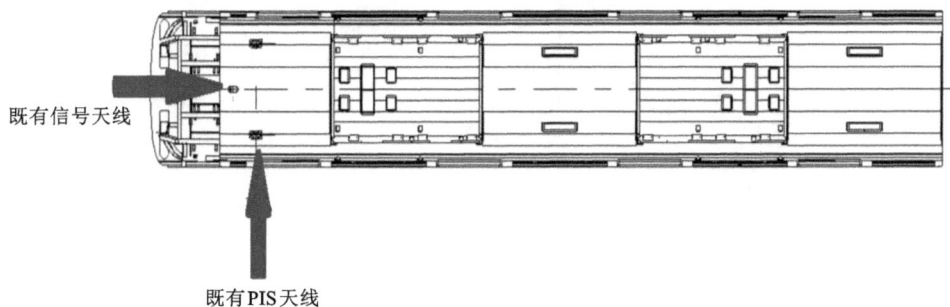

既有信号天线

既有 PIS 天线

图 5-7　车载天线安装示意图

4. 速度传感器

拆除 TC 车第二轮对既有信号速度传感器，同时对轴端盖进行修改，安装新信号速度传感器；借用第一轮对空闲的轴端，修改轴端盖后安装新信号系统速度传感器。图 5-8 所示为速度传感器安装位置。

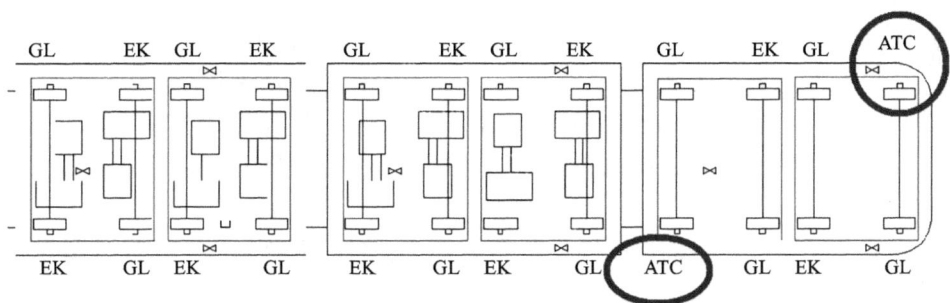

图 5-8　速度传感器安装位置

5. BTM 天线

在转向架构架横梁上安装 BTM 天线支架，用于 BTM 天线的固定；拆除转向架第一轮对前端的 ATP/ATO 接收天线，同时拆除前端横梁。图 5-9 所示为 BTM 天线安装示意图。

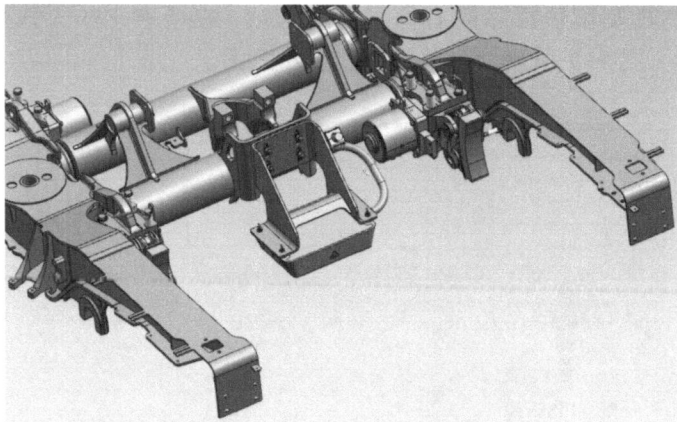

图 5-9　BTM 天线安装示意图

5.2.2.4　倒切柜及倒切单元设计说明

1. 倒切系统设置原则

倒切柜及倒切单元既要满足既有系统联锁运营时段正常使用的要求，也要满足新设联锁系统测试及整体倒切后新系统运营的要求，同时便于后期拆除。两套联锁设备进行倒切时通过倒切柜及倒切单元可确保满足以下需求：

（1）既有联锁设备和新设联锁设备所有输入/输出信号都独立进行采集和控制，之间不存在任何的连接关系，包括继电器组合柜均独立设置；

（2）两套联锁所有共用设备的输入/输出信号通过倒切柜及倒切单元进行切换；

（3）为了更进一步确保联锁设备完全切换，倒切柜及倒切单元设计新设联锁供电开关，采用双方式切断或接通联锁设备的供电，确保所有开关位置正确后，新设联锁系统才能正常上电工作；

（4）改造升级系统采用基于无线通信的 CBTC 系统，原有车站和轨旁设备与新设备相互影响较小，计轴器、DCS 设备、应答器和站台设备等与旧设备间没有影响，都可以独立地进行施工及单体调试，新安装的信号机需要安设无效标及防护罩。

室内改造设备包括计轴器、部分新增信号机、新联锁系统、新组合柜、新分线柜，除了道岔、既有信号机、ESB 按钮等既有设备，可以在前期综合考虑安装空间及位置后安装至既有设备房以及轨旁对应位置，本次设计的倒切主要为道岔，信号机、ESB、PSD 等设备。

　　根据利旧原则，倒切柜将对联锁相关的所有利旧设备进行倒切，系统倒切原理如图 5-10 所示。

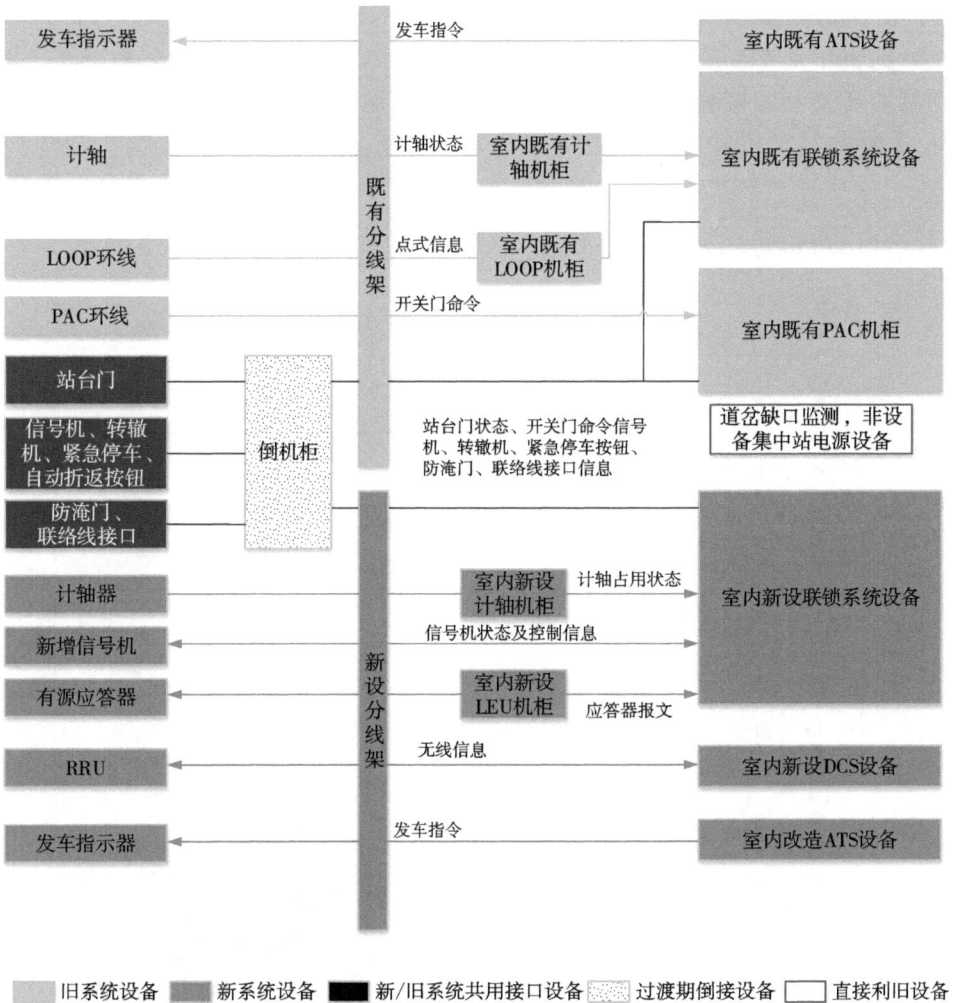

图 5-10　系统倒切原理图

2. 倒切柜设计

机柜柜体尺寸可订制,机柜前门为玻璃门,便于查看切换状态。后门采用双开门方式,前、后门安装有锁具,用于对倒切进行控制。倒切柜具体样式如图 5-11 所示。

3. 倒切开关

倒切开关选国际知名品牌的开关,开关触头可扩展,以利于节约空间。扭动倒切开关上的旋钮进行倒切,旋钮由 1 根通轴进行转换。倒切开关如图 5-12 所示。

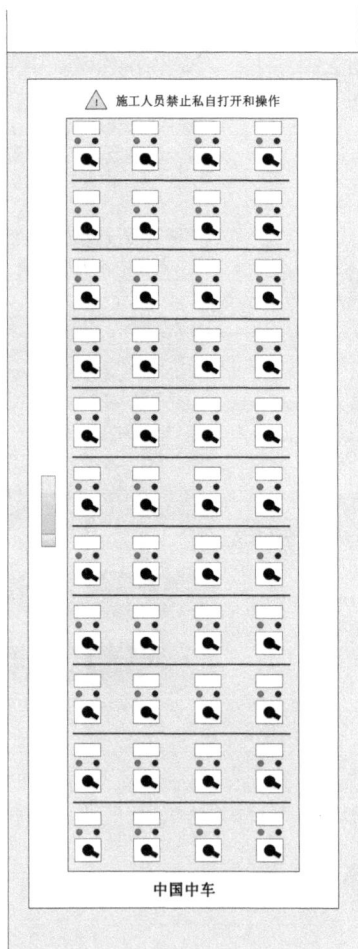

图 5-11　倒切柜

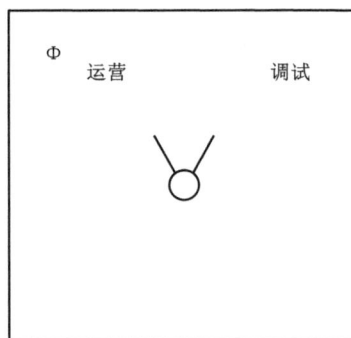

图片仅供参考

图 5-12　倒切开关

倒切开关电气数据说明如下：

开关额定容量：AC 690 V/20 A DC 110 V/1 A；

额定瞬时耐受电流：280 A；

最小电流/电压：20 V/5 mA；

最大连接导线截面积：2 mm×2.5 mm（双股软线）；

开关前端防护等级：IP40；

存储温度：-40~85℃；

工作温度：-25~55℃；

机械寿命：500 万次。

4. 倒切柜原理

（1）整体倒切原理。

图 5-13 所示为系统倒切原理图。

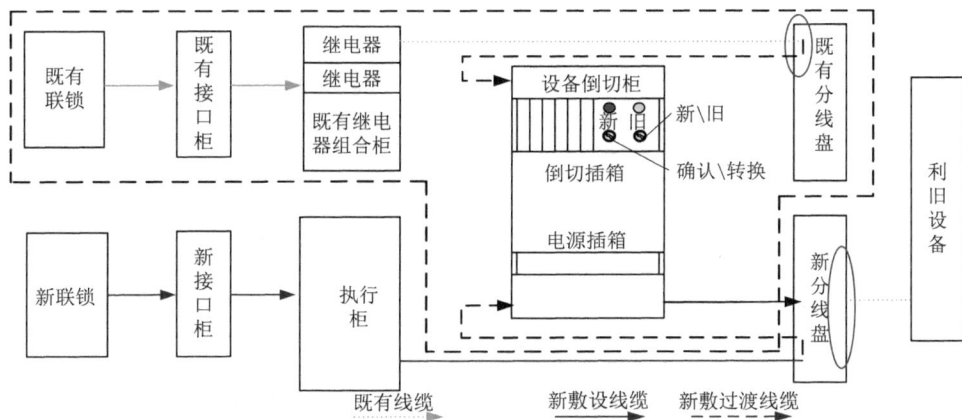

图 5-13　系统倒切原理图

（2）倒切指示灯。

图 5-14 所示为倒切指示灯。

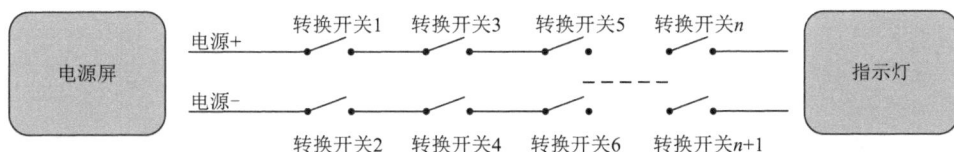

图 5-14　倒切指示灯

181

（3）输入输出。

图 5-15 所示为倒切单元信号输入输出示意图。

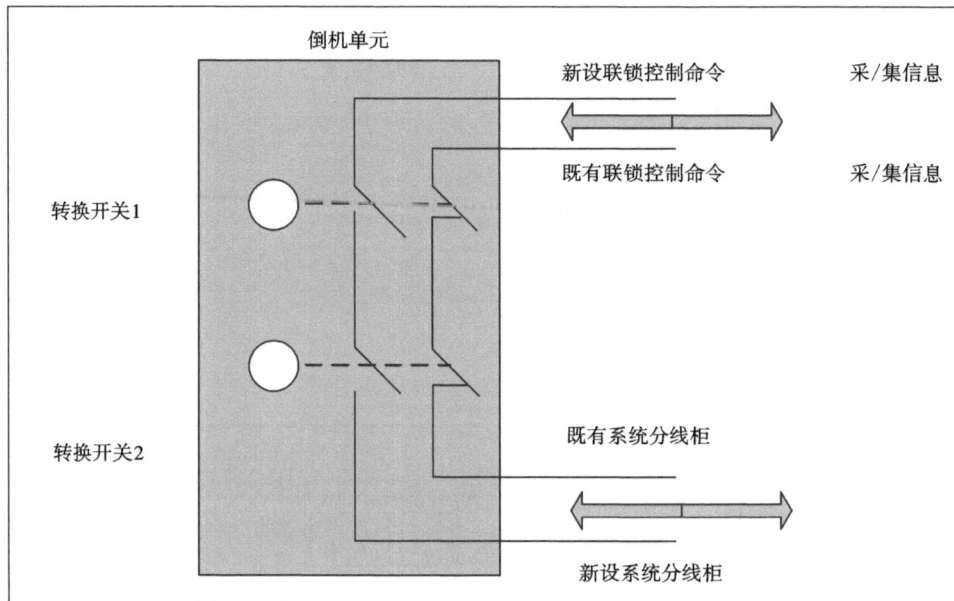

图 5-15　倒切单元信号输入输出示意图

5. 倒切操作流程

倒切的现场操作主要包含如下过程：

（1）非运营时间调试时，通过倒切开关，把站台门、道岔、紧急停车按钮切换至由新 CBTC 信号系统控制；

（2）调试完成后，通过倒切开关，把站台门、道岔、紧急停车按钮切换至既有信号控制系统中。上述过程需要业主工程师和调试工程师配合完成。

图 5-16 所示为倒切流程，图 5-17 所示为倒切确认流程。

在调试完成、恢复既有系统后，需要业主、集成商、监理单位通过联锁实验的方式，共同确认本设备集中站内所有道岔均恢复到位，以免影响第二天运营。

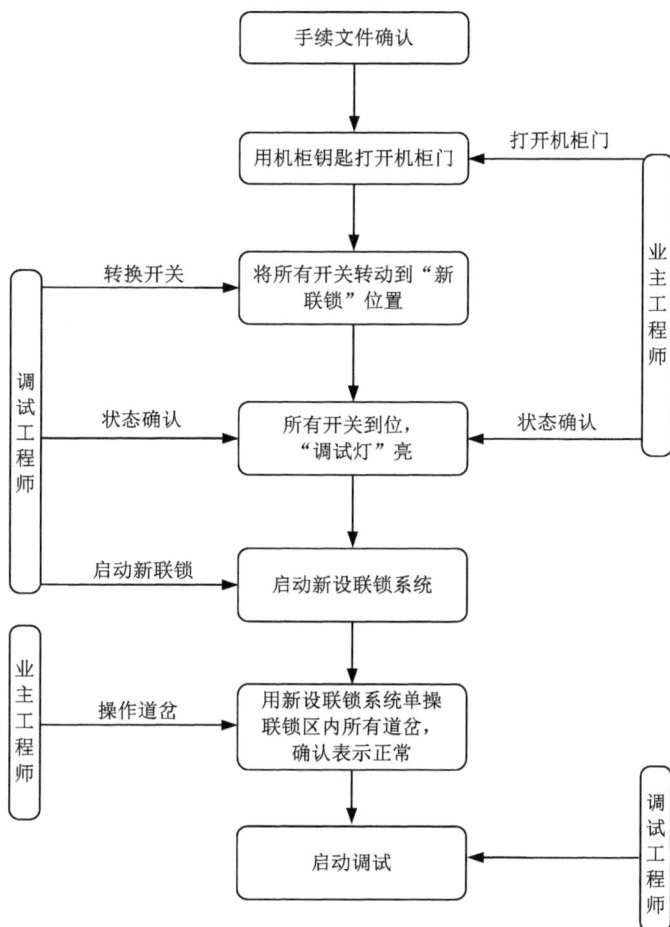

图 5-16　倒切流程

5.2.2.5　其他倒切方式

（1）控制中心和外部系统接口，通过人工切换形式进行切换。图 5-18 所示为控制中心和外部接口切换示意图。

（2）PIS 改造需要同步进行，与信号系统具备倒切条件时同步调试，试运营同步倒切。图 5-19 所示为 PIS 切换示意图。

（3）试车线的利旧设备采用与正线一致的倒切方案，通过倒切机柜倒切。培训中心不进行倒切。

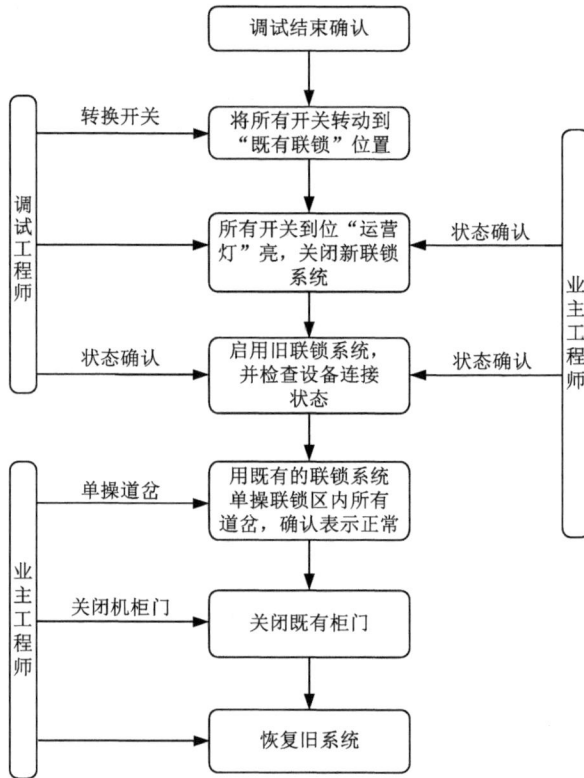

图 5-17 倒切确认流程

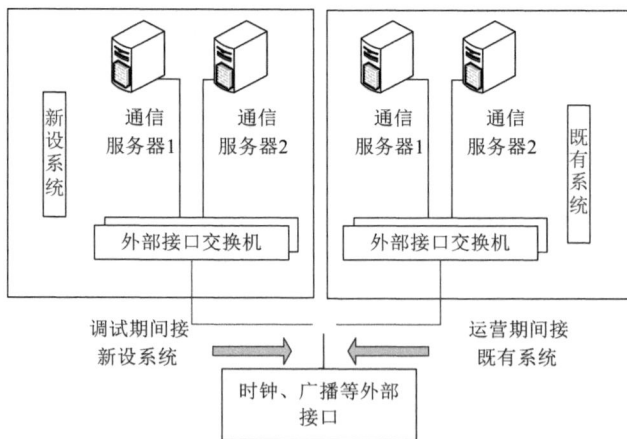

图 5-18 控制中心和外部接口切换示意图

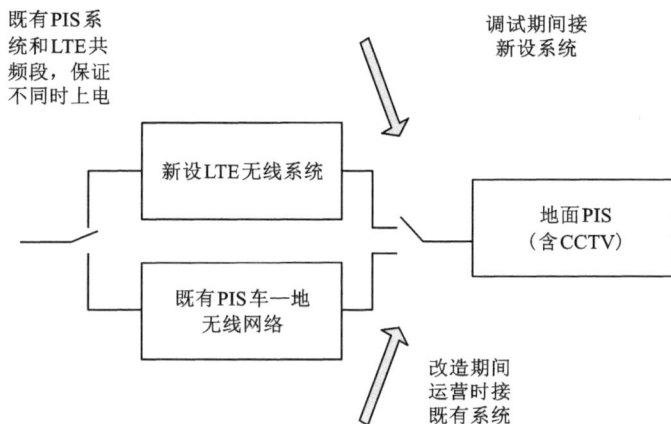

图 5-19　PIS 切换示意图

5.3　改造实施

5.3.1　改造阶段

5.3.1.1　第一阶段：地面设备改造及单体调试

1. 阶段完成目标

此阶段主要是在既有系统之外，利用新设备房或现有设备房空间，安装 tSafer-UC1000 型 CBTC 相关设备，包括区域控制器、联锁设备、ATS 设备、网络设备、轨旁应答器、计轴及信号机、无线通信设备等，地面设备具备动车调试条件。

2. 地面设备改造总体流程

地面设备改造分为地面安装阶段、单体调试阶段、CBTC 系统调试阶段。图 5-20 所示为地面设备改造流程图。

3. 设备安装方案

(1)室内安装。

设备室使用原则为：采用"穿插安装"原则对新系统设备在既有设备房中进行设备布置；设备房利旧为主。部分集中站需征用其他房间作为永久或临时过

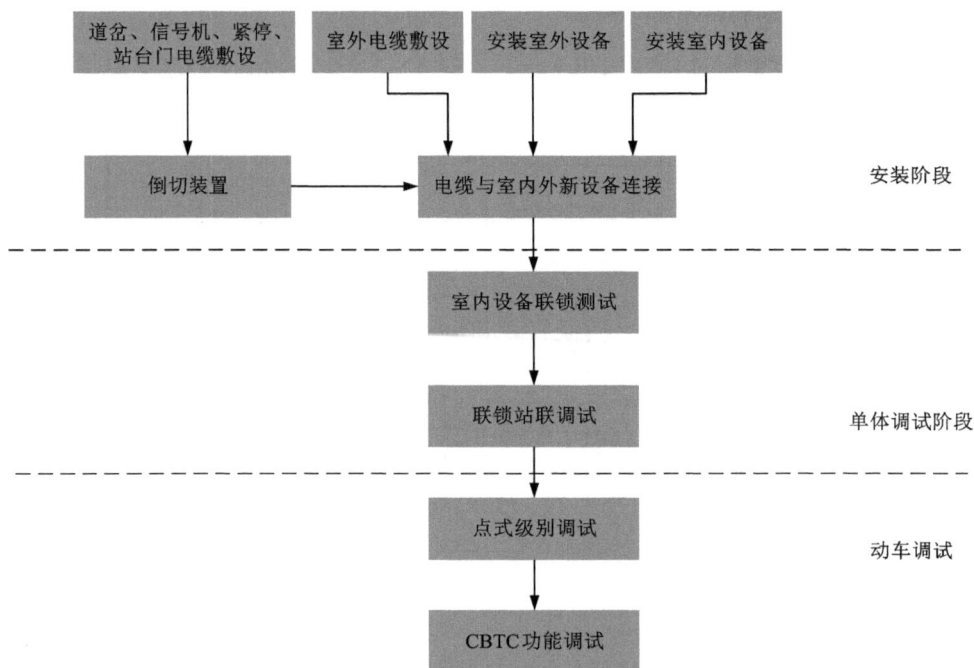

图 5-20　地面设备改造流程图

渡房间使用。控制中心无须征用其他房间。非设备集中站无须征用其他房间（非设备集中站 CDC 机柜建议保留）。

设备房利用情况建议如下（具体内容在设计联络阶段确认）。

8 个集中站（望城坡站、潇湾镇站、文化艺术中心站、五一广场站、迎宾路口站、长沙大道站、火车南站、光达站等）需将既有 UPS、电池暂时移至信号值班室进行过渡。方可满足设备基本部署和调试/维护空间需求。

万家丽站方案说明：建议万家丽站将既有 UPS、电池移至信号设备室对应位置过渡。因此建议征用梅溪湖西站会议室为信号电源设备室，放置全部的新电源位置设备，后期保持不变。后续将既有电源系统拆除。

梅溪湖西站方案说明：建议梅溪湖西站将既有 UPS、电池移至信号设备室对应位置过渡。因此建议征用万家丽站会议室为信号电源设备室，放置全部的新电源位置设备，后期保持不变。后续将既有电源系统拆除。

控制中心及非设备集中站、试车线空间较为充裕，因此不需要征用其他设备房，需要对电源屏进行扩容改造。

室内组合之间建议采用上走线方式，由于室内施工在既有设备房间内进行新设备的安装及配线工作，因此对既有设备的保护极为重要，在施工时设置隔离带，设立施工禁区。设置专人防护，盯控作业人员的施工区域，严禁作业人员进入禁入区。

由于既有电缆路径已被封堵，改造时需要重新设计电缆路径，开凿墙洞，安装线槽，在此过程中必须对既有设备设施进行保护。

（2）室外安装

需安装的室外设备包含：应答器、计轴、泄漏电缆及 RRU、新增信号机、光电缆等。新系统使用欧标应答器，原系统使用美标信标，两者工作频率不同。在布置轨旁设备时应避开既有信标、点式 ATP 环线及 ATO 环线，建议与其间隔 1 m 以上。

计轴采用夹具安装方式，避免钢轨打孔。

转辙机利旧，因此通过倒切设备连接后，进行详细彻底的试验，保证线路的运营。

新增加的信号机，为避免司机误看，布设提醒标识，并做封灯或者整体安装防护罩处理。

敷设电缆时，应对既有电缆托架内的电缆进行保护，新电缆的敷设速度不宜过快，避免对既有电缆造成影响，在电缆井及电缆较多位置处，安排专人进行既有设备的保护，避免造成既有的设备设施及配线损坏；需要动火时，应对既有线缆采取防火隔热措施，作业人员注意不要踩踏既有线缆及设备。

泄漏电缆及 RRU 安装时，需要在隧道壁上打孔，须准确确定打孔位置，避免误打孔造成电缆托架的损伤。注意工机具不能直接放置在既有电缆上，避免损坏环网电缆绝缘，影响使用。

在敷设传输光缆时，注意对既有电缆托架上的线缆进行保护，严禁踩踏。

4.调试方案

信号系统通过型式试验、工厂验收确认了产品硬件的功能和性能，通过室内的子系统测试、室内工程集成测试和室内工程确认验证认了在室内测试环境下产品软件功能逻辑和接口逻辑的正确性，本阶段的调试主要是验证安装的准确性及单体子系统功能。

本阶段完成的调试内容如下：

（1）单项设备的调试与试验；

（2）子系统测试及试验；

（3）试车线功能测试；

（4）培训设备功能测试；

（5）信号系统室内外一致性调试。

本阶段的调试不需要动车，因此不受制于交车进度，且可同时进行多个作业面的调试。本阶段的调试完成后，地面设备具备动车条件。

本阶段设备调试顺序如下：

（1）第一步：对所有室外设备先行单独调试，完成各单体设备的静态调试。

（2）第二步：完成室外设备单体设备调试后，进行单站各子系统的室内设备联调。每次作业前，将倒切设备置于调试模式后，方可按照相关调试大纲进行新设备的静态调试和动态调试；夜间调试工作结束后，将倒切设备置于运营模式并进行相关确认工作，确保不影响第二天的正常运营。

（3）第三步：在完成单站各子系统联调后，进行单站信号系统联调。

5.调试组织

调试组织架构如图5-21所示。

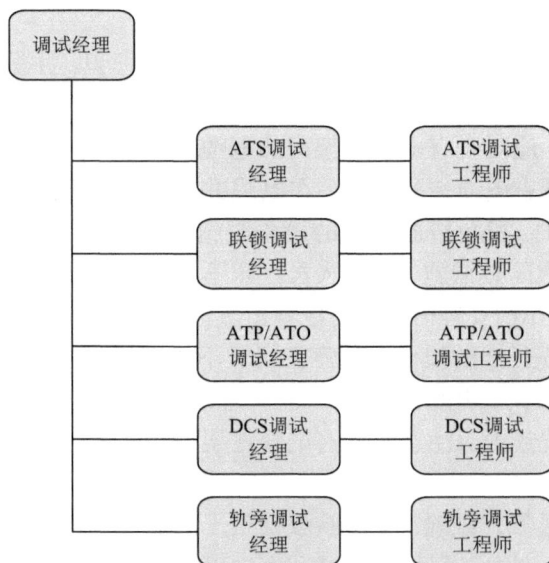

图 5-21　调试组织架构图

6.调试文件清单

在进行每项测试前，调试人员进行充分的文件准备工作，并由调试经理依据各文件对调试工程师进行技术交底，确保调试工程师充分消化各技术文件，充分理解调试活动涉及的方方面面，确保调试工作的顺利进行。调试准备文件包括如下内容：

（1）系统调试大纲；

（2）系统调试计划；

（3）系统调试程序及记录表；

（4）系统设计文件。

调试活动所涉及的规程文件如表 5-3 所示。

表 5-3　调试文件清单

测试活动	测试规程文件	单体测试	一致性测试	系统联调
1. 轨旁设备勘测	轨旁设备勘测大纲	♦		
2. 转辙机测试	转辙机单体调试手册	♦		
3. 应答器测试	应答器单体调试手册	♦		
4. 计轴设备测试	计轴设备单体调试手册	♦		
5. 信号机、车站设备测试	信号机及车站设备单体调试手册	♦		
6. 轨旁 ATP 设备测试	轨旁 ATP 设备单体调试手册	♦		
7. 联锁设备测试	联锁设备单体调试手册	♦		
8. DCS 设备测试	DCS 设备调试大纲	♦		
9. 车载 ATP/ATO 设备静态调试	车载 ATP/ATO 设备静态调试大纲	♦		
10. 车载 ATP/ATO 设备动态调试	车载 ATP/ATO 设备动态调试大纲	♦		
11. ATS 设备测试	ATS 设备单体调试手册	♦		
12. 维修支持测试	维修支持调试手册		♦	
13. 信号与安全门调试	信号与安全门调试指导书		♦	
14. 电源屏/UPS 子系统测试	电源屏/UPS 子系统测试手册		♦	
15. 广播通信与 ATS 调试	广播通信与 ATS 调试指导书		♦	
16. 联锁与轨旁 ATP 一致性调试	联锁与轨旁 ATP 一致性调试指导书		♦	
17. 联锁/ATS 通信调试	联锁与 ATS 通信调试指导书		♦	
18. 维修支持通信调试	维修支持通信调试指导书		♦	
19. 与其他系统调试	外部接口调试指导书		♦	
20. 试车线调试	试车线调试手册		♦	
21. 培训中心调试	培训中心调试手册		♦	

7. 施工及调试组织

根据本阶段的工作量及工程特点，结合工期和运营线实际情况考虑，项目部在正线设置了设备调试组、室内施工组、光电缆敷设、DCS 安装调试组 4 个大组，在中心设置了中心设备安装调试组组、系统联调组，一共 6 个项目实施组。另外项目部还设置了一个运营保障应急组，负责施工期间运营设备出现故障时的紧急抢修。表 5-4 为项目实施组织架构以及各组工作职责表。

表 5-4　项目实施组织架构以及各组工作职责表

序号	组别	主要施工内容
1	室内施工组	负责全线各个车站的室内各种架、柜、盘的安装、连接、固定，各种线缆(含至各系统接口)的敷设、配线、导通、校号，综控室控制台的安装、移设以及安装完成后的相关调试等工作
2	光电缆敷设组	负责全线室外光电缆的测试、运输、现场敷缆或架设、绑扎，电缆过轨、机房引入、备用量盘留，电缆接续、测试、防护，光缆熔接、测试、防护等工作
3	设备调试组	负责全线各集中站及站内轨旁和室内信号设备的安装调试工作以及子系统之间的接口测试和一致性测试工作，包括 ATP 子系统、DCS 子系统、联锁子系统、计轴系统、电源系统、车站 ATS、TDT 设备及倒切设备等；其中 ATP、DCS 子系统为新增系统、联锁、ATS 子系统替换既有系统，调试期间需要进行倒切，因此还需安装相应的倒切设备
4	DCS 安装调试组	负责全线 DCS 系统的安装调试
5	中心设备安装调试组	负责中心 ATS 设备的安装调试工作
6	系统联调组	负责全线及车辆段的信号系统正线工程确认测试、信号系统与其他系统的接口联调等工作
7	运营保障应急组	负责处理因施工给运营造成的故障，确保运营正常安全

8. 本阶段重点和难点

(1) DCS 通信系统泄漏电缆安装。

本次改造采用泄漏电缆作为本工程信号改造 CBTC 系统中的无线信息传输介质，实现车-地双向数据传输，由于既有线路的安装空间已经被先前实施的泄漏电缆位置占用，泄漏电缆及无线设备的安装既须考虑线路不同的安装条件，又不能对既有设备产生影响，还必须保证车底通信的信号质量，是本项工作的重点。施工方多次对现场情况进行调研后，计划采用轨旁新设一根泄漏电缆，另一根共用通信泄漏电缆的实施方案。

（2）光电缆敷设。

既有线路中线缆较多，特别是站台区的管墙和区间人防门处，很多线缆管孔都被占用，空余管孔较少。此次改造新线缆将会穿放在既有线缆管孔中，如不采取有效的措施难免损伤既有线缆，对既有设备的正常运行造成影响。保证既有线缆不被损伤是光电缆敷设工作的重点，同时铺设线缆的施工难度大，需要进行特殊的人员技能培训。保证项目顺利实施且保证人身安全、设备安全是本项工作控制的重点。

（3）轨旁设备安装。

为了实现新系统 CBTC 功能，需要在轨旁新增应答器、计轴器等设备。在站台及区间均安装应答器。新计轴器以及应答器应避开既有设备，不具备安装条件的，需对新系统布置进行调整。

（4）室内设备安装。

由于信号设备利旧机房，新设机柜在原机房内，由于空间的限制，有些站还存在系统开通后设备二次就位的问题，施工难度较大。改造期间采用物理隔离方式并以制度保障既有设备安全。

以上主要安装问题的解决方案：在改造前期对全线线路及室内设备空间进行安装条件勘测，出具具体的改造设备安装影响分析报告及改造设备安装设计图。交由业主、设计单位、施工单位、监理各方评审通过后，进行系统的安装，出具安装报告。

5.3.1.2　第二阶段：动车调试阶段

1. 阶段目标

此阶段主要完成单车及多车 CBTC 动车调试，验证全线地面设备 CBTC 功能，具备全线倒切测试条件。

2. 试车线动车调试方案

试车线调试主要是验证车载设备是否安装准确和具备基本的功能，基于第一阶段的调试，试车线已经具备新车载设备调试条件。

由于试车线新旧设备并存，且在新系统投入试运营前既有设备也需要使用，因此调试阶段同样需要注重倒切机柜的管理。

3. 正线动车调试

正线的动车调试主要包括 ATS 子系统、ATP 子系统、联锁子系统、ATO 子系统、电源设备的联合调试。信号系统联调将在单机调试及子系统调试合格后进行，以 ATC 信号系统为核心，以 ATP/ATO 系统控车模式组织列车运行。正线动车调试顺序如下：

(1)第一步：单车线路一致性测试；

(2)第二步：单车点式及无线测试；

(3)第三步：单车及多车 CBTC 调试。

CBTC 调试明细如表 5-5 所示。

表 5-5　CBTC 调试明细

序号	用例明细
	CBTC ATP 系统测试用例明细
1	车地通信(列检库、正线)
2	模式建立与转换
3	CBTC 模式下列车在办理一条进路下运行
4	自动进路触发区段的符合性检验
5	接近区段的符合性检查
6	列车停稳及防护区段解锁时间测试
7	停车窗测试
8	站台区域
9	安全制动距离检查
10	防护距离长度与设计指标的一致性检查
11	CM 模式运行检查
12	CM 模式列车速度监督功能测试
13	CM 模式列车门控及安全门联动功能测试
14	CM 模式列车自动折返功能测试
15	扣车功能测试
16	站台紧急关闭功能测试
17	列车停在故障道岔前
18	CBTC-CM 级别下的临时限速

续表5-5

序号	用例明细
19	信号机状态显示及跨压时显示(CBTC 车接近)
20	信号机状态显示及跨压时显示(非 CBTC 车接近)
21	有岔 Overlap 取消时的列车运行
22	跨越轨旁 ATP
23	计轴故障(ARB)
24	更新轨道占用状态及信号显示状态
25	非法 ID 的列车升级
26	关闭信号机导致的移动授权变化
27	无线覆盖测试
28	轨旁 ATP 与联锁通信故障
29	CBTC 列车完整性丢失
CBTC ATO 相关功能测试用例明细	
1	CM 模式转换为 AM 模式
2	速度曲线
3	停车精度
4	车门功能
5	ATO 有人监督自动折返
6	ATO 无人监督自动折返
7	CBTC-AM 级别下的临时限速
8	AM 模式下扣车功能测试
9	停站计时调整

4. 本阶段重点和难点

为保证既有线路的运营,设备安装及动车调试时间严重受限,设备安装及动车调试时间规划如表 5-6 所示。

表 5-6 设备安装及动车调试时间规划表

作业时间	作业内容
23：00 前	物资准备、作业方案宣贯
00：45—01：00	完成请点
01：00—03：30	设备安装、单体调试(有效作业时长：2.5 h)
	动车调试(有效工作时长：1 h 40 min)
03：30—04：00	进行既有系统运营前检查和测试，相关人员和设备离场，并销点
04：00—04：30	保障运营

为保障工期进度，应加强室内集成测试的完整性及与实际现场的匹配性，减少现场测试用例，减少现场调试时间。

(1)对于不影响既有系统运行的新增设备安装及调试工作，可在运营期间开展；

(2)对于轨旁施工复杂度较高的工作，宜尽早确定方案并实施；

(3)在非节假日适当缩短运营时间，延长有效工作时长。

5.3.1.3 第三阶段：全线倒切调试

1. 阶段目标

此阶段在新系统的全部功能调试完成后进行，主要进行系统联调、144 h 累计试验及跑图试运行，在取得安全授权具备开通运营条件后，一次性将全系统平滑倒切至 CBTC 系统投入运营。

在倒切前，为了验证确保倒切一次成功，需进行多次倒切测试以及演练。每次倒切测试前，将各设备集中站的倒切开关置于"调试"模式后，方可按照相关大纲进行测试；夜间测试工作结束后，将倒切开关置于"运营"模式并进行相关确认工作，确保不影响第二天的正常运营。

2. 144 h 测试

根据规定新旧信号系统倒切前，在非运营时段开展不少于 3 次的实战演练，新信号系统经过累计不少于 144 h 的不载客运行后方可投入运营。

144 h 测试在夜间进行，进行此测试的目的在于：对系统可靠性、可用性和运营能力进行验证；对不同可用驾驶模式进行测试。144 h 测试内容表如表 5-7 所示。

表 5-7 144 h 测试内容表

测试活动	测试内容
CBTC 降级系统运行能力	折返、出入段、运行间隔能力
CBTC 系统运行能力	折返、出入段、运行间隔能力
安全指标	系统必须提供 100% 的安全运行条件
其他指标	安全性、紧急制动率、停车精度等

3. 综合联调

信号系统与各相关系统完成 144 h 测试后进入综合联调运行阶段。

在综合联调运行期间,信号系统完成与各相关专业,如车辆、通信、ISCS、PIS、TCC(预留)、站台门、动照、供电等。信号系统按计划运行图进行不载客的列车运行综合调试。

表 5-8 综合联调测试内容表

测试活动	测试内容
信号系统对外接口	信号系统与站台门、防淹门的接口测试;信号系统与时钟系统、综合监控系统、乘客信息系统、无线通信系统等的接口测试
CBTC 系统功能	降级模式列车与 CBTC 模式列车的多车测试;CBTC 列车与 CBTC 列车的多车测试
调度相关测试	列车时刻表测试;系统所有交路测试;ATS 扣车、调停测试
其他	业主、监理单位要求的其他测试

4. 试运行

试运行旨在把所有合同设备、系统及材料放在实际运营环境中作为一个不可分割的系统进行检测。通过试运行,动态地检测、调试系统设备,以满足信号系统功能规格书规定的功能、性能、操作方式等方面的要求。

试运行期间,所有系统、设备均将按实际操作模式无故障连续运行。将组织各子系统专业技术人员来保障试运行的正常运转,若发生由信号系统设备引起的故障,造成试运行中断,排除故障后重新开始试运行。

5. 正式倒切初期运营

试运行结束及专家评审通过后,在新旧设备倒切的当日,在各设备集中站及控制中心安排人员同步操作倒切开关,新系统进入初期运营。至此信号系统更新改造工作结束，进入新系统设备正式运营阶段。

新系统初期运营期间，在运营时段保持倒切开关处于"调试"模式。在初期运营初期，调试工程师将在现场进行系统设备保障工作。

在系统设备投入初期运营前，施工方将向业主提交本项目的初步安全评估报告和安全认证证书，并明确该信号系统设备是否能够安全地投入载客运营。

5.3.1.4　第四阶段：既有系统拆除及二次移设

1. 阶段目标

当新系统投入运营后，利用非运营时间逐步拆除既有设备、倒切开关及相关连线，确保新系统正常运行。

2. 拆旧内容

当信号系统倒切完毕后，新的信号设备已正式启用。根据工程进展情况对信号设备进行拆除。

(1) 既有信号系统轨旁设备(计轴、信标、ATP 环线、AP 箱等)的拆除；

(2) 既有信号系统室内设备(电源、机柜、缆线)的拆除；

(3) 既有区间线缆的拆除；

(4) 倒切设备的拆除。

既有信号设备及倒切设备的拆除需在非运营时段内进行，并不得影响新信号系统设备的运行。

3. 拆旧方案

(1) 室内设备的拆除。

提前对现场实际情况进行了解，根据既有信号系统图纸确定要拆除的缆线，结合现场布线情况进行调查确认，确定是否有其他专业的线缆。

根据既有图纸确定既有系统的各机柜、设备，确定拆除的范围，并做好标记。

设备搬运时对正在运营的设备进行保护，确保拆除过程中不影响正常运行的设备。

对于较大较重设备的拆除，拆卸前施工人员必须做好准备，慢慢放下，确保人员和设备的安全。对于较大较重、无法经过房门和楼道的设备，需要在业主确认后对其进行切割分解。

机房内旧电缆拆除时，由于新旧电缆可能布设在同一个电缆沟槽内，拆除时应从始端慢慢将旧电缆抽出，绝不可硬拉硬拽，以防损伤新电缆，影响运营的安全。

拆除工作完成后对机房内设备进行检查，确认正常后，经值班员再次确认离场。

（2）线缆的拆除。

电缆的拆除必须从电缆的始端或终端开始，顺着电缆的走向从电缆托架上逐段拆除。绝不可将电缆从中间锯断，以防锯错电缆，影响运营安全。

所拆的电缆中绑扎在托架上的比较多，要逐个解开，如果同一个绑扎中有多根电缆，要将不拆的电缆绑扎牢固，防止留下安全隐患。由专人负责电缆拆除后托架电缆的绑扎工作。对于当日未拆完的电缆，要放置在托架上绑扎好，并做好标记、记录。

拆除后的电缆不能放置在隧道内，必须当晚运走并放在指定的地方。在站台上不可拖拉电缆，施工完后要把站台存放物资的地方清理干净。

（3）室外设备的拆除。

由于室外需拆除的设备与新系统室外设备是完全独立的，拆除的设备本身对新系统是没有影响的，但在拆除旧设备时，拆下来的旧设备应放在指定的地方。

4. 拆旧时间安排

每天拆旧工作须按运营公司内部管理流程提报旬计划，并按批复的计划实施。

在现场施工前拟订现场施工方案，方案中具体描述现场施工作业时的工作背景、目的、作业范围、作业时间、施工前后对设备的影响及其风险控制措施、现场作业及恢复工序等内容。按照运营公司内部管理流程提前报旬计划，并按批复的计划实施。

根据给点计划所有施工人员提前 40 min 就位，进行工作交底和安全教育，并做好记录。

根据给点计划提前 30 min 结束施工，清理现场，由施工工长、运营公司配合人员及相应的单位与科室人员进行回检。

出隧道后由工长组织施工人员集合，进行人员、工具清点，回收物品，保证隧道内不留有任何杂物。

由运营公司配合人员查看新设备的运营状态并联系控制中心查看设备状况，确保设备运营正常后销记。

5. 拆旧设备的运输及保管

拆除的设备根据运营公司物资管理要求，每天运输到业主指定位置，仓库管理人员清点、确认后，双方在物资退料单上进行签字。

6. 拆旧保障

拆旧保障通过成立拆旧指挥组、技术保障组、安全保障组进行，各自的职责如下：

(1)拆旧指挥组：负责整个拆旧过程中的组织协调。

(2)技术保障组：负责拆旧的内容、技术交底及拆旧过程中监控设备的运行状况，并组织处理施工过程中突发的设备问题。

(3)安全保障组：负责对所有的拆旧施工人员进行安全教育与学习，确保拆旧过程中运营安全。

7. 材料工具的准备

(1)拆除室内设备时必须带全相应的缆线及工具，以保证一旦拆除设备时损伤正在用的缆线能够及时恢复处理。

(2)拆除电缆线、室外设备时必须带全电缆接续材料及发电机、电钻等相应的工具。一旦出现其他电缆损伤时及时恢复处理，确保运营的安全。

(3)当夜工作完成后，由现场配合人员完成检查工作将后现场情况及清理情况向调度室汇报，经调度人员确认不影响第二日正常运营后，施工人员方可离开。现场安排技术人员值守保障，看守过早高峰时段，确认无问题后方能离开现场。

(4)一旦在正常运营期间出现信号系统故障，影响了正常运营秩序，值守人员需第一时间进行处理，并向业主人员、项目经理、现场安全负责人汇报。

8. 测试验证

本阶段需按照成熟的 CBTC 测试方案，对倒切柜涉及的所有内容进行测试工作。

本阶段由于全线更换为新的 CBTC 系统，既有线白天仍需正常运营，工程施工调试只能在夜间进行，因此倒切系统需要提前调试好，以免影响线路正常运营。

在倒切设备拆除前，首先须要对倒切开关与利旧设备连接关系按照工程设计图纸——进行校验。

倒切柜二次就位后须进行完整的一致性测试。

9. 设备二次移设方案

设备移设、二次就位内容包括：开通前室内外设备必要的移设；个别车站机柜的二次移设；开通后室内外设备必要的二次移设。主要涉及室内设备、机柜、线缆、线槽等。

10. 实施步骤

(1)提前对现场实际情况进行调查了解，根据新系统设备机柜等设备的设计安装位置，结合既有线信号系统布置，确定新设备的机柜临时安装位置。临时安装位置既不能影响既有设备的运行，又要考虑后期既有设备的拆除不能影响新设备的正常运行。

（2）机柜等新设备的安装位置应尽可能地贴近设计位置，且有利于机柜间的布线；

（3）在线缆敷设中提前预留出机柜间的线缆二次就位的长度，确保在移设中线缆够长，从而保证正常设备的运营。

（4）在新设备移设前，首先对既有设备进行拆除，腾出空间，具体根据每个站现场情况编制一站一专项方案。

（5）机柜等设备移设时要逐步移动，不可猛推硬拉，尽量减少移动对机柜内设备的震动，也避免缆线被扯断或挤压受损，影响正常的运营。

（6）机柜就位后及时进行连接、固定、稳设。

11. 工作安排

在现场施工前拟订现场施工方案，方案中具体描述现场施工作业时的工作背景、目的、作业范围、作业时间、施工前后对设备的影响及其风险控制措施、现场作业及恢复工序等内容。按照运营公司内部管理流程提前报旬计划，并按批复的计划实施。

运营公司配合人员负责联系登记并按要求时间向行调确认当晚计划，根据施工计划所有施工人员提前 40 min 就位，进行工作交底和安全教育，并做好记录。

施工完毕后，由运营公司配合人员查看新设备的状况，确保设备运营正常后销记。

12. 安全措施

（1）设置专职安全员负责安全管理工作，并对移设及二次就位人员进行安全培训，明确当晚施工的内容及范围。

（2）施工前对施工人员进行安全教育，确保每名施工人员明确各自的职责、分工；现场人员必须严格执行运营公司相关规定，服从管理人员的指挥，严禁打闹、违章作业、在现场吸烟。

（3）现场配合人员要加强施工中的安全监督、检查，发现问题及时处理；加强信息反馈，出现问题要及时向运营公司生产调度室和相关部门汇报。

（4）提前做好各项准备工作，包括熟悉现场、图纸、材料、工具、仪表、通信设备、备品备件准备到位；施工中，必须着劳保服装。

（5）施工中，发现安全隐患时应立即停止作业，待请示后方可继续作业。

（6）施工结束后，对设备进行检查，确认设备工作正常后方可离去。

13. 保障及应急预案

（1）拆旧保障及应急预案。

成立拆旧指挥组，负责整个拆旧过程中的组织协调。

　　成立技术保障组，负责拆旧的内容、技术交底及拆旧过程中监控设备的运行状况，并组织处理施工过程中突发的设备问题。

　　成立安全保障组：负责对所有的拆旧施工人员进行安全教育与学习，确保拆旧过程中运营安全。

　　（2）二次移设保障及应急预案。

　　成立设备二次就位指挥组，负责整个设备移设及二次就位过程中的组织协调。

　　成立技术保障组，负责设备移设及二次就位的内容、技术交底并在施工过程中监控设备的运行状况，组织处理施工过程中突发的设备问题。

　　成立安全保障组：负责对所有的设备移设及二次就位施工人员进行安全教育与学习，确保施工过程中运营安全。

　　移设室内设备时必须带全相应的缆线及工具，以保证施工过程中损伤正在用的缆线时及时能够恢复处理。

5.3.2　改造措施

5.3.2.1　泄漏电缆安装

　　图 5-22 所示为泄漏电缆安装位置图。

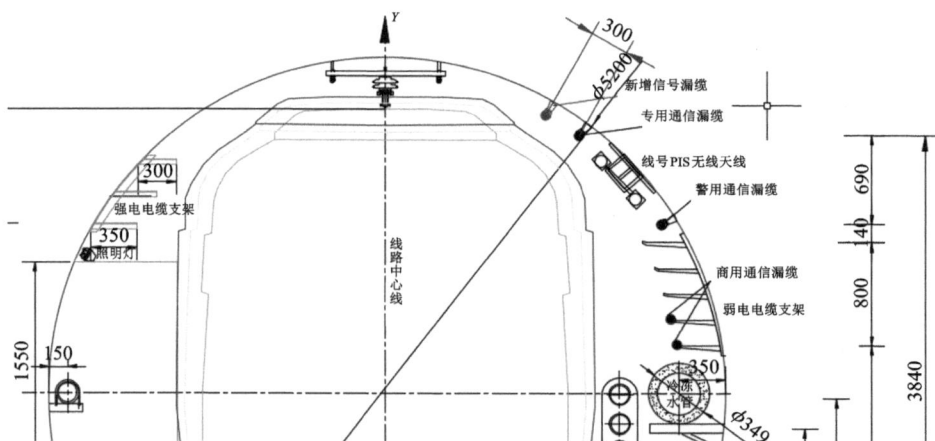

图 5-21　泄漏电缆安装位置图（单位：mm）

　　根据泄漏电缆的设计方案，初步确认新增泄漏电缆位置在专用泄漏电缆的上方，两泄漏电缆之间距离大于 30 cm，新泄漏电缆的安装涉及高空作业。

在进行高空作业前，应对使用的施工机械、机具等设施进行检查，确保性能良好后方可使用。

要加强施工作业人员的安全教育，时刻将安全放在首位，把安全预想工作放在首位。

作业区域接触网必须停电、接地，经专业人员确认后方可进行高空泄漏电缆的安装工作。

施工前应做好安全预想工作并及时与相关的管理单位取得联系，加强沟通，以便做好施工配合工作。

施工操作应符合设计规范并满足设备管理单位的技术要求。

需要设备管理单位进行施工配合时，配合人员未到达现场施工，人员不得提前开工。

高空作业影响设备的稳定使用和行车安全时，应设专人按行车管理条例再进行登记、请点、销点手续，经业主同意批准后方可施工。

施工完成后要做好施工现场的清理工作，保证施工现场整洁、卫生。

撤离施工现场前，须通过施工配合人员的验收，验收合格后方可离开现场。

泄漏电缆安装过程中，须避免对既有缆线和设备造成破坏。

5.3.2.2　既有泄漏电缆切割

改造涉及 800 MHz 泄漏电缆共用，需要对既有 800 MHz 泄漏电缆进行切割接入，切割接入原则为在保障既有 800 MHz 通信正常使用的前提条件下，接入信号系统的 RRU 设备。切割作业尽量选择在既有 800 MHz 的 RRU 接入点进行，若有具体需求，可在专用通信泄漏电缆增加接入点，接入信号系统 LTE 设备后，做好驻波防护措施，保障既有 800 MHz 通信的正常工作。

5.3.2.3　计轴设备安装

计轴传感器采用支架安装方式。支架须安装牢固，固定螺丝均采用防震防松结构，能可靠工作。图 5-23 所示为计轴安装示意图。

每个计轴点安装两个相同的计轴传感器，对两个传感器的探测数据进行比较之后可以准确判断列车的运行状态，避免因使用单传感器带来的不可用性。车轮在计轴点处来回摆动时计轴系统能够正确计数。

由于改造期间存在两套计轴系统并行工作的时段，同时为了确保计轴传感器坐标变化满足 CBTC 应用要求，两套系统传感器需尽量靠近。

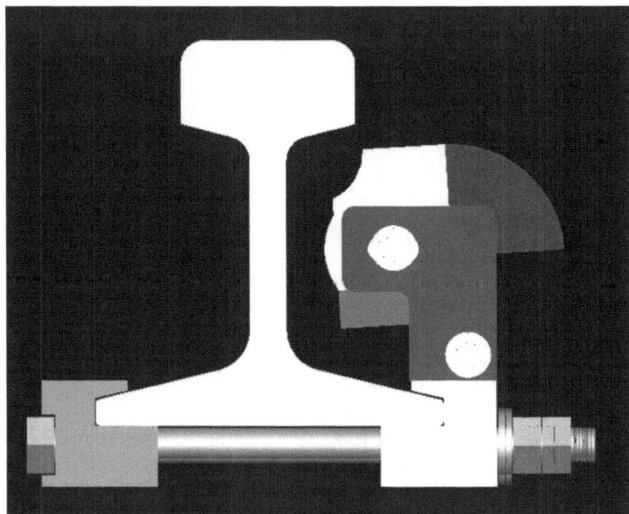

图 5-23　计轴安装示意图

　　新设计轴系统传感器采用轮缘探测方式，其探测磁场方向与项目中既有的传感器探测磁场方向平行且频段差异性大，不会造成对既有传感器正常工作造成影响，同时可错位安装，在满足既有计轴传感器工作要求的前提下，不改变轨道区段分界位置。图 5-24 所示为磁头错位安装示意图。

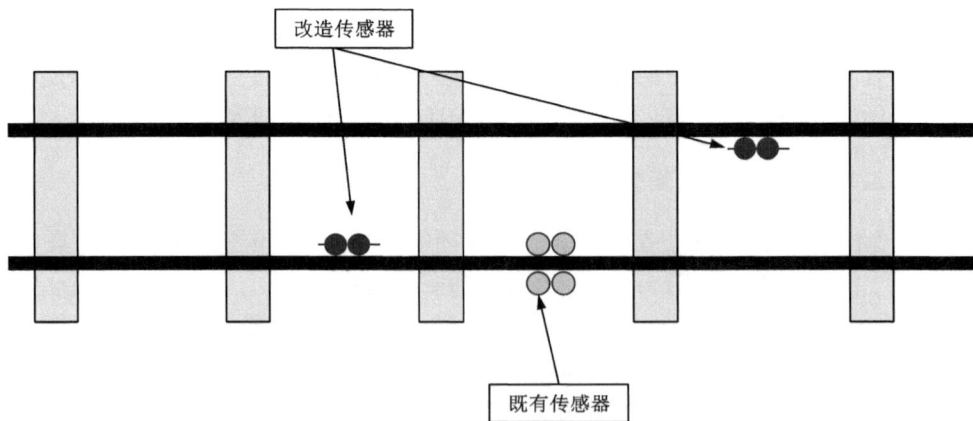

图 5-24　磁头错位安装示意图

若因现场条件限制,安装位置需要和既有磁头在同一地点,则可以错位安装方式进行磁头安装。

设备安装前,完成现场定测并核查计轴设备安装后是否影响既有设备(应答器、计轴、轨旁箱盒等)正常运行。

计轴传感器安装完成后,其顶部不得进入轨面下部,以免影响列车轮对通过。核查确认各卡具、各固定杆件及螺杆已固定牢固、无松动,尾缆固定牢固且不侵入行车安全限界。图 5-25 所示为磁头限界要求。

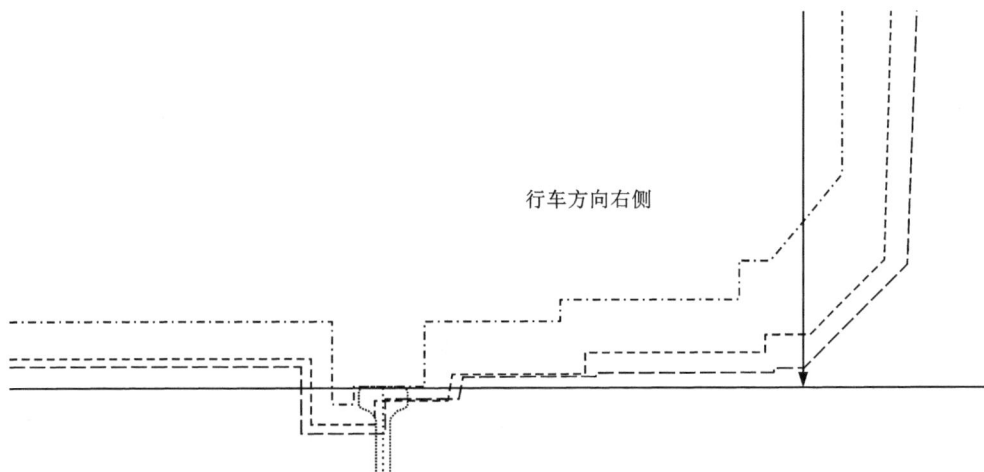

行车方向右侧

图 5-25　磁头限界要求

磁头安装时,必须保证符合磁头与车辆轮对限界要求。

磁头安装时须固定牢固,防止列车震动导致磁头掉落。

磁头尾缆安装时不得与既有线缆交叉,无法避免时需对既有线缆进行包裹防护,不得影响既有线缆。

磁头尾缆使用卡具进行固定,及时进箱盒并配线,无法及时固定的应拆走带离轨行区。

5.3.2.4　新增信号机安装及防护

图 5-26 所示为信号机安装要求。

新信号机安装时,须注意限界设计要求。新增信号机按照右侧行车侧原则安装,若现场实际安装位置不能满足限界要求以及显示要求,与业主与设计单位沟通,在不影响既有疏散平台等设备的前提下,进行换边安装。

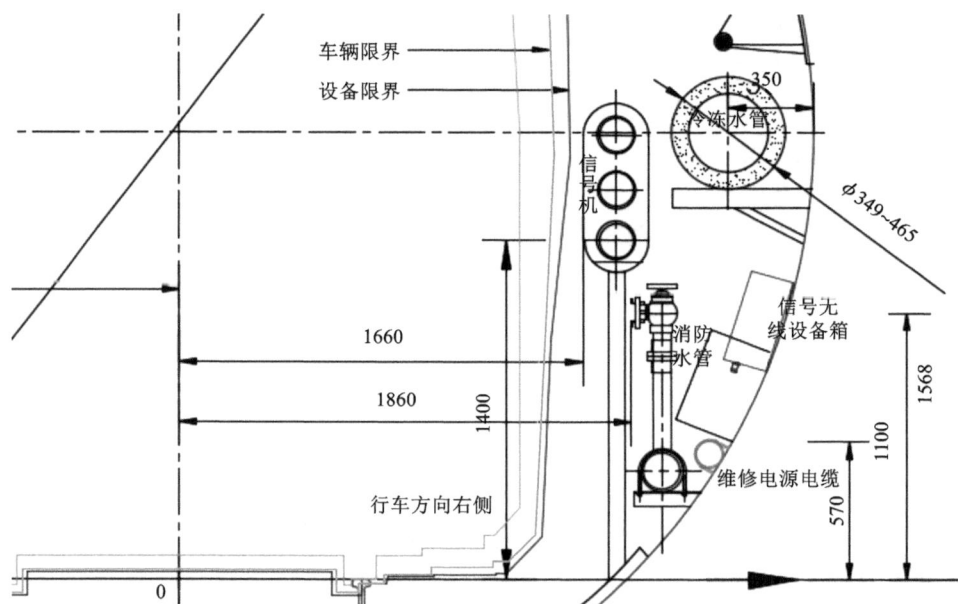

图 5-26　信号机安装要求（单位：mm）

本工程改造范围内，新增信号机一般为 ZC 反向边界点、解决反向跨联锁区以及折返防护信号。

新信号机在安装时完全按照信号机安装手册要求，确保新增信号机不出现倾倒等影响既有线路运营的情况。同时信号机安装后，为了减少新增信号机显示对运营司机的视觉误导，须增加封挡和“未启用”等标识提示。

设备定测时选择无既有设备区域作为新增信号机安装地点。

施工过程中必须严格把控施工进度及质量，新安装设备严格按照定测位置安装，并对每个点安装的设备进行限界测量，确保无侵限、无松动等异常现象。

安装完毕后需立即检查所有部件是否固定牢固，避免出现部件掉落、倾倒等情况，固定不牢固的部件应及时紧固或者拆下带走，同时使用定制防护套遮挡，避免影响行车。

5.3.2.5　应答器安装（含应答器监测单元）

本次改造新增了应答器监测系统，对于应答器的安装，须考虑应答器和有源应答器采集单元的合并安装方式。图 5-27 所示为有源应答器和应答器监测安装。

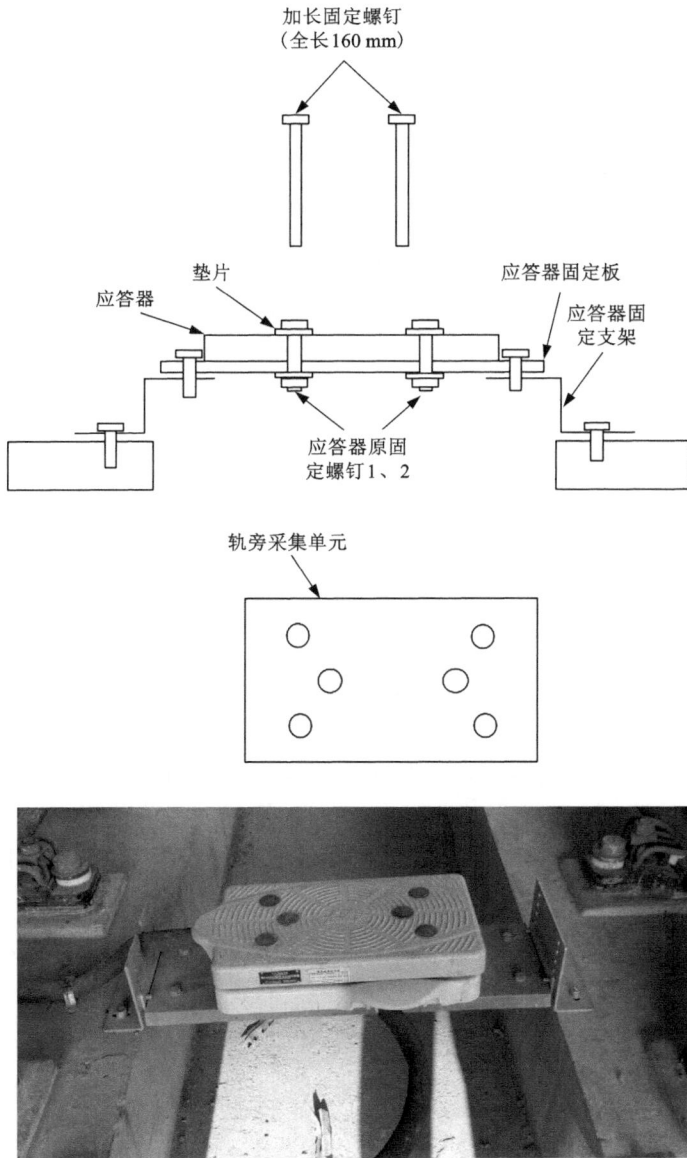

图 5-27　有源应答器和应答器监测安装

原系统使用美标信标，新系统使用欧标应答器，两者工作频率不同。在布置轨旁设备时应避开既有信标、点式 ATP 环线及 ATO 环线（PLT、PLR），建议与其间隔 1 m 以上。图 5-28 所示为站台区新旧设备布置示意图。

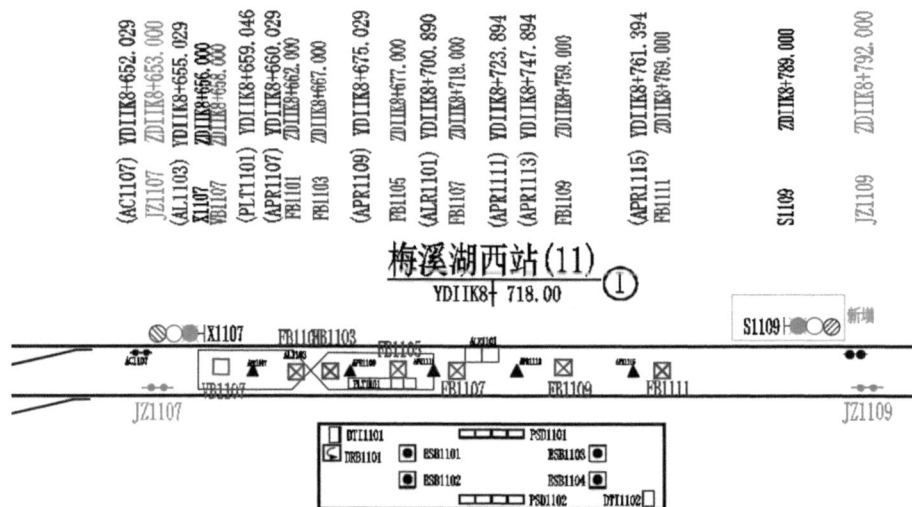

图 5-28 站台区新旧设备布置示意图

应答器设备安装时不得影响既有设备。同时应注意应答器安装高度，不得对既有车辆天线造成影响。

设备安装完毕后需检查所有部件是否固定牢固，固定不牢固的部件应及时紧固或者拆走带离轨行区。

有源应答器尾缆安装时不得与既有线缆交叉，无法避免时需对既有线缆进行包裹防护，不得影响既有线缆。

有源应答器尾缆使用卡具进行固定，及时进箱盒并配线，无法及时固定的应拆走带离轨行区。

5.3.2.6 RRU 设备的安装

RRU 设备的安装需满足限界要求且安装牢固，不得出现 RRU、箱盒脱落等问题。图 5-29 所示为 RRU 限界要求。

RRU 光电盒门锁采取明锁方式，每安装完一处加锁一处，门锁的开关通过流程把控。

施工完成后做好施工现场清理工作，保证施工现场整洁、卫生。撤离施工现场前，须通过施工配合人员的验收，验收合格后方可离开现场。

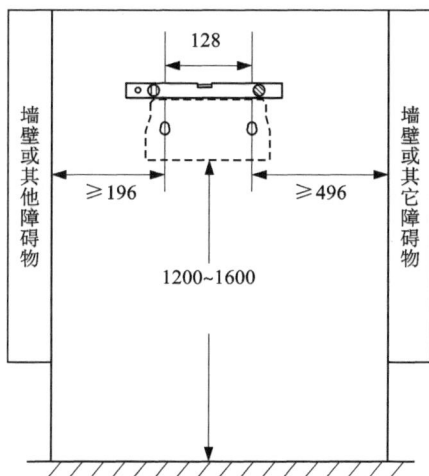

图 5-29　RRU 限界要求（单位：mm）

5.3.2.7　光缆及电缆的敷设

（1）做好详细的施工调查和准备工作。

施工前，由项目施工技术负责人组织专业技术骨干、综合作业队负责人、线缆工程施工班组长，邀请业主、设计人员、监理工程师、设备运营单位主管工程师等对既有线缆径路进行详细的调查，了解既有线路缆线的用途、分布位置、敷设路径、架设方式和防护方式等，制订详细的线缆工程的施工方案和进度计划，报监理、运营、业主单位审批，由监理工程师、运营和集成方共同协商施工的衔接顺序和施工计划安排。

做好详细的施工准备工作，包括人员、机械、材料等，随时做好增加施工作业业面的准备。

（2）作业试点，逐步展开作业面。

施工前期，根据现场调查资料和批复方案，结合工程工期目标抽干业务骨干组织在光达联锁区进行首段施工。施工过程中，积极与运营、监理、业主单位沟通协调，及时克服施工过程中出现的问题，总结经验，并优化施工组织，编制详细的轨行区线缆工程施工方案和施工方法，并在实际施工中进行验证，通过首个作业区段的实践，总结并借鉴相关单位同类型先进的施工方法，对制定的施工方案和施工方法进行修订，并按修订后的方案和方法实施。并逐步增加人力、机械投入，逐个展开作业面。确保全线作业工法、工艺标准统一。

(3)材料运输组织。

相较于新建线路工程施工，既有线施工中所有材料均须从各车站/车辆段出入口转入，运输距离长，既有线光电(漏)缆运输组织难度大。轨行区光电(漏)缆敷设还需接触网停电配合施工。

对于长途主干光电缆、漏泄同轴电缆，利用轨道车在接触网停电非营运时间内进行光电缆转运及敷设施工。车站站台、站厅等处所短途光电缆均利用人工敷设。

(4)加强沟通协作，减少干扰。

施工中，服从业主、运营单位的统一协调与安排，积极与通信、轨道、供配电、接触网等运营中心各相关专业维保部门联系，及时上报每阶段每项施工中需配合的内容，共同协商创造较好的施工条件，并严格按照协调结果组织施工，做到最佳配合。

(5)理顺工序、合理安排。

利用首个作业点，理顺工序，合理安排、精心组织光电缆工程的施工，减少干扰。施工中，可将整个轨行区光电缆工程细分为若干个小项目，并成立相应的小组，实现流水化作业，如定测、打眼、支架安装等可形成作业，而缆线测试和配盘、运输、放缆、上架、接线成端等可形成流水作业，以提高效率，缩短施工周期。

(6)加强工序检验制度，避免返工。

加强光电缆工程的技术管理工作。特别是在测试、配盘过程中，要根据现场实际及施工力量进行配盘，避免或减少中间接头，避免因配盘过长造成一个作业点不能完成所有的敷设及固定作业。

严格工序检验制度，避免由于材料、施工质量达不到标准而造成返工，耗工费时，影响整个工程的进度。

(7)加强管理，确保进度。

充分利用项目管理软件及网络计划技术，按总工时不变的原则，合理安排资源，有效提高施工机具、人员的利用率，提高总体施工进度。

合理组织，建立相关的奖惩制度，充分调动所有参建人员的积极性。

施工过程中根据现场情况及相关保证措施的执行情况，及时调整组织方案及施工力量，确保光、电缆工程顺利完工。

(8)光电缆沟开挖前应调查各类地下设施，必要时应挖探沟确认地下设施走向。

(9)在有可能影响或妨碍既有地下设施的地方开挖时，制订并采取相应的安全措施和抢修措施后方可施工。

（10）开挖时应提前划线，分段开挖，及时回填，并分层填实。

（11）开挖光电缆沟如不能当天回填应设置警示标识。

（12）开挖光电缆沟时，弃土应置于沟外 0.6 m 以外处，堆积高度不得超过轨面。

（13）遇有大雨、暴雨、连阴雨天气时，或施工现场有积水时，不得进行开挖作业。

5.3.2.8　轨旁箱盒安装及防护

轨旁箱盒涉及终端盒、分线盒、计轴箱盒等，需按照轨旁箱盒安装要求进行安装。箱盒按照不得出现侵限和振动侵限等情况。同时对新设箱盒增加标识，用于区别既有箱盒和新设箱盒，防止后期箱盒开启施工时误操作。

安装箱盒要先进行箱盒定位，主要是检查箱盒的安装限界、控制设备的位置及相对高度与水平等。

所有室外箱盒须安装埋设或固定稳固，并与轨道平行。

箱盒安装前严格检查其完好性。对破损或有裂纹、脱焊、锈蚀、盘根不紧、盖不严等瑕疵须更换或修整合格后方可安装。箱盒及电缆保护管清扫干净，从控制方向来的电缆穿入主管，向被控制方向去的电缆穿入副管。副管电缆引入孔要考虑电缆配线时施工方便、配线均匀美观。电缆保护管下口用麻布条塞严，并涂防腐油保护。干线电缆引入箱盒时，其金属护套与箱盒的金属构件不得接触。

箱盒配线前，对电缆再次进行绝缘测试和导通测试，并将测试结果填入隐蔽工程记录。芯线组及芯线的分配使用严格执行设计图规定。电缆芯线应留有作 2~3 次线环的余量，芯线线环按照顺时针方向绕制，在同一端子上的线环间垫上铜垫片。

电缆盒应安装牢固，不得偏斜。

施工完成后要对施工现场做好清理工作，保证施工现场整洁、卫生。撤离施工现场前，须通过施工配合人员的验收，验收合格后方可离开现场。

5.3.2.9　发车指示器

发车指示器的安装方式可分为吊装方式、立装方式和靠墙安装方式，根据现场小站台条件选择适宜的方式。图 5-30 所示为 DTI 安装方式。

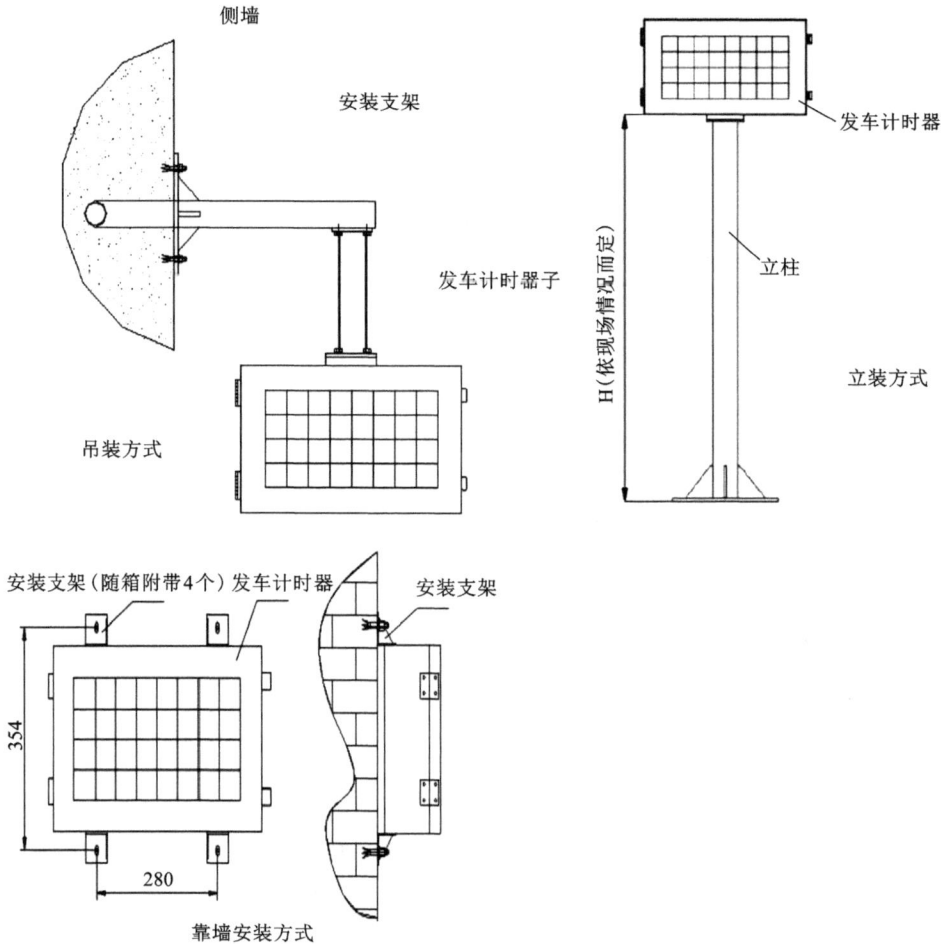

侧墙

安装支架

发车计时器子

吊装方式

发车计时器

立柱

H（依现场情况而定）

立装方式

安装支架（随箱附带4个）发车计时器

安装支架

354

280

靠墙安装方式

图 5-30　DTI 安装方式

发车指示器的安装需注意以下情况：

（1）安装高度不得影响人员通行。

（2）安装位置不得遮挡既有发车指示器的显示。

（3）新设发车指示器不得误导司机驾驶，需增加标识标牌进行区分。

（4）新设发车指示器必须安装牢固，不得出现脱落和晃动，以免影响既有列车的运行。

（5）新设发车指示器安装位置须满足限界要求。

5.3.2.10　设备运输

1. 搬运路线确认

人工搬运：每根电缆从电缆盘上取下盘放捆扎整齐后，利用人工从车站出入口搬运至车站临时存放点，施工时再由人工搬运至轨行区敷设。

工程车运输：在黄兴车辆段将电缆装载在工程拖车上，施工时再运输至施工轨行区敷设。

搬运路线的确认原则为：

（1）运输距离短。

（2）通道宽度满足设备运输要求。

（3）最大限度减少对运营、旅客通行的影响。

（4）根据现场调查后，使用临时屏蔽墙进行通道物理隔离，并设置相应的指示标语指导旅客通行。

2. 临时堆放防护

（1）临时堆放地点使用隔挡隔离，同时做好地面、墙面及天花板的防护工作，防止既有地面、墙面等损坏。

（2）车站站厅、站台临时堆放设备时，不得占用消防通道。

（3）对需要占用区域进行围蔽防护。

（4）轨行区临时存放光电缆时，必须固定捆绑牢固，不得侵入行车安全限界。并指派专人在指定时间内巡视、检查。

3. 材料到场计划

材料到场计划需与点内施工工作量相匹配。

4. 搬运方式及防护

（1）轨道车运输。

针对长途主干光电缆、漏泄同轴电缆，拟采用轨道车在接触网停电、非营运时间内进行光电缆转运及敷设施工。轨道车停放在车辆段工程线上。

施工前，采用汽车将光电（漏）缆转运至车辆段工程车库附近。车辆段各车辆出库后待运营结束方返回车辆段，拟在正线运营时间内申请车辆段接触网停电天窗进行光电（漏）缆装车。在正线天窗内开行轨道车进行光电（漏）缆转运及敷设施工。

施工前展开充分调查，调查各站是否有空间临时存放光电（漏）缆。

（2）人工转运。

各车站站台、站厅等处短途光电缆均利用人工从车站出入口进行转运及敷设。

轨行区设备、材料从各车站出入口采用人工转运至轨行区后，使用小型平板推车进行设备转运。

5.3.2.11 室内设备安装保障方案

1. UPS 和电池组移设

由于室内安装空间限制，考虑将既有 UPS 以及蓄电池进行移设，以万家丽广场站为例，图 5-31 所示为万家丽广场站室内设备布置图。

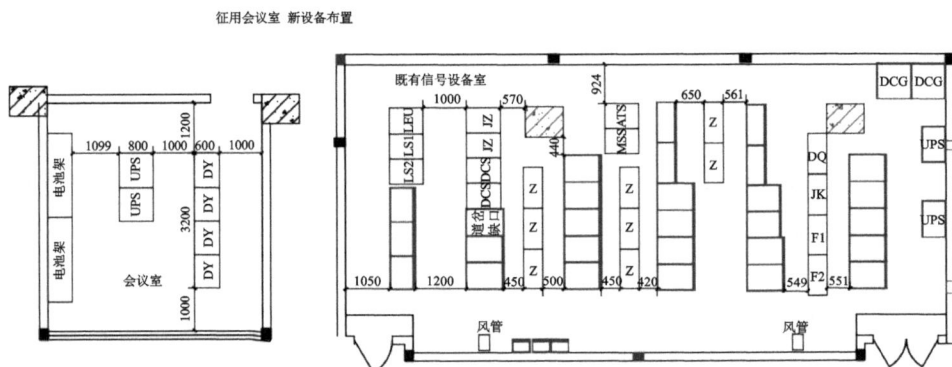

图 5-31 万家丽广场站室内设备布置图(单位: mm)

集中站电源设备配置为：3 个电源屏；并机 UPS；两组电池。在系统更新改造施工期间，一段时间内现有电源设备及新系统电源屏设备需要同时运行。

施工过程中需要多次转换旁路供电及维修公开供电，在市电不中断情况下，可保持电源屏输出不停电。

(1)施工影响。

在施工过程中存在以下阶段：

①第一天施工后，保持 UPS2 单机运行。

②第二天施工后，保持 UPS1 单机运行。

③恢复 UPS1、UPS2 正常并机工作模式。

(2)施工步骤。

①拆除既有 UPS1 及电池组 1，保持 UPS2 单机运行。

②既有 UPS1、UPS2 转旁路。

③UPS2 闭合维修开关，断开 UPS1 输入开关 Q1/Q2，断开输出开关 Q5，断开电池开关。

④断开电源屏侧 UPS1 输入输出开关。

⑤拆除 UPS1 输入输出线缆、电池线缆、通信线缆、并机线缆。

表 5-9 为 UPS1 移设拆线。

表 5-9 UPS1 拆线

	本端	去向	备注
拆线	UPS1—Q1—2、4、6	屏 1—40—1、2、3	UPS1 输入火线
	UPS1—零线排	屏 1—40—4	UPS1 输入零线
	UPS1—Q5—2、4、6	屏 1—40—9、10、11	UPS1 输出火线
	UPS1—零线排	屏 1—40—12	UPS1 输出零线
	UPS1—通信口	屏 1—监控单元	UPS1 通信线
	UPS1 并机口	UPS2 并机口	并机线

⑥断开 UPS2 维修开关，开启 UPS2 逆变器。

⑦UPS2 放电测试，电源屏监控单元设置，临时设置单台 UPS 工作模式。

⑧天窗外完成 UPS1 电池在新房间的重装，并布置线缆至电源屏，电源屏侧暂不接入。

表 5-10 为 UPS1 配线。

表 5-10 UPS1 配线

	本端	去向	备注
配线	UPS1—Q1—2、4、6	屏 1—40—1、2、3	UPS1 输入火线
	UPS1—零线排	屏 1—40—4	UPS1 输入零线
	UPS1—Q5—2、4、6	屏 1—40—9、10、11	UPS1 输出火线
	UPS1—零线排	屏 1—40—12	UPS1 输出零线
	UPS1—通信口	屏 1—监控单元	UPS1 通信线

（3）UPS1 接入电源屏，拆除 UPS2，保持 UPS1 单机运行。

①关闭 UPS2 逆变器，转旁路供电；

②UPS1 已完成重组，接入电源屏，闭合电源屏侧 UPS1 输入输出开关，旁路供电；

③关闭 UPS2 输入输出电池开关，关闭电源屏侧 UPS2 输入输出开关，拆除 UPS2 输入输出通信线缆；

表 5-11 为 UPS2 拆线。

表 5-11 UPS2 拆线

	本端	去向	备注
拆线	UPS2-Q1-2、4、6	屏 1-40-5、6、7	UPS2 输入火线
	UPS2-零线排	屏 1-40-8	UPS2 输入零线
	UPS2-Q5-2、4、6	屏 1-40-13、14、15	UPS2 输出火线
	UPS2-零线排	屏 1-40-16	UPS2 输出零线
	UPS2-通信口	屏 1-监控单元	UPS2 通信线

④开启 UPS1 正常工作。

⑤UPS2 放电测试。

天窗外完成 UPS2 电池在新房间的重装，并布置线缆至电源屏，电源屏侧暂不接入。

表 5-12 为 UPS2 配线。

表 5-12 UPS2 配线

	本端	去向	备注
配线	UPS2—Q1—2、4、6	屏 1—40—5、6、7	UPS2 输入火线
	UPS2—零线排	屏 1—40—8	UPS2 输入零线
	UPS2—Q5—2、4、6	屏 1—40—13、14、15	UPS2 输出火线
	UPS2—零线排	屏 1—40—16	UPS2 输出零线
	UPS2—通信口	屏 1—监控单元	UPS2 通信线

⑥UPS1、UPS2 并机接入电源屏，恢复正常 UPS 并机工作。

⑦UPS2 转旁路供电，闭合维修开关。

⑧布置 UPS1、UPS2 并机线。

⑨UPS1 接入电源屏，闭合电源屏侧 UPS1 输入输出开关，恢复 UPS1、UPS2 同时旁路供电。

⑩断开 UPS2 维修开关。

⑪正常开启 UPS1、UPS2 并机工作模式。

⑫UPS1、UPS2 功能测试，电源屏监控单元恢复并机工作模式。

（4）施工准备。

①10 mm² 以上 4 芯电缆 4 根，2 芯屏蔽线 2 根，长度参照电源屏至新设备

房的距离。

②对于既有 UPS 电池组挪位后的底座支架，建议定制角钢架，提前安装到位。

③应急备件准备：UPS 开关 C63-3P 2 个，电池 4 个。

2. 机柜就位防护

本次室内设备改造采用"穿插安装"原则将新系统设备布置在既有设备房中。图 5-32 所示为穿插安装示意图。

图 5-32　穿插安装示意图

施工开始前要对施工人员进行现场安全交底和安全教育，强调不能乱动机房内的任何设备。

地铁运营配合人员完成请点确认前，不得擅入设备房进行作业。

清理信号设备室内新设机柜范围内的物品，对无法进行移动的物品或设备做好防护标识。

机柜搬运过程中，为避免碰撞到既有设备、设施，须将室内和过道、出口处容易与其发生碰撞的设备进行隔离或包封。

新设备安装无法一次就位时，临时布置的设备要充分考虑二次就位后的安装位置，避免出现无法移动及重新进行线缆连接的情况，且设备间连接线缆需预留足够的长度，以满足二次就位移动需要。

机柜、线槽和支架安装过程中，对于需要与既有线共用线槽的问题，对施工人员做好交底，严禁踩踏在既有线线槽内，严禁私自乱动既有线线槽内的线缆。

机柜的安装底座应根据地面安装情况制作，保证机柜安装稳固，避免出现倾倒现象。

（1）既有设备的防护以及便利条件的实施。

凡涉及既有线改造施工，在施工现场需按照"人防、技防、物防"的原则对有关既有设备采取有效的安全防护措施。

1）以"人防"为中心的安全保证措施。

项目部按照本工程招标文件及信号系统改造工程用户需求书的有关要求，充分发挥人力资源优势，选派具有既有线改造丰富经验的精干施工人员和安全管理人员及技术骨干力量投入到本工程改造施工。

前期选派骨干专业工程师、作业队长和具有丰富施工经验的员工进行既有设备室施工组织调查，对信号设备运输及安装位置等进行详细的调查，充分掌握施工所需的第一手资料。

经常性开展岗位责任心教育，不断强化施工人员的岗位安全责任意识，牢牢扣紧"安全"这根弦，营造"安全施工、人人有责"的工作氛围，将安全责任分解落实到个人。

经常性开展岗位应知应会的理论知识培训，每一项工作对应一个细化的安全行为，使施工人员的日常施工行为规范化、程序化，不断提高施工人员的岗位履责能力。

实施安全应急预案演练，制订既有线信号设备室施工关键岗位的应急预案，不断提高施工人员对突发事件的应变解决能力。

2）以"技防"为重点的安全保证措施。

凡进行既有设备区域改造施工的人员必须认真执行"三不动""三不离""三不放过""七严禁"等基本安全制度。

现场施工负责人及施工人员严格按照项目部早点名、晚例会和施工现场工完料清制度执行落实。

进行既有信号改造施工，必须执行召开日施工方案会，召开时机一般为施工前2小时，参会人员为施工单位现场施工负责人、施工人员、安全员，现场监理、设备管理单位配合人员、集成商督导人员，会议由施工单位现场负责人主持，对当日内容、人员安排、安全卡控措施等内容进行布置，各配合单位对布置内容进行补充和建议。

在施工的各项作业中，严禁动用既有设备和违章使用封连线。

拆、改、配线施工前应向设备管理单位提报日施工方案和施工图纸及拆、配线表，必须在天窗点内进行，并执行一人配线、一人复核制度。

在既有信号设备区域进行改造施工，应提前一天向设备管理单位提报"施工计划和施工配合作业申请单"，经批准后，携带有效的施工计划和施工配合作业单在设备管理单位配合人员的配合下进行施工作业。

当日施工作业内容应与施工配合作业申请单和日施工方案内容一致，现场施工负责人不得随意更换施工内容及范围。

在轨行区施工作业时，全体施工人员须穿戴有反光标识的防护服、安全帽。现场负责人及各组长有关人员应携带通信工具并确保联系畅通。在光线不足处所必须有足够的照明灯具。

进入轨行区施工作业前，现场负责人应清点人数和施工机具材料，离开轨行区时应进行复验人数和机具材料，避免遗漏，做到人走场清。

在轨行区作业需要接触网停电时，严格执行要点、销点制度，作业前现场施工负责人必须与接触网配合人员联系确认设备停电及加挂接地线措施后方可下达开始作业命令；作业完毕后施工负责人会同现场监理、设备管理配合人员对作业区段进行检查确认设备状态及施工机具人员撤离完毕后，方可通知开通线路恢复接触网供电。

3）以"物防"为手段的安全保证措施。

进行既有信号设备室施工前，在信号设备室既有机柜或墙壁适宜位置张贴醒目的"安全警示标语"标志，采取隔离防护措施，划分施工区、既有设备禁区，一般情况下严禁施工人员进入既有设备禁区。

既有机柜前、后带门框的在施工期间进行关闭，采用"警戒隔离带"进行围蔽，并加挂"既有再用设备"标志。对于没有门框的机柜采取硬隔离措施，采用"透明 pvc 亚克力板"进行防护，避免在施工过程中误碰既有设备。如下图所示：既有机柜采取的安全防护措施。图 5-33 所示为设备防护示意图。

在轨行区改造时，对新安装的设备应张贴"新设信号设备"标志，谨防后续施工时开错设备及箱盒。

（2）室内施工放线的实施及防护。

坚持执行"三不动，三不离"方针。

现场临时用电线路的安装和使用，严格执行配电规程、安全操作规程和地铁运营单位施工配合人员要求，不准任意拉线接电。

当在设备上部进行电缆敷设或电缆头制作时，严禁踩或站在设备上部。高度不足时，必须使用凳子等辅助设施，严防梯子上端挤压设备。

（3）层次倒切柜的安装。

倒切柜安装涉及既有线缆和新线的倒切，安装位置选择需满足兼并既有分线柜和新分线柜的位置，且便于人工确认和操作。

新设室内设备与既有室内设备可完全独立设置，室内设备施工完成后需完成室外利旧转辙机、信号机、紧急停车、站台门、防淹门等电路的倒切过渡试验。在新旧系统设备与新旧分线柜间设置过渡调试倒切柜。图 5-33 所示为既有设备倒切过渡试验示意图。

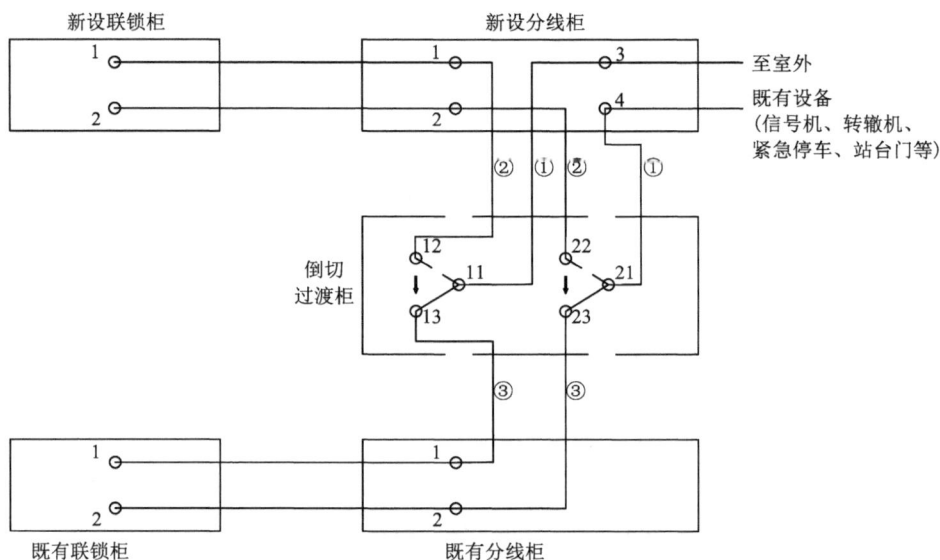

图 5-33　既有设备倒切过渡试验示意图

如图 5-34 所示，在各设备集中站分线柜旁设置倒切过渡柜。倒切过渡柜由继电器控制电路和转换电路组成；利用继电器每组节点的中节点连通室外既有设备控制线缆，敷设临时过渡线"①"；利用前节点连通室内新设联锁设备，敷设临时过渡线"②"；利用后节点连通室内既有设备联锁设备，敷设临时过渡线"③"。通过控制倒切柜继电器吸起/落下实现室外利旧设备控制权倒切。

倒切过渡施工步骤如下。

第一步：在完成室内新设系统间模拟试验后，完成新设分线柜至倒切柜配线"①""②"的敷设。

第二步：在倒切过渡试验前申请施工天窗，逐步将室外转辙机、信号机、站台门、防淹门、紧急关闭等利旧设备控制电缆从既有分线柜挪设至新设分线柜过渡/空端子上。同步完后完成既有分线柜至倒切柜配线"③"的敷设。施工过程中确认倒切机柜各继电器处于落下状态，即通过继电器中、后节点连通既有联锁与既有利旧设备。

第三步：新联锁与既有设备试验。用倒切柜继电器中、前节点连通新设联锁与既有利旧设备，逐步完成新联锁室内外一致性核对试验。

第四步：开通启用新联锁。逐步完成新设联锁室内外设备一致性对位试验后，拆除临时过渡配线"①""②"，同步将室外利旧既有设备控制电缆配置在新设分线盘正式端子上。

（4）室内模拟测试。

室内模拟测试借用模拟盘进行，不接入既有设备。

模拟测试时禁止触碰既有设备。

模拟测试时需开启室内新增信号设备，此时需注意室内温度，调低设备房内空调预设温度，增加风扇降温，避免房间温度升高影响既有设备运行。

（5）倒切配线的实施。

每根配线均要有标识，包括正式配线和临时过渡配线，布线完成后需进行校线工作，保证配线准确性。

倒切配线选用与既有设备配线不同的颜色，便于区分。

在既有设备上布线需在天窗点内进行，布线穿线时使用彩条布防护既有配线，避免既有配线损伤。所有露铜配线均需使用套管或者胶布包好，新增倒切配线不得影响到既有设备。

（6）倒切单体调试。

制订倒切计划，根据实际有效作业时间确定每次倒切单体调试工作内容，确保倒切调试后有足够时间恢复及测试。

只对每次倒切计划内的配线进行拆配线作业，计划外的配线禁止拆配线作业。

倒切配线及恢复时，严格按照倒切配线表及线缆标识进行，做到一人操作一人核对，确保倒切配线的准确性。

倒切配线完成后，需对倒切回的设备做一致性测试，确保恢复准确，不得影响既有设备使用。一致性测试需施工、运营、监理等单位共同确认。

倒切完毕后安排专人值守保障，次日运营提供支持。

（7）设备防水问题。

穿插安装的机柜，部分机柜处在风口下方，存在风口滴水问题。为了解决此问题，首先优化室内机柜摆放位置，避开风口。当不可避免时，可机柜顶部增加导流盘。

（8）室内线缆布线打孔或扩孔防护。

通过现场勘察明确线缆铺设路径，尤其需要关注线缆穿孔空间。对于需要增加空间的，与业主、设计、监理、土建等单位沟通后，明确扩孔位置。

（9）400 V 接入及使用防护。

集中站电源改造需新增电源屏以及 400 V 电源接入。既有 400 V 电源接入箱容量已不能满足新增电源屏和既有电源屏的同时工作需要，需新增 400 V 电源接入箱。在新电源屏调试后，对于电源屏的使用需采取防护措施，电源屏的上电和断电须专人负责，电源屏的开启不得出现因短路导致 400 V 空气开关跳闸的现象，避免影响既有运营的 400 V 供电。

5.3.2.12 控制中心改造保障方案

1. 设备安装保障

控制中心的新设室内设备按照"穿插安装"原则布置在既有设备房中。图 5-34 所示为控制中心新旧设备穿插布置示意图。

图 5-34 控制中心新旧设备穿插布置示意图

施工开始前要对施工人员进行现场安全交底和安全教育，强调不能乱动机房内的任何设备。

地铁运营配合人员完成请点确认前，不得擅入设备房等开展作业。

清理信号设备室内新设机柜范围内的物品，对于无法进行移动的物品或设备做好防护标识。

机柜搬运过程中，为避免碰撞到既有设备、设施，须将室内和过道、出口处容易与其发生碰撞的设备进行隔离或包封。

机柜、线槽和支架安装过程中，对于需要与既有线共用线槽的问题，对施工人员做好交底，严禁踩踏在既有线线槽内，严禁私自乱动既有线线槽内的线缆。

机柜的安装底座应根据地面安装情况制作，保证机柜安装稳固，避免出现倾倒现象。

2. 新线缆布线防护

设备室至调度大厅需铺设新系统使用的网线、电源线，在铺设过程中会与既有 1、2、3、4、5 线共走线缆通道，线缆铺设过程中须注意既有线缆的防护，禁止对既有线缆进行踩踏和挤压。

在光、电缆敷设施工前，对既有线路进行详细调查，了解既有缆线敷设路径、架设方式和穿越管线孔洞的防护方式等，再按照不同情况，针对性地制订防护措施。并对全部施工作业人员进行交底，落实到人。

禁止将施工机具、材料搭压在既有线缆上。

严格工序检验制度，避免由于材料、施工质量不达标而造成返工，耗工费时，影响整个工程的进度。

准备充足的施工器具和防护用品，保证施工人员人身安全。

3. 新电源接入及管理

控制中心须增设新电源屏以及接入防雷箱，同样存在新接入电源的管理问题。其管理方式与正线一致，由专人上电断电，施工过程中不得出现因短路导致的 400 V 空气开关"跳闸"现象，保证既有运营线用电安全。

4. 对外接口调试

图 5-35 所示为接口倒切示意图。

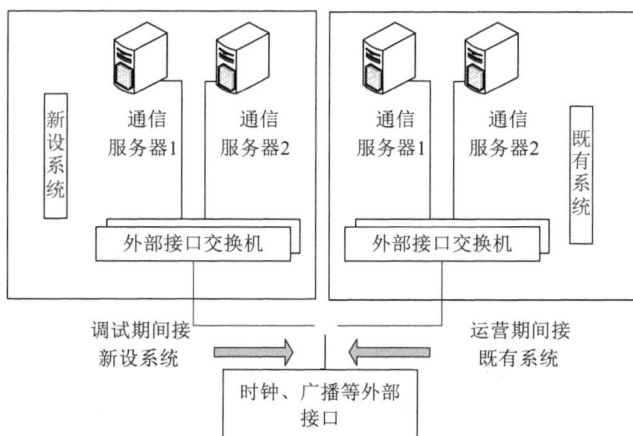

图 5-35　接口倒切示意图

由于本次仅对信号系统进行更新改造，信号系统与其他系统的接口需在物理接口上和协议保持一致。

按照施工图布放信号系统至其他系统的接口线缆并成端。

与其他厂家在试验室内进行充足的协议核对和一致性测试。

调试时采用人工倒切方式，不得破坏既有线缆以及接头，测试完毕后及时恢复既有线缆并验证既有系统功能是否正常。

5.3.2.13　车辆段改造保障方案

1.电源扩容改造

电源屏改造前做好现场调查，制订详细的现场扩容改造方案，方案经运营、监理、电源屏分包商、施工等单位共同确认后实施。

根据请点时间安排改造内容，确保预留足够的时间用于恢复既有设备使用。

电源屏改造需断电进行，改造时及改造后均安排专人值守保障。

作业完毕后需仔细检查既有设备运行情况，确保设备运行正常。

2.室内设备安装防护

车辆段需增加通信柜、ATS 机柜和 LTE 机柜，同样采用穿插安装方式，安装过程中不得破坏既有设备和线缆。

3.库内 LTE 设备安装防护

为了满足库内日检要求，需在车辆段库内增加 LTE 无线设备，包括 RRU 和无线天线。RRU 的安装位置在满足 LTE 系统设计要求基础上，在段内选择合理的安装位置，设备的安装不得影响正常运营活动。天线安装需考虑库内无线覆盖要求，安装方式以及安装位置同样不得影响既有正常运营活动。RRU 至天线馈线安装时，防护措施需合理设计。

4.试车线及正线接口测试

本次车辆段改造与试车线、与正线接口利旧，保持原有接口形式，对既有设备无须改造，仅需请点配合试车线及正线进行测试。

5.ATS 与 CI 接口测试

ATS 与 CI 接口测试在实验室预先进行测试，确保协议及码位正常。现场ATS 与 CI 仅做网络连接状态及硬件接口冗余测试。

新增提前安装到位，单体测试完成。

ATS 所有设备为新设设备，CI 需更新硬件设备，增加串口与 ATS 连接，测试采取整体替换形式，将 CI 软件安装至新的硬件设备上进行测试，测试需预留足够的时间做回退，回退后还需进行测试，确保既有设备正常。

5.3.2.14　试车线改造防护

1. 既有设备防护

将既有设备用警戒带进行划分，并设置误碰、禁入等标识。

确定机柜的安装位置是否阻碍既有设备柜门的打开，根据需要对部分机柜门进行拆除，同时增加警戒带防护，便于设备的维护工作。

室内配套设施改造阶段，在机房内配备吸尘器、毛巾、水桶、拖布等，每天施工完成后对既有设备区域进行打扫。

设备房顶进行其他项目施工时，必须用完好的塑料布将设备顶部及四周遮盖好，严防重物从高处坠落，撞击设备。

2. 新电源接入及使用保障

试车线须增设新电源屏以及接入防雷箱，同样存在新接入电源的管理问题。其管理方式与正线一致，由专人上电断电，施工过程中不得出现因素短路导致的 400 V 一级空气开关"跳闸"现象，保证既有运营线用电安全。

3. 设备倒切保障

新旧系统通过倒切柜进行倒切。倒切原理及操作与正线一致。

4. 车辆段接口测试

本次试车改造与车辆段接口利旧，保持原有接口形式，对既有设备无须改造，仅需请点配合试车线进行测试。

测试前需完成图纸核对以及现场实际配线核对，保证场联关系的准确性。

5.3.3　整体工期进度保障方案及措施

5.3.3.1　4 号线试车线使用方案

由于 2 号线试车线大部分时间用于既有车辆运营试车，存在新车在既有线车辆段试车线调试时间不足的问题。且后续新车大量到位，存在调车和摆车困难，建议启动其他试车线用于 2 号线车辆调试。图 5-36 所示为 2 号线与 4 号线关联图。

考虑对 4 号线正线的影响，建议仅在 4 号线试车线进行 2 号线列车调试。考虑到长沙地铁 4 号线与 2 号线使用同一平台和系统接口存在少量差异的情况，可修改 4 号线试车线软件配置，同时核心网增加 2 号线车辆 ID 或者"借卡"等方式实现 2 号线列车在 4 号线试车线进行互联互通试车测试，若 2 号线 64 列车全部到现场，也可减少 2 号线试车线试车压力。具体能否实现以及实现方式通过专题会议与各方确认。

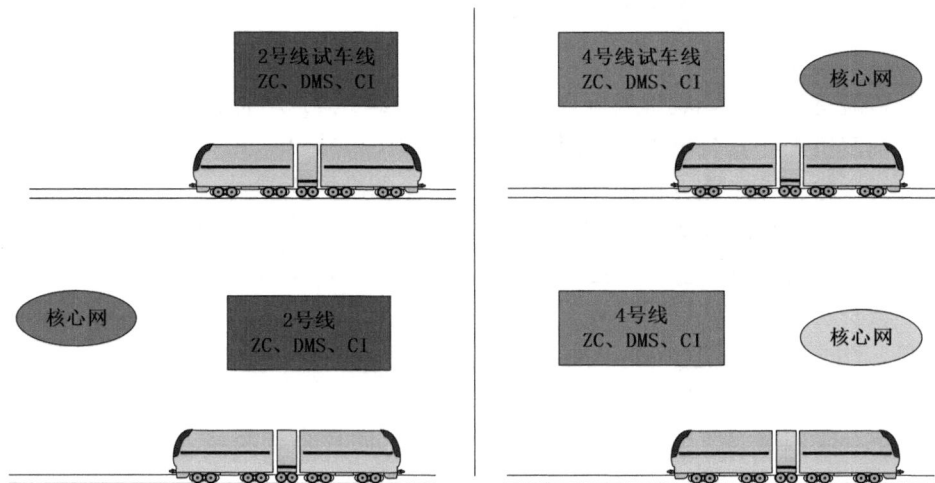

图 5-36 2 号线与 4 号线关联图

5.3.3.2 既有车改造用于场强测试方案

新增设备：车头车尾司机室各新增 2 台 TAU 设备，每台 TAU 所需空间为 1U。各新增 1 台车载合路器。

利旧设备：LTE 设备可通过车载合路器连接既有 DVB-T 设备车顶天线，既有车顶天线、车载馈线、天线开孔均可利旧。

保留 DVB-T PIS+CCTV 业务，白天进行 LTE 动态调试。

非运营时段：关闭 DVB-T 系统轨旁及车载设备，进行 LTE 系统调试。

运营时段：DVB-T 系统 CCTV 系统现使用 1785～1789 MHz，1801～1805 MHz 频段，互为冗余；在 LTE 设备调试期间，DVB-T 系统可将其中一段频率退频，作为 LTE 的调试频段。

需改造线路白天需要运营，只能通过夜晚时间请点进行安装、调试，其中尤以车辆动态调试耗时最长。按每周请 3 个点、每点 3 h 计算，每周安装、调试时间共 9 h。若利用白天运营时间进行 LTE 系统动态调试，则每日工作时间按 8 h 计算，每周工作时间约为 40 h，工作效率提高近 3 倍。

5.3.3.3 加强室内测试，优化现场测试用例设计

对比新线建设，既有线改造不具备丰富的时间用于现场测试，特别是列车动态调试时间急剧压缩，需加强室内测试，优化现场测试用例设计。同时室内

试验室"1∶1"仿真测试和持续的跑图测试。

5.3.3.4　列车 2000 km 里程要求

根据《城市轨道交通设施设备运行维护管理办法》(交运规〔2019〕8 号)以及其他规范中的对应规定,新购列车应开展不少于 2000 km 的不载客运行后,方可投入运营。此次改造新增 32 列车,很大一部分列车存在难以满足里程要求的情况,其原因一是正线点内进行倒切测试,无时间用于保证列车公里数的测试。二是试车线既有列车和新增列车使用频繁,也无充足的时间保证列车公里数。

建议大部分新车在其他线正线进行保证列车公里数的测试。

5.3.3.5　改造方案专家评审措施

对于改造中存在的重大节点和改造方案,邀请专家进行评审。

5.3.3.6　144 h 测试建议

根据《城市轨道交通设施设备运行维护管理办法》(交运规〔2019〕8 号)以及其他规范中的对应规定:新旧信号系统倒切前,应在非运营时段开展不少于 3 次的实战演练,新信号系统经过累计不少于 144 h 的不载客运行后方可投入运营。

考虑到改造更新的可行性,对比新线建设而言,连续测试 144 h 的条件不具备。建议 6 个倒切点连续,仅关闭影响第二天运营的局部系统,保证新系统和既有系统并行运行,非运营阶段连续倒切跑图测试。

5.3.3.7　摆车建议

图 5-37 所示为停车库布置图。

长沙地铁 2 号线既有列车 32 列,平时上线 28 列车,黄兴车辆段有停车位 32 个,双周库有停车位 4 个,仅能满足既有线的正常运营要求。新增 32 列车,除了调试列车外,其他车可存放在 4 号线停车场和车辆段,其中 4 号线停车场有停车位 28 个,双周库有停车位 2 个,4 号线车辆段有停车位 30 个,双周库有停车位 5 个,4 号线运营车辆 30 列。其中 4 号线停车场和黄兴车辆段之间有联络线,如图 5-38 所示。

新增 32 列车摆车建议如下:

(1)既有线试车线以及正线调试车辆存放在既有线黄兴车辆段;

(2)可运营调整 4 号线停车场出车数量,腾出余量用于既有线车辆存放,

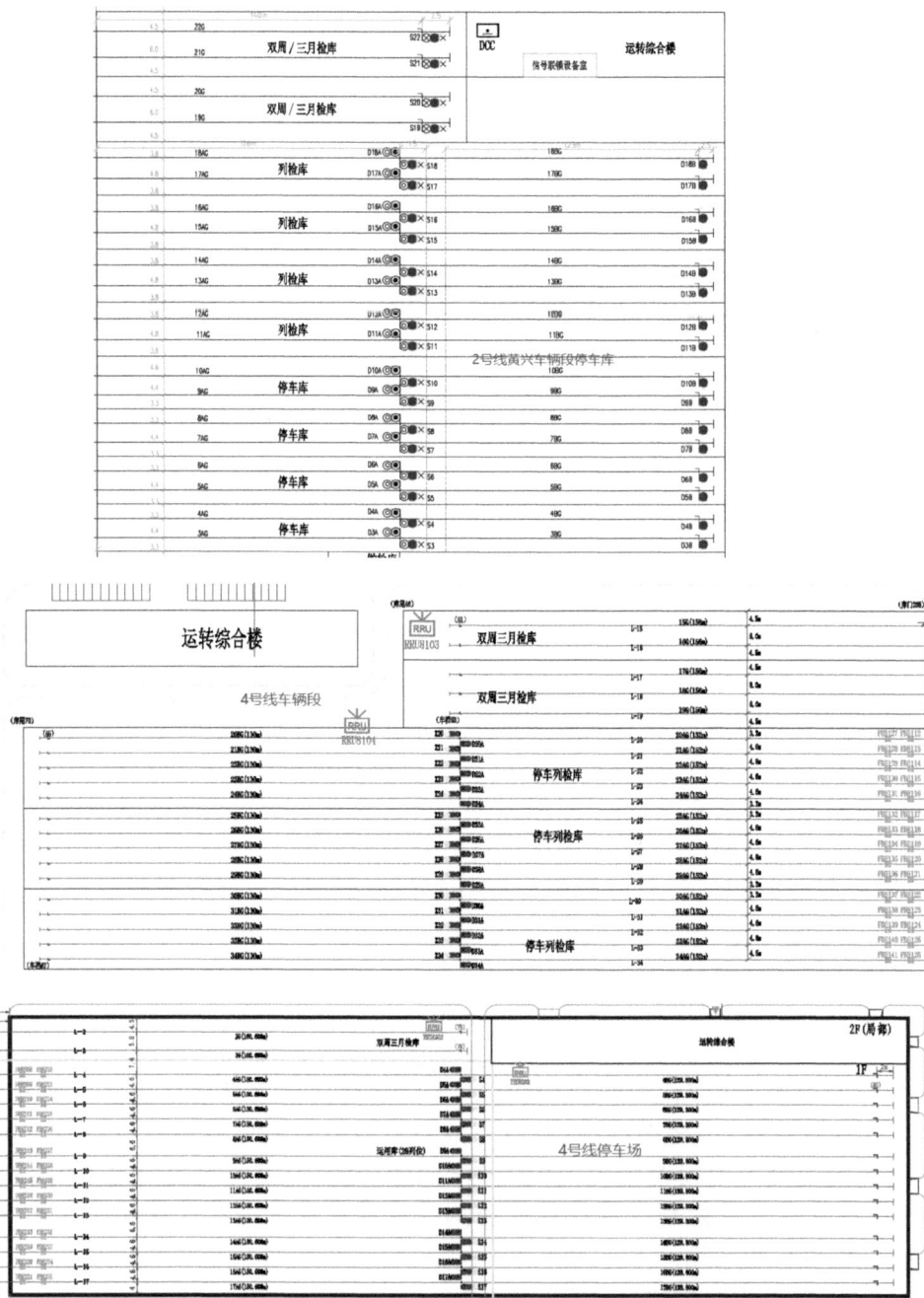

图 5-37　停车库布置图

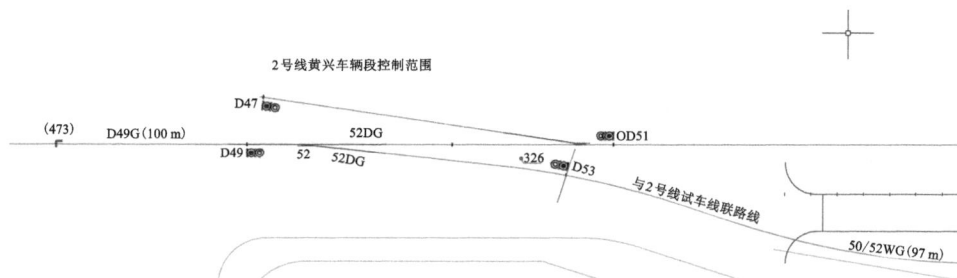

图 5-38　黄兴车辆段与 4 号线停车场联络线示意图

并通过联络线进入 2 号线试车线进行调试。

（3）启用 4 号线试车线用于 2 号线车辆调试，部分车辆存放在 4 号线车辆段，在 4 号线试车线完成测试和调试。

5.3.4　改造期间既有线施工运营安全保障

5.3.4.1　施工安全保证方法与措施

1. 安全技术教育

由施工单位根据长沙 2 号线改造工程施工情况编写施工的安全技术操作规程。其内容至少包含以下几点：

（1）安全防护用品的使用；

（2）各系统施工方法和程序说明；

（3）电动机具的使用；

（4）运输机械及作业车的使用；

（5）临时用电施工安全；

（6）作业车上施工作业的安全；

（7）意外事故和火灾的防护；

（8）安全信号、告警知识及安全标志的设置。

工程开工前对所有参加施工的人员有针对性地进行安全技术教育，增强施工人员的安全意识、法治、纪律意识，提高安全操作技能。

安全学习完成后，对所有人员进行安全考试，考试合格后发给上岗证，准予参加施工生产，不及格不予颁发上岗证，继续对其进行安全教育。

施工过程中，针对不同的施工季节、施工人员、作业类型及时补充安全教育内容，组织工人现场讨论和修改安全操作细则和各种安全制度，并督促工人认真贯彻执行。

2.安全检查

(1)安全检查形式。

在施工过程中,由项目经理组织各级安全员对施工现场的各部门,各环节进行三种情况的施工检查:定期安全检查、不定期安全检查及专项检查。

(2)安全检查的主要内容。

1)内部检查的环节。

检查安全生产责任制是否落实到位,落实到岗。

检查安全管理制度是否健全、切实可行,各级安全技术人员及施工人员的执行情况如何。

检查安全生产措施编制是否切实可行、完整及时、贯彻到位、执行得力。

检查对基层领导干部和施工人员日常安全教育有无安排、记录及针对性内容。

检查新上线工人及民工的教育计划、内容、考试成绩的原始记录,有无上岗证。

检查特种作业人员是否持证上岗。

检查作业车高空作业等特殊安全措施是否具有针对性,是否保留完整的技术交底。

施工现场安全设施、防护用品配备是否齐全,安全带、安全帽等工具用品是否通过了定期试验检查,使用状态是否完好,是否按规定使用。

检查记录、台账、资料是否齐全。

检查吊车等车辆是否有检验安全证书及定期维修记录。

检查是否与当地医疗机构建立合作联系,如果发生严重施工事故能否及时展开救治。

2)外部检查的环节。

检查既有线运营时段是否有专人进行现场盯站。

现场施工人员是否按规定和工种特点正确使用安全防护用品(安全帽、工作服、荧光衣、工作鞋、手套、手灯、防尘面具、安全带、安全防护镜、耳塞等)。

检查施工现场的安全防护设施是否到位。

检查有关施工现场用电设备及建筑物是否设置接地或避雷装置,是否符合《施工现场临时用电安全技术规范》(JGJ 46—2005)。

3.作业标准化

为保证施工人员、乘客人身安全及现场设备安全,为每一个关键的现场施工工序制订安全标准及注意事项。现场施工时,严格执行标准化作业。各系统根据专业特点编制施工安全保证措施。

4.施工安全防护措施

(1)个人安全防护措施。

安全帽:所有进入工地的人员必须佩戴安全帽。

防坠设备:根据《建筑工地(安全)法》《工业安全(悬吊工作台)法》和《脚手架操作规范》规定,在无法提供合适工作台的情况下,工人应系好安全带或带防坠装置的救生索。

工作鞋:为尽可能减少足部受伤的可能性,施工现场作业人员必须穿工作鞋。

手套:从事电焊、机器操纵、供料、装载和卸载等工作的人员必须佩戴合适的手套。

安全工程师负责检查工人是否正确使用个人防护设备。工长每天必须检查工人是否正确使用个人防护设备。对于未能正确使用个人防护设备的工人应给予及时提醒并责令更正。若发现工人多次不按照规定正确使用安全设备,安全工程师有权向其发出"个人防护设备使用违规警告",并将该记录保存。该违规工人不得继续在施工现场工作。

(2)个人防护设备的更换。

所有工人必须参加个人防护设备的使用和维护培训课程,包括个人防护设备的使用、缺点和更换。安全工程师将每周检查个人防护设备的使用情况是否符合安全规定、安全设备的安全性能。工人必须每天上班前对自己的安全设备进行检查,如发现问题及时通过安全工程师进行更换。

(3)施工中的安全防护措施。

根据改造工程的施工特点,在施工现场施工时应设专人负责安全防护,分工明确,统一指挥,严禁其他人干扰或乱发信号。防护人员佩戴上岗证等各种标志。

需停电作业时,在作业区两端验电、挂接接地棒,设专人防护。

现场施工人员进入施工现场时,必须戴安全帽,穿防护服。

作业车、轨道车施工时,车前后两端均安置红色警示灯,车身周围应悬挂安全警示标志牌。

5.既有线安全防护措施

在营运线上施工时,存在机械材料等侵限、对沿线各种管线造成破坏等危险因素,制定安全防护措施。规范既有线施工安全管理行为,确保既有线施工安全。

(1)安全管理卡控制度。

施工现场建立安全生产管理机构,配备专职安全生产管理人员。并将安全管理体系和具体负责人员的名单、职责报主业、监理、设备管理单位备查。

施工现场建立完善的安全保证体系和安全责任制。

在营运线施工时必须根据执行轨道集团安全运营相关管理办法，制订合理的施工组织方案，并报监理工程师审批。

将施工方案和安全协议按规定时间上报业主及相关部门审批。

凡参与本工程施工的全体作业人员上岗前，必须经过分级分别安全教育和培训，严禁未经培训合格的人员上岗作业。

单项工程开工前，包括每工点每天作业前施工负责人要有针对性地对作业人员进行安全交底，明确安全注意事项。应建立以工点为单位的安全交底记录，无记录的视为没有进行交底。

没有经过安全培训的施工作业人员不准作业；在影响既有轨道交通安全的营业线施工范围内施工时，未经审查批准不准施工；没有准备好必须具备的施工料具时不准施工；未按规定设好防护标志及防护人员不到位时不准施工。

严格执行施工中申报审批制度，按照批准的方案和制订的安全措施进行施工，不得擅自变更施工方案，不得随意扩大施工范围。

施工现场必须做到每月至少召开一次安全生产分析会，各作业队、各班组每周召开一次安全生产分析会，查找安全生产上存在的问题、原因，制订出改进措施，并做好会议记录。

（2）专业人员安全职责。

安全员职责：负责本队的安全教育，贯彻安全生产方针；监督员工执行规章制度，主动配合施工负责人做好班前预控工作；掌握安全生产薄弱环节，以便发现问题及时解决；对安全活动进行记载、分析，为队领导的安全检查、总结工作提供真实、准确的数据。

防护员职责：妥善保管防护用品设备，经常检查试用，保证在使用时性能良好；监督员工按规定着装、使用防护用品和机具。

（3）既有线机械施工作业安全防护。

坚持"先防护、后施工"的原则，在作业区附近设置防护栏杆。并根据需要设置各种警示标志。

机械、车辆操作员必须持证上岗。

靠近线路堆放材料、机具等时不得侵入限界。搬运或装卸材料货物时，应专门部署，统一指挥。卸车后，施工负责人组织人员全面检查堆放情况，不符合规定或堆放不稳固的应立即进行整理。

在施工前严格按设计要求及有关安全规则规定对既有设备进行防护，并经常监视既有设备，发现异状必须立即停工加固处理，确认对设备无影响后，方能继续施工。一旦发生损坏，立即报告有关单位，同时及时组织抢修，尽快恢复。

（4）轨行区附近施工安全防护措施。

施工前对沿线环境进行调查，在妨碍列车运行、危及人身或既有设备安全的地段施工时，制订相应的安全技术措施。

在车站、轨行区附近施工或行走时，应遵守下列规定：

听从指挥，注意防护人员所发信号；

不得改变设施原有状态；

不得在车站、轨行区以内的地方坐、卧、休息；

车站附近堆放的器材、工具必须固定牢固，严禁侵入轨行区及设备限界；

在带电区域附近作业时，作业人员与带电体的距离小于最小安全距离规定值时应停止（或停电）作业；

在裸露带电设备周围不得使用钢卷尺和皮尺进行测量工作；

浓雾、阴雨、雷电天气时不得在高压线交越的电杆附近作业。

（5）高空作业的安全措施。

1）登踩梯子作业。

作业前需对梯子进行外观检查及登踩试验，严禁使用不合格的梯子。

作业时梯子摆放必须稳妥，且有专人扶持。

作业人员衣着灵便，在易于发生剐碰的场所，将裤脚、袖口、纽扣扎好。

2）综合部分。

严禁患有高血压、心脏病、癫痫病及不适合高空作业的人员进入高空作业面。

安全帽、安全带及个人工具等随身携带的物品必须牢固可靠地系在身上，避免掉落。

高空作业所用的料具、设备等，必须根据施工需要随用随运，设备禁止超负荷运行，其临边危险处禁止操作。

高空作业需两人共同操作时，应注意配合，防止物件脱落或人员坠落。

高空作业时禁止垂直作业，地面上不应有行人，上下传递料具不可采用抛掷方式，暂时不使用的工具应随手放入工具包内。

3）安全防护技术措施。

根据现场调查组织施工，并遵守有关施工安全的政策法规。

及时了解掌握运营公司的有关施工安全的规章及规定。

4）编制相关施工方案。

在编制施工方案和施工过渡实施方案时，除按设计文件的要求之外，还必须考虑到确保营业线的行车安全。

制订施工安全措施，建立各岗位安全生产责任制和日常安全管理检查制度。

施工安全措施除对各施工作业环节提出具体安全措施之外，还要明确管理者、检查者、执行者等岗位的安全责任，建立日常安全例会检查制度，事故、险情的责任追究和经济处罚制度等。

向参与施工的人员进行技术交底和安全培训教育，必要时还应进行专门的培训，考试合格后，持证上岗。

(6)区间施工的安全管理措施。

出工前必须坚持早点名安全讲话制度，根据当天的施工内容针对性地进行安全教育，定期或不定期地召开安全例会，并做好各种记录。

区间施工时应设专人负责安全防护，分工明确，统一指挥，严禁其他人干扰或乱发信号。

作业过程中严禁从事与工作无关的事情，精神集中，应随时对工作程序进行检查，注意安全防护。

各类工具材料的传递应用小绳或其他工具，不得抛掷。

5.3.4.2 调试安全保障方法与措施

为了确保 CBTC 系统在现场的调试安全，调试人员将遵照如下程序开展调试作业。

1. 调试前准备

调试负责人提前 3 天按照业主要求的调度管理办法，根据测试调试计划向业主申请调试计划，经批准后，在计划指定的日期、时间、地点和范围内组织进行调试。

调试当天，调试负责人将当天调试方案发给当天所有调试工程师、现场经理和项目经理。

根据调试大纲和调试双周滚动计划，有调试任务的工程师需到现场项目部集合，由调试负责人召集所有人参加当天现场调试碰头会和安全培训会议。现场调试碰头会内容包括：当天调试方案介绍；人员具体工作安排；测试工具分配；调试注意事项；填写现场施工准备工作管理表；指定当日的车载负责人、中心指挥人员、信号设备室负责人三人兼任安全员。安全培训内容包括：安全保障措施及应急预案宣讲；安全防护用品检查；填写现场安全签到表。以上要求均须有书面记录。

所有人准时从项目部出发，出发前检查：当天调试方案、调试手册、测试大纲(版本)、测试表格(版本和测试项)、现场工作记录单、测试工具、手台。

2. 到达调试现场

车载调试人员按运营请点时间到达现场，向各个单位沟通当天的调试流程和配合注意事项。调试负责人负责行调，车载负责人负责运转、司机、维护部门。调试负责人在调试开始之前到达指挥中心，向行调和信号楼值班员说明当天的测试内容。

车载负责人向运转请求测试车辆上电，借钥匙，上车搭建测试环境，确认软件版本，写入工作记录单。调试人员上车，督促司机就位，向指挥中心汇报就位情况。

地面信号设备室调试人员和维护人员到中控室请点、登记，进信号设备室搭建测试环境，准备调试，向指挥中心汇报就位情况。

中心指挥人员在信号楼登记，准备开始调试。

3. 开始当天调试

中心指挥人员根据调试方人员的汇报，通知行调，请求开始试验。

调试中，车载负责人和中心指挥人员及时沟通，由行调指挥司机行车，调试方不直接指挥司机行车。

调试中，严格遵守安全相关规定和当天调试方案，出现问题及时汇报和记录。

调试中的注意事项：

(1) 指挥中心人员。

要详细地向行调、信号楼值班员说明当天测试流程、运行交路。

根据车载和地面人员的汇报，及时向行调传达配合需求。

多车运行阶段，由中心指挥各车按计划行车。

注意目前排列的进路是否适合当前调试的需求，进路不对时，及时提醒。

遇到问题及时向上级领导汇报。

(2) 车载调试人员。

每完成一个测试项，都要向指挥中心人员汇报，让指挥中心人员和行调明白测试进度和下一步配合交路的变化。

注意人身安全和用电安全。

调试中所有操作由司机完成，调试人员不允许操作车辆。

调试中发现车辆问题，由司机向指挥中心汇报。

调试中发现问题，向中心人员汇报，向调试负责人请示是否继续进行后面的测试还是申请回段。

调试时，需注意当前测试项所要求的驾驶模式，限制速度等要求。

调试时，后车调试工程师须严格注意与前车的距离，提醒司机紧急制动，以避免可能发生的危险情况。

如果调试中出现意外，车载调试人员要双手抱头，头冲车尾方向躺倒在车厢内。

（3）信号设备室人员。

每完成一项工作，都要向指挥中心人员进行汇报，让指挥中心人员和行调明白地面的进展，听从统一指挥。

注意人身安全和用电安全，非交付设备，严禁操作。

测试系统性故障的安全防护阶段时，在信号设备室的工程师需提前和运营人员沟通好，听从中心指挥，制造各种故障来配合测试的进行。在测试完毕后，一定要配合维护人员恢复所有测试中使用的设备，待维护人员确认所有设备全部恢复完毕后，才能销记离开。

4. 调试结束

不能按计划完成当天调试的，当天调试负责人须在预计到不能完成时立即向测试调试经理和现场经理汇报，由现场经理向运营沟通，如果能延长调试时间，则按照新给出的调试时间继续进行调试，如果不能延长，则按照原计划结束调试。

调试完成后，调试负责人向调度室进行调试作业的销记。

车载调试人员拷贝设备记录数据，收拾测试工具，关闭电源，在维护人员的配合下做好销记工作。

调试完成后，在信号设备室的调试工程师拷贝设备记录数据，收拾测试工具，在运营人员的配合下做好销记工作。

当天调试完毕后，调试负责人对当天所有人员进行点名，确认所有调试人员都平安归来。

5. 调试总结及汇报

调试人员统一坐车回现场项目部。

归还测试工具，需要充电的设备及时充电，由各专业负责人负责检查。

归还调试手册、测试大纲，由各专业负责人检查。

当日现场工作报告单和测试表格签字、扫描并归档，由各专业负责人负责检查。

现场安全签到表归档，由调试负责人负责检查。

现场施工准备工作管理表归档，由调试负责人负责检查。

填写电子版当日现场工作报告单，发给现场经理和相关领导。

调试负责人填写当日调试总结，发给项目经理和相关领导。

提交当日现场工作报告单、附上当日现场工作记录单及测试表格的扫描件。

车载负责人或指定相关人员将当日所有数据拷贝到移动硬盘，每日建立一个单独的文件夹。存储的数据包括车载记录数据、测试表格扫描件、地面记录数据等。

5.3.4.3　工程过渡期间应急预案

在工程实施中的任何阶段都应充分做好应急准备，根据工程实际情况预估工程实施风险，提前准备应急预案，进而保证全线系统贯通工作的顺利进行。

1. 车站施工可能会对墙面、地面、装修层造成破坏

应对措施：在车站施工作业时，做好成品保护，并在施工前与相关单位沟通，一旦对墙面等造成破坏，第一时间与相关单位一同对破坏区域进行修复，保证美观度及功能性不受影响。对于暂时不能修复的部分损坏，采取相应措施进行临时防护，以防造成人员伤害。

2. 电缆拆除施工，对既有线路造成误伤害

应对措施：电缆拆除施工前，安排施工人员对电缆重新进行标识复核，同时将根据情况，提前准备足够数量的电缆接头等备品备件，根据运营要求，对不能接头的电缆，提前配备同型号电缆。电缆拆除时，对于穿管电缆，对电缆进行抽取，若电缆敷设在桥架内，对电缆进行分段裁剪，避免采用抽拉方式进行拆除，将裁剪后的电缆依次从桥架内取出。

3. 室内施工，对既有设备部件造成破坏

应对措施：室内施工前，积极与运营单位进行沟通，准备好备品备件，一旦造成损坏，第一时间进行更换，保证次日运营安全。

4. 更换电缆破坏防火封堵

电缆桥架穿越防火墙时，由于电缆敷设周期长，正式防火封堵必须在电缆全部敷设完成后进行，对施工过程中的运营安全产生影响。

应对措施：根据消防要求及运营安全考虑，每天施工完成后，对穿越防火墙处采用阻火包进行临时封堵，以达到消防及运营安全要求。

5. 设备在调试过程中烧毁，影响次日运营安全

应对措施：送电系统调试前，在运营及监理方共同见证下对配线进行检查试验，保证试验配线的准确性，同时在调试前，积极与运营单位进行沟通，准备好备品备件。一旦在调试过程中出现设备损坏，第一时间进行更换，保证次日运营安全。

在试运行期间，一旦出现任何问题，将第一时间确保既有运营线路系统不受影响。在新建信号系统调试完成以前，既有运营所用信号系统配置将保持不变，在新建系统夜间调试过程中，既有系统任何轨旁系统配置都可以在调试中的任何时候进行恢复，从而保证既有系统运营不受影响。

综合考虑工程调试以及与既有系统调试期间可能发生的各种情况，并对工

程调试期间的各种设备提供工程备品备件保障，提供核心技术人员保障，确保成功完成从既有系统到新建系统的一次性倒切。在此过程中，调试方将提前准备应急预案，确保任何突发情况下的列车正常运行。一旦在切换期间无线出现通信问题，点式 ATP 的后备模式会保证 ATP 在改造线路的工作。

调试阶段信号系统应急处理预案如表 5-13~表 5-20 所示。

表 5-13 计轴设备应急预案

序号	故障现象	应急处理方法	备注
1	正线计轴区段受扰（车站或中央 ATS 工作站上显示）	1. 通知维护人员； 2. 如只是一般的受扰故障，在未恢复正常前，列车还是以 RM 模式通过，等维护人员机房复位后，可恢复正常； 3. 如故障比较严重无法通过复位解决时，可能需要夜间抢修处理	在未恢复正常的情况下，列车还是以 RM 模式通过该区段
2	道岔区计轴区段受扰（车站或中央 ATS 工作站上显示）	1. 通知维护人员； 2. 如只是一般的受扰故障，等维护人员机房复位后，确认道岔位置，列车以 RM 模式即可出清； 3. 如故障比较严重无法通过复位解决时，如果位于折返道岔的区段时，可能需要手摇道岔完成运营组织	在未恢复正常的情况下，列车还是以 RM 模式通过该区段；情况严重时，需要手摇道岔

表 5-14 联锁设备应急预案

序号	故障现象	应急处理方法	备注
1	联锁单机故障	2 min 内没有自动恢复则通知维护人员	维护人员在集中站机房内重启联锁设备
2	联锁设备无法正常运行	1. 通知维护人员，重启设备； 2. 若仍无法自动恢复需要做好手摇道岔和人工保障运营准备	通知信号专业维护负责人，确认故障后进行下一步处理
3	联锁与 BP 通信故障	1. 通知维护人员检查联锁设备； 2. 若不是联锁设备故障，请检查 BP 设备，确认故障后进行下一步处理； 3. 此时，所有列车会紧急制动，列车需在司机确认后，恢复点式控制模式继续运行	此类故障建议试运行结束后再通知信号专业的维护负责人，确认故障后进行下一步处理

续表5-14

序号	故障现象	应急处理方法	备注
4	联锁与ATS通信故障	1. 通知维护人员检查联锁设备； 2. 若不是联锁设备故障，请检查 ATS 设备，确认下一步的处理； 3. 此时，所有列车会紧急制动，要求所有列车汇报其位置，做好人工保障运营准备	通知信号专业的维护负责人，确认故障后进行下一步处理
5	信号机开放故障	1. 一旦出现此类故障，调度可以根据线路运营情况，在符合安全的情况下，要求司机以 RM 模式驶过该信号机； 2. 只有在收到调度确认安全的情况下，司机才能通过一个由于信号机自身故障造成模式红灯或灭灯的信号机；此时列车必须以 RM 模式减速通过经确认空闲的区段	此类故障建议试运行结束后再通知信号专业的维护负责人，确认故障后进行下一步处理
6	道岔失表故障	如果道岔受扰开放红灯信号，且无法及时排除受扰状态，道岔必须被人工钩锁后才能允许列车通过	道岔被人工钩锁后，继续试运行等试运行结束后通知信号专业的维护负责人，确认故障后进行下一步处理

表 5-15　ATS 设备应急预案

序号	故障现象	应急处理方法	备注
1	大屏黑屏	1. 故障不影响运营； 2. 通过调度工作站查看； 3. 通知维护人员	试运行结束后通知信号专业的维护负责人，确认故障后进行下一步的处理
2	大屏无反应	1. 故障不影响运营； 2. 通过调度工作站查看； 3. 通知维护人员	试运行结束后通知信号专业的维护负责人，确认故障后进行下一步的处理
3	调度工作站死机	1. 故障不影响运营； 2. 可通过其他调度工作站查看线路运营情况； 3. 可通过大屏查看运营情况； 4. 报维护人员进行检查	维护人员重启调度工作站，重新打开 ATS 应用程序

续表5-15

序号	故障现象	应急处理方法	备注
4	调度工作站显示器黑屏	1. 故障不影响运营； 2. 通过其他调度工作站或大屏查看； 3. 移动鼠标，检查是否进入屏保模式； 4. 检查显示器数据输入线是否接好； 5. 检查电源线是否接好； 6. 通知维护人员	如果不能解决则在试运行结束后通知信号专业的维护负责人，确认故障后进行下一步的处理
5	一台调度工作站应用软件自动退出	1. 故障不影响运营； 2. 通过其他工作站操作； 3. 重启应用程序； 4. 通知维护人员	维护人员重启调度工作站，重新打开ATS应用程序
6	调度工作站鼠标失效	1. 故障不影响运营； 2. 通过其他工作站进行操作； 3. 通知维护人员更换	如调度处有备用鼠标，可先行自己更换
7	调度工作站键盘失效	1. 故障不影响运营； 2. 通过其他工作站进行操作； 3. 通知维护人员更换	如调度处有备用键盘，可先行自己更换
8	车站调度工作站主机故障	1. 车站值班员先与中央调度确认当前站控制模式； 2. 如该站当前处于无控制状态，则中央调度直接收权，操作步骤为： 1) 当车站调度工作站主机故障时，中央调度可观察到该车站站名显示淡黄色； 2) 中央调度在菜单中选择"请求区域控制权"命令； 3) 无须车站确认，即可转为遥控模式 3. 如该站当前处于车站控制状态，则中央可以紧急抢权，操作步骤为： 1) 当车站调度工作站主机故障时，中央调度可观察到该车站站名显示黑色； 2) 中央调度在菜单中选择"紧急车站控制权"命令； 3) 无须车站确认，即可转为遥控模式 4. 通知维护人员； 5. 在维护人员电话指导下重启故障机器	如果不能解决则在试运行结束后通知信号专业的维护负责人，确认故障后进行下一步的处理

续表5-15

序号	故障现象	应急处理方法	备注
9	中央服务器单机故障	1.系统会自动切换到备机,原来的主机会自动重启; 2.通知维护人员	在试运行结束后通知信号专业的维护负责人,确认故障后进行下一步的处理

表 5-16　电源屏应急预案

序号	故障现象	应急处理方法	备注
1	控制中心信号设备失电(中央电源屏故障)	1.通知维护人员; 2.1 min 后,行调确认车站值班员是否已经自动实现紧急站控,如果 UPS 没有故障,可以继续供电一段时间,行调需主摇转站控; 3.电源恢复后,行调可以收权,继续中控	在电源恢复前请维护人员确认已把所有机架内的电源空气开关放到断开位,等电源恢复 10 min 后,再逐一给机架上电,检查设备状态
2	集中站信号机房电源屏失电(集中站 ATS 工作站无电)	1.通知维护人员; 2.该区域的联锁失效、计轴受扰、道岔失表,如果是折返站,需手摇道岔; 3.该区域实行电话闭塞发车; 4.确认电源恢复、计轴复位、列车清扫后,才能恢复	在电源恢复前请维护人员确认已把所有机架内的电源空开放到断开位,等电源恢复 10 min 后,再逐一给机架上电,检查设备状态
3	非集中站信号机房电源屏失电	1.通知维护人员; 2.故障不影响当前运营情况,但是在该区域的发车表器无显示、列车也是非通信列车,屏蔽门/安全门手动操作	在电源恢复前请维护人员确认已把所有机架内的电源空开放到断开位,等电源恢复 10 min 后,再逐一给机架上电,检查设备状态

表 5-17 信号机、车站设备应急预案

序号	故障现象	应急处理方法	备注
1	紧急停车按钮无效	1. 故障不影响运营； 2. 通知维护人员	如果不能解决则在试运行结束后通知信号专业的维护负责人，确认故障后进行下一步的处理
2	屏蔽门/安全门故障（含不能打开和不能关闭）	1. 通知维护人员； 2. 屏蔽门/安全门不能打开时，列车停靠站台后，手动打开和关闭屏蔽门/安全门，出站的时候，调度员需打开站台区域轨道，如果有速度码和发车授权，则以 ATP/ATO 模式驶出站台； 3. 屏蔽门、安全门不能关闭时，列车进站停稳后，首先按下屏蔽门/安全门的旁路按钮确认出站信号机绿灯开放，其次再次按下屏蔽门/安全门的旁路按钮，司机确认列车的发车授权和速度码后列车以 ATP 模式继续动车	如果不能解决则在试运行结束后通知信号专业的维护负责人，确认故障后进行下一步的处理
3	信号机故障	1. 通知维护人员； 2. 请进行灯位显示确认，进行相关检查以及断丝报警测试	如果不能解决则在试运行结束后通知信号专业的维护负责人，确认故障后进行下一步的处理

表 5-18 ATC 设备应急预案

序号	故障现象	应急处理方法	备注
1	ATP 自动校轮失败）	1. 列车下线，通知维护人员人工输入轮径后再测试； 2. 测试完毕通过后，可上线继续运行	
2	ATC 严重故障	列车下线，通知维护人员维修	
3	列车紧急制动	1. 尝试缓解 EB； 2. 若 EB 无法缓解，重启整个系统； 3. 若故障未解除，按调度命令切换为 ATP 运行； 4. 回段后，通知维护人员	

续表5-18

序号	故障现象	应急处理方法	备注
4	MMI 显示丢失完整性图标	1. 若 EB 无法缓解，重启整个系统； 2. 若故障未解除，按调度命令切换为 ATP 运行； 3. 回段后，通知维护人员	

表 5-19　转辙机设备应急预案

序号	故障现象	应急处理方法	备注
1	道岔无表示	1. 通知维护人员； 2. 检查电流表，看道岔是否锁闭，若未锁闭，到室外检查道岔是否夹有异物； 3. 检查转辙机是否卡口，若是通知维护人员调整； 4. 检查有无熔丝报警，若有到机械室处理	
2	道岔无法驱动	1. 通知维护人员； 2. 检查有无熔丝报警，若有到机械室处理； 3. 检查 2DQJ 是否转极，若未转极，检查驱动板相应的点是否有输出； 4. 检查主机柜 24 V 电源模块工作是否正常； 5. 检查室外转辙机遮断器、自动开闭器接触是否正常； 6. 检查转辙机电机碳刷接触是否正常	

表 5-20　DCS 设备应急预案

序号	故障现象	应急处理方法	备注
1	网管显示当前监控的无线 AP 或交换机故障	1. 通知维护人员； 2. 使用网管软件查询设备故障发生的时间，并记录； 3. 确认设备故障是否为真实故障	通知信号专业的维护负责人，确认故障后进行下一步的处理

5.3.4.4　车站内各专业配合建议

（1）对既有线设施设备施工前需要运营方确认，避免故障产生。

（2）电缆敷设完毕、压接前，我单位、监理方、运营方专业人员共同对电缆绝缘等指标测试进行确认、签字，形成书面测试报告。

（3）在电设备安装调试完成后，施工单位与运营方专业人员共同对相关设备功能进行确认,形成书面记录,确保运行正常。

(4)更换施工前,施工单位用绝缘布遮挡机柜,以免施工时设备被砸受损,运营方需要确认。

(5)夜间运营结束后,运营方需要安排专人配合施工单位进信号设备房的施工作业,并进行监督。

(6)运营期间放缆或穿缆作业可能影响其他设备供电电缆时,运营方需要指派专业人员配合。

5.3.4.5 配合保障需求

该既有线路改造工程工程量大、接口多,在不影响运营安全的情况下,需要运营方的大力配合,具体配合需求如下。

1. 手续办理需求

在不违反运营相关管理办法的情况下,建议运营方设置施工计划审批办公室,简化施工申报手续,尤其是停运后进场登记手续,以方便施工单位办理施工计划手续,保证施工工期节点的顺利完成。

2. 运营人员配合需求

为了保证按照施工节点顺利完成施工任务,有时需要增加施工作业面,建议运营公司增加相应的配合人员。

3. 作业时间需求

该工程为既有线路改造工程,施工作业时间基本上是夜间,由于夜间施工时间短、效率低,在不影响运营安全的情况下,建议运营方相关单位允许白天进行部分的施工作业,施工单位做好运营安全保障措施。由于部分作业施工只能在夜间运营停运之后进行,为了保证夜间有足够的施工作业时间,施工单位需与运营方相关单位积极沟通,合理地安排施工任务。

4. 物资存放场地需求

由于电缆更换数量大,且施工作业时间少,为了保证施工工期节点,在不影响运营安全的情况下,建议运营方提供部分电缆存放场地。

5.3.4.6 突发事件报告程序

突发事件发生后的请示报告工作应遵循下列原则:

(1)迅速、准确、逐级上报的原则;发生任何突发事件都应第一时间上报,情况不明的先简报,查明原因后续报。

(2)上级领导、各单位及其内部并举。

1. 现场的报告

在区间发生突发事件时,参加、配合调试各单位相关人员或施工单位人员应确认现场情况，迅速、准确地报告联调行调。若因通信问题不能及时报告行调，应就近向各站联调值班人员报告，由其转报行调。车站发生突发事件，由各站联调值班人员报告行调。

发生火灾，现场人员在积极扑救的同时，报告 119 火警并报告行调。

发生爆炸、人身伤亡、设施及物品被盗割时，现场人员除向行调报告外也应向公安人员报告。

突发事件的现场情况一时难以判别时，可先报现场情况，而后继续确认，随时报告。如发现报告内容有误时，应立即给予更正。

调试过程中，车辆、通信、信号等各专业设备发生故障，影响联合调试的，现场调试人员也应立即报告联调负责人，由联调负责人向行调报告。

现场情况报告应包括的事项如下：

- 报告人姓名、单位；
- 事件发生时间（时、分）、地点（站、区间、百公尺标、公里标或股道）；
- 突发事件概况、设备损坏情况及对调试的影响程度；
- 人员伤亡情况；
- 请求救援的内容；
- 其他必须说明的内容。

动车调试突发事件报告程序如图 5-39 所示。

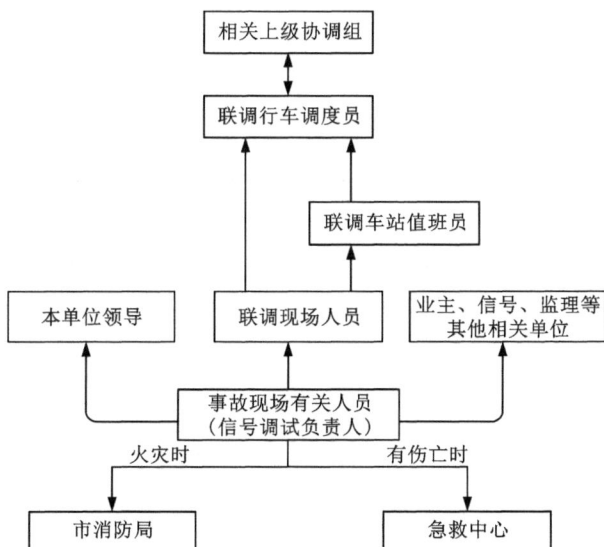

图 5-39　动车调试突发事件报告程序图

5.3.4.7 抢险处置组织工作

1. 抢险处置原则

抢险处置遵循下列原则。

(1)突发事件发生后，现场人员自行组织进行前期处置，随后配合联调单位对现场进行处置。

(2)联调单位人员到达后，现场抢险救援领导小组即成立，处置权随之移交，现场人员遵从联调领导小组的指挥。

(3)抢险以自救为优先处置原则，信号调试负责人应组织好现场调试相关人员做好处置工作。

2. 抢险组织

(1)联合调试项目部人员到达后，现场抢险救援领导小组即成立。

(2)现场抢险救援作业指挥人由抢险救援领导小组指定。

(3)由项目经理带队成立兼职抢险救援队伍，配合联调指挥部进行抢险工作。

抢险组织流程图如图 5-40 所示。

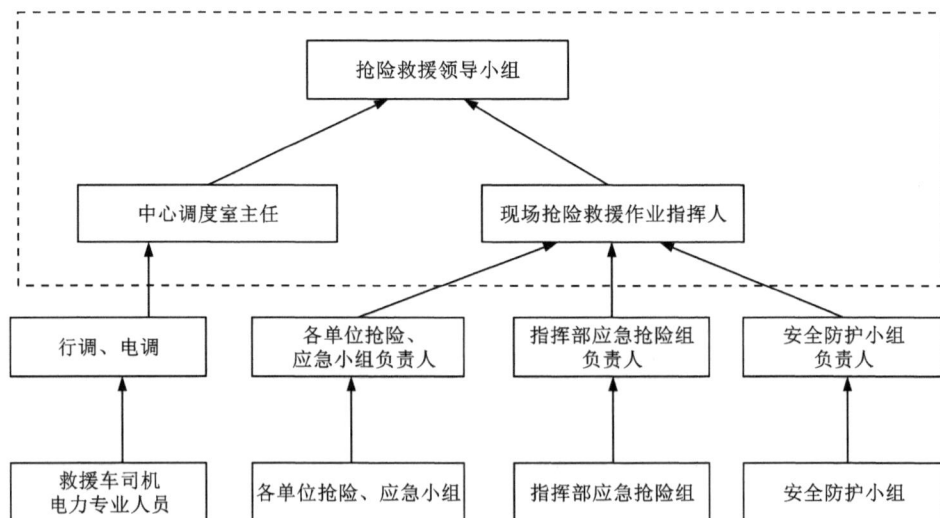

图 5-40 抢险组织流程图

3. 抢险救援领导小组到达前的组织工作

(1)现场人员的组织工作。

区间发生突发事件时，信号调试人员立即报告联调负责人，并在联调负责人的组织下开展现场前期抢险救援工作。

在车站各设备机房、管理用房发生突发事件时,由信号调试人员报告联调负责人和车站值班员,并在联调负责人或车站值班员的组织下开展前期抢险救援工作。

(2)本单位的组织工作。

立即调动本单位一切力量,采取有效措施,控制事态发展,减少损失。

立即报告本单位领导及行调,现场情况一时无法判明时,也应将所能了解到的情况先行报告,详情了解后续报。

根据现场情况或中心调度室主任指示,迅速组织专、兼抢险小组赶赴现场。

根据现场需要,筹集并运送抢险物资。

4.抢险救援领导小组到达后的组织工作

(1)抢险救援领导小组人员中有到达现场者,即在现场成立抢险救援领导小组,开始组织救援工作。

(2)信号调试人员(调试负责人)向抢险救援领导小组汇报现场情况。若事件涉及信号调试单位,由集成单位领导提出抢险方案,方案中应明确各相关专业配合任务,经抢险救援领导小组批准后实施。若不涉及,则在抢险领导小组组织下配合相关工作。

(3)抢险方案由事件涉及的相关单位领导组织抢险队伍实施,在实施过程中须及时向抢险救援领导小组汇报抢险进展情况,需要外围协调的问题由抢险救援领导小组协调解决。

5.现场作业纪律

(1)抢险方案确定前,抢险救援小组到达现场后在指定地点待命,抢险小组负责人需尽快掌握现场情况,研究救援方案,并向本单位领导及抢险救援领导小组报告。

(2)涉及列车脱轨等事故的现场,各单位均负有保护现场的责任。有关现场的处置应按相关法律法规执行,非抢险小组成员严禁进入现场。

(3)抢险领导小组成员不得远离现场项目部。

(4)抢险负责人必须坚决执行现场抢险救援作业指挥人的命令,加强协调动作,注意相互配合,谨防事件扩大。抢险救援作业由抢险救援小组负责人负责具体实施,其他人员不得向抢险人员下达命令。

(5)抢险方案的变更须经抢险救援领导小组批准。

(6)抢险作业现场发生有危及人身或车辆、设备安全的紧急情况时,作业人员应立即停止作业,采取有效措施进行防护,并迅速通报抢险救援作业指挥人。

(7)现场停电、送电或列车移动,由相关单位抢险队负责人向现场抢险救援作业指挥人提出申请,经现场抢险救援作业指挥人批准后,按工作程序组织实施。

(8)抢险作业完毕,清理现场,清点人数,撤出抢险设施、设备、工具、器材,撤出现场后向现场抢险救援作业指挥人报告,由其向现场抢险领导小组报告。

6.主要抢险救援工作分工

各单位根据分工安排提前准备抢险救援工作所需人力、物资、机械设备。

图5-41所示为抢险救援工作分工图。

图5-41 抢险救援工作分工图

5.3.5 故障应急具体保障措施

5.3.5.1 风险管理

风险源如表5-21所示。

表 5-21　风险源

序号	阶段	主要风险及分析	应对措施
1	设计	输入资料错误导致设计错误,如设备房图纸空间与实际不符,导致安装空间受限	仔细核对既有图纸,与实物进行现场核对,发现与实际不符的及时与相关方沟通
		联锁关系错误	提前进行模拟实验
		设计方案不满足实际实施要求	根据现场勘察实施情况,进行优化设计,邀请专家评审
		新增车载设备与既有车辆接口问题	对既有车辆的现场调研及技术文件查阅,充分了解既有车辆的接口,与车辆方进行接口设计联络,双方根据需求优化设计方案
		信号设备与外部接口问题	对既有外部设备接口进行调研及技术文件查阅,充分了解现有信号外部接口,在保持既有接口的原则下进行优化设计
		LTE-M 与其他线路的干扰问题	充分调研其他线路及周边环境,组织业内专家进行专题方案研究
2	安装	设备搬运及安装过程中影响既有设备的运行	对既有设备进行软硬隔离,保证既有设备正常运行,对于无法隔离的作业,必须在非运营期间请点进行
		人员进入设备室气灭未切换手动模式	进入设备室必须切换手动模式,双人复核
		利旧泄漏电缆的切割造成专用通信受影响	与专用通信专业紧密配合,优化切割方案
		既有 UPS 电源设备移设风险	既有设备厂家现场保障,指导现场人员施工
		轨旁设备施工遗留工器具等风险	加强现场管理,进出轨行区都须进行工器具清点,作业完毕后安排专人检查施工场地,确保出清
		新增信号设备侵限风险	安装新增设备时,充分测量限界,确保设备不侵限。保证安装质量,保证设备安装完毕后不发生倾倒引起侵限
		轨旁施工安装人身风险	做好人员防护,保证人身安全
3	过渡	配线接入错误	作业前各方核对拆配线表及标识
		功能核对错误	所有复核均由两人以上确定完成
		过渡调试期间,夜间作业时间短	合理安排天窗点内工作内容,预留既有设备恢复时间

续表5-21

序号	阶段	主要风险及分析	应对措施
4	倒切	线缆损伤导致接入失败	关键机柜敷设设备用线缆，可快速进行替换
		配线错误导致接入失败	接入前复核配线图及线缆标识，做到一人配线一人盯控
		既有 PIS 1.8G 与 LTE 的倒切错误造成广告业务中断	联系原厂家人员到场指导，与原厂家紧密配合，做好保障措施
5	拆除	线缆、设备拆除错误	线缆拆除由设备端开始，严禁中途拆除；拆除设备必须提前进行确认并与运营部门共同确认
		拆除设备的防护	废弃设备需运送至指定位置防护，设备拆除后严禁堆放至轨行区

5.3.5.2 应急措施

1. 点式保障

（1）加大设备检测和维护力度。

在非运营阶段，增加轨旁箱盒和环线、室内发码设备以及联锁 TCOM 卡状态排查频率。做好排查记录，对记录数据进行趋势分析，趋势异常的重点处理。

（2）非早晚高峰期进行 IATP 动车。

为了确保点式环线的功能完整性，以及司机 IATP 的运营应急和习惯，建议非早晚高峰期进行 IATP 动车。

2. BP（无线）故障

（1）中间站。

中间站 BP 故障以滦湾镇站为例。

假设滦湾镇站管辖范围内 BP 故障，涉及范围为西湖公园至迎宾路口站，范围为 YDK3+100.00 至 YDK8+381.00，大约 5.3 km。

应急措施：上行列车，在西湖公园站 ATO 动车，待列车自动停车后，转为 RM 动车，在运行 100 m 后升级为 IATP 动车，在后续的车站区间以 IATP 模式作业。列车在迎宾路口站上行站台恢复为 ATO 动车。

下行列车，在迎宾路口站 ATO 动车，待列车自动停车后，转为 RM 动车，在芙蓉广场站升级为 IATP，后续站台区间以 IATP 动车。列车在西湖公园站恢复 ATO 动车。

本范围内进路最长为 1300 m，以 IATP 动车，进路运行时间约为 120 s。正线 IATP 间隔小于 180 s。

对正线 15 对列车在线运行影响相对较小。

维修同步进行，按照西门子故障索引以及建议，对故障 BP 进行重启，若重启无效，需关闭其中一系，保证其中两系工作，待运营结束后进行故障处理。

（2）折返站。

折返站以长沙火车南站和梅溪湖西站为例。

假设长沙火车南站 BP 故障，涉及范围为沙湾公园站至光达站，涉及范围为 YDK16+838.800 至 YDK21+676.800，大约为 5 km。

应急措施：上行列车，在沙湾公园站 ATO 动车，待列车自动停车后，转为 RM 动车，进入杜花路站后，在后续的车站区间以 IATP 模式作业。列车在光达站以 IATP 模式折返。

下行列车和折返后的列车，以 IATP 动车，在沙湾公园站恢复 ATO 动车。

本范围内进路最长约为 1800 m，以 IATP 动车，进路运行时间约为 180 s。本进路刚好影响光达站的折返折出时间，IATP 人工折返，折返间隔大于 4 min。

对正线 15 对列车在线运行影响相对非常大。

若出现长沙火车南站 BP 故障，建议采取大小交路混跑的方式，部分列车在长沙火车南站站后折返，大交路列车在光达站站前折返。

对于交路的变化需要运营单位对乘客进行沟通，以减少长沙火车南站客运压力。

维修同步进行，按照西门子故障索引以及建议，对故障 BP 进行重启，若重启无效，需关闭其中一系，保证其中两系工作，待运营结束后进行故障处理。

若梅溪湖西站 BP 故障，影响范围为梅溪湖西站至麓云路站，涉及范围为 YDK8+718.00 至 YDK9+904.100，大约 1.2 km。

考虑到本站为尽头站，涉及 IATP 折返，人工折返间隔大于 4 min，在非高峰期内，需调整列车计划，适当增长运营间隔时间。在高峰期内，增强人工调度，控制进入梅溪湖西 BP 范围的列车间隔，减少人工折返消耗时间。

维修同步进行，按照西门子故障索引以及建议，对故障 BP 进行重启，若重启无效，需关闭其中一系，保证其中两系工作，待运营结束后进行故障处理。

3. CI 故障

（1）折返站。

以梅溪湖西站为例。

若本站联锁故障，进入本站的列车只能以 RM 模式动车，人工确认列车行车路径，本站为折返站，需对折返道岔人工摇岔。

在此故障时，须保证每列车的折返股道是同一股道，这样可减少动车风险。

其他道岔人工加锁到固定位置，对关键道岔进行人工搬动确认，地面、车、中心做好联动。

由于联锁故障影响大，尽量减少进入故障范围的列车数量，需改为大小交路套跑方式，若梅溪湖西站发生联锁故障，需在望城坡站进行折返。

维修同步进行，按照故障索引以及建议，对故障 CI 进行重启，保证其中一系工作，待运营结束后进行故障处理。

（2）中间站。

以涝湾镇联锁失效为例：

①假设涝湾镇联锁故障，需运营公司启动电话闭塞行车预案。

②根据故障位置，建议选择合适的大小交路套跑方案。

5.3.6　既有列车通信信号车载设备改造

主要为将既有项目车辆现有车载信号系统改造为新车载信号系统，车辆所要进行改造方案设计，具体设计方案在项目设计联络阶段确定。

5.3.6.1　车辆既有车载信号系统与新车载信号系统总体对比分析

由于长沙 2 号线既有车载信号系统的系统架构与新信号系统架构有很大的不同，下面对各系统构成的主要设备、设备安装的建议位置进行对比分析，以确定最佳的技术改造方案。

1. 车辆既有车载信号系统

既有车载信号系统拓扑图如图 5-42 所示。表 5-22 为既有车载信号系统主要设备清单和安装位置。

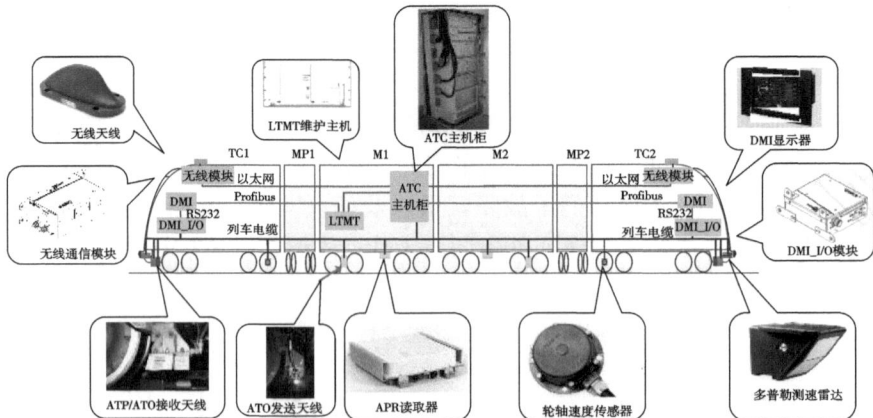

图 5-42　既有车载信号系统拓扑图

表 5-22　既有车载信号系统主要设备清单和安装位置

序号	设备名	每列车数量/件	安装位置
1	ATC 主机柜	1	M1 车二位端右侧屏柜
2	LTMT	1	M1 车二位端左侧屏柜
3	DMI IO 单元	2	TC 车左侧屏柜
4	无线模块	2	TC 车左侧屏柜
5	BYPASS 旁路开关	2	TC 车左侧屏柜
	蜂鸣器	2	TC 车左侧屏柜
	功率合路器	2	TC 车左侧屏柜
6	DMI 显示器	2	司机台
7	ATP 接收天线	2	TC 车第一轴前端
8	ATO 接收天线	4	TC 车第一轴前端
9	ATO 发送天线	2	M1、M2 车一位端转向架
10	速度传感器	2	TC 车第 4 轴右侧
11	无线天线	2	TC 车一位端车顶
12	APR 读取器	2	M1、M2 车体底架
13	多普勒雷达	2	TC 车一位端右侧底架

2. 新车载信号系统

新车载信号系统设备清单如表 5-23 所示，系统拓扑图如图 5-43 所示。

表 5-23　新车载信号系统主要设备清单

序号	设备名	每列车数量/件	备注
1	ATC 机柜(带 BTM 主机)	2	
2	TAU	4	
3	车载合路器	2	
4	车载交换机	2	
5	中继器	3	
6	DMI 显示器	2	
7	应答器 BTM 天线	2	
8	速度传感器	4	
9	无线天线	4	

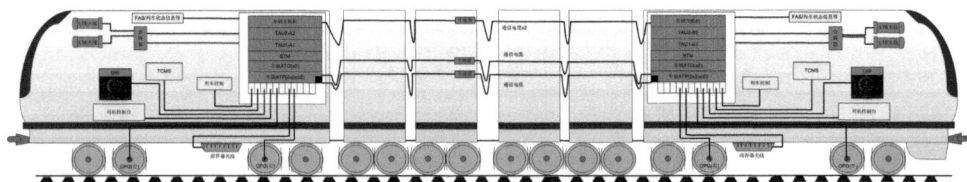

图 5-43　新车载信号系统拓扑图

3. 系统组成对比分析

根据以上两套系统的拓扑图和主要设备清单分析，两者主要有以下不同：

（1）ATC 机柜：既有车载信号系统只有 ATC 机柜 1 套、LTMT 机柜 1 套，且安装在 M1 车，新车载信号系统有 ATC 机柜 2 套，需要安装 TC1 车和 TC2 车。这造成现有安装 ATC 机柜的位置不能用来安装新的 ATC 机柜，需对非动力车（TC 车）进行改造以安装新的 ATC 机柜。

（2）DMI 显示屏：既有车载信号系统 DMI 显示屏的尺寸大小与新车载信号系统的 DMI 显示屏不一致，新的显示屏比既有的显示屏大。这造成既有的司机台安装位置不能安装新的显示屏，需对司机台进行改造，以便安装新的显示器。

（3）车顶无线天线：既有车载信号系统车顶无线天线与新车载信号系统车顶无线天线型号接口不一致，需要重新对车顶改造增加天线安装座。

（4）车底设备：既有车载信号系统车底设备有 ATP 接收天线、ATO 接收天线、ATO 发送天线、APR 读取器以及速度传感器，这些设备的安装位置和功能都与新车载信号系统车底设备不一致，需对新车载信号系统车底设备对车辆重新改造进行装配。

需要注意的是 BTM 天线需要安装转向架且处于车辆中心线上，具体的安装位置需与长沙 2 号线新增购车辆的 BTM 天线安装位置保持大体一致。

（5）动力车（M 车）设备：既有车载信号系统 M 车有 ATC 机柜和 LMIT 机柜，这些设备需要拆除，新车载信号系统需要安装中继器，中继器可以利用拆除 ATC 机柜后屏柜空间进行安装。

5.3.6.2　车载信号系统车辆改造建议方案

基于前述新老车载信号系统对比分析，下面从车辆的空间物理位置对新车载信号系统设备车辆改造建议方案进行描述。

1. 司机台

由于新车载信号系统显示屏比既有的显示屏大，需要调整部分设备位置以适应其安装。改造后的信号部分开关按钮比既有的少，且名称亦不一样，需要更改按钮面板。

（1）原司机台台面骨架图如图 5-44 所示。

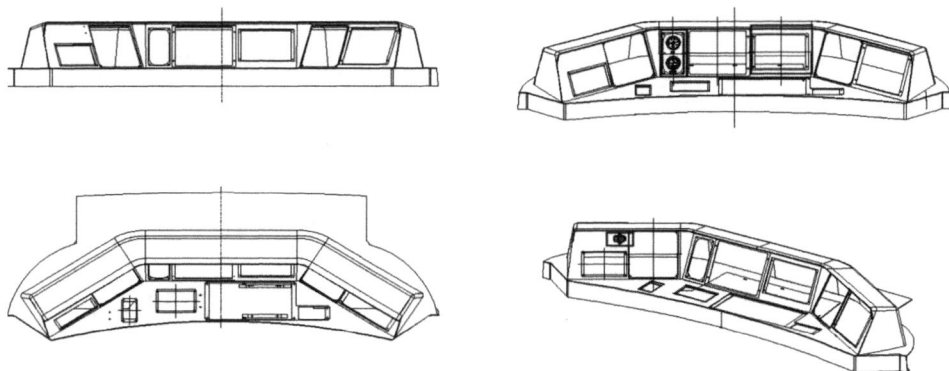

图 5-44　原司机台台面骨架图

（2）原左侧面板图如图 5-45 所示。

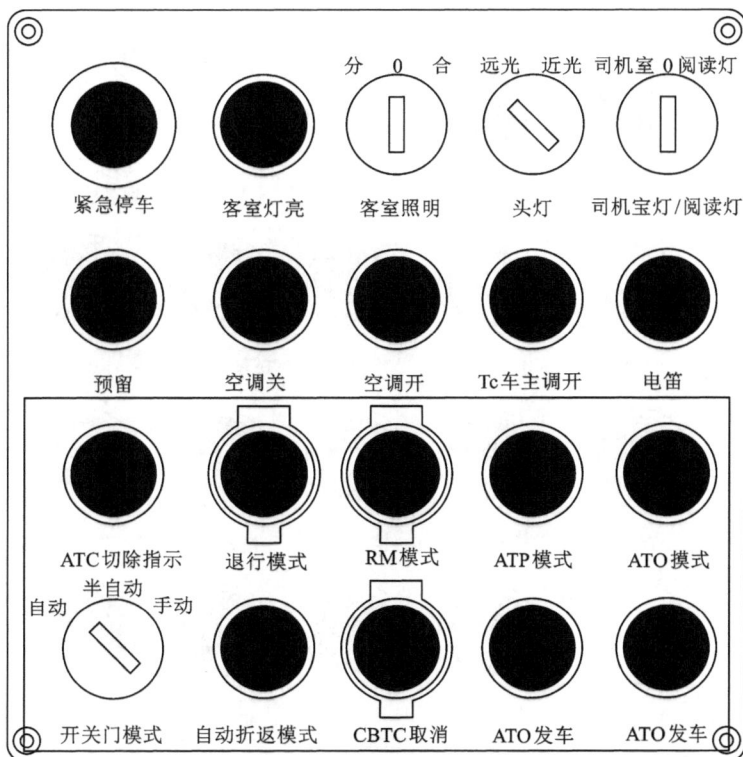

图 5-45　原左侧面板图

（3）将仪表移至左侧安装面，温度计移至台面，HMI 相应左移。改造后司机台台面骨架如图 5-46 所示。

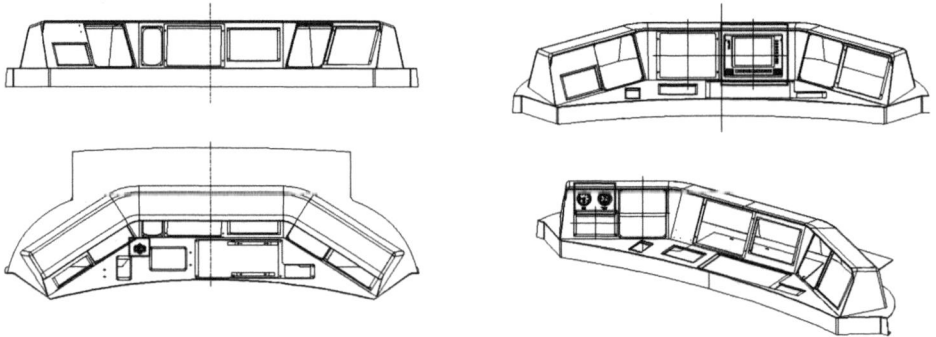

图 5-46　改造后司机台台面骨架示意图

（4）改造后左侧面板图如图 5-47 所示。

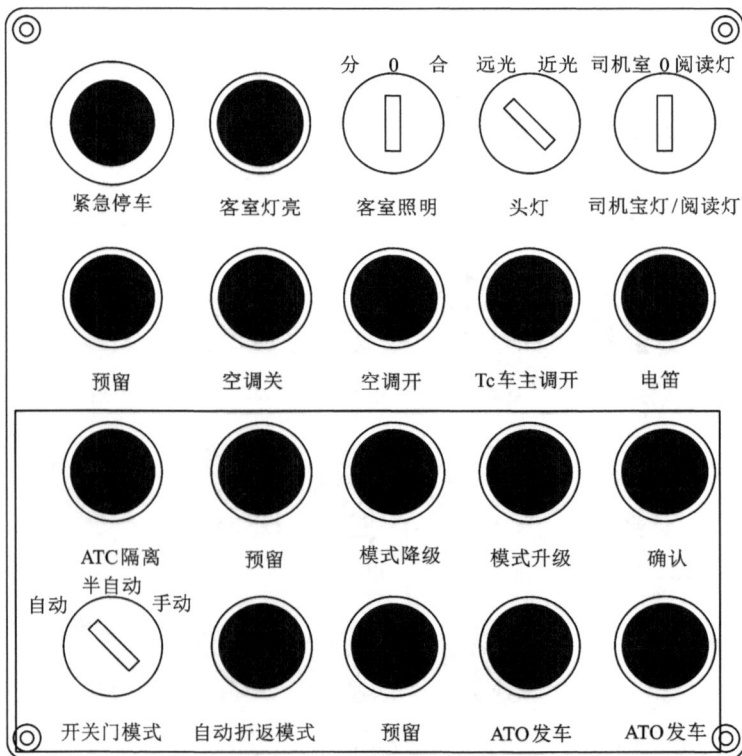

图 5-47　改造后左侧面板图

2.屏柜

M1 车既有的 ATC 柜、LMIT 柜保留,拆除这 2 个屏柜中的既有车载信号系统设备,其他设备保留原有位置。

由于长沙 2 号线既有车载信号系统的系统架构与新信号系统架构有很大的不同,需要更改的屏柜有司机室内 114 柜(微机柜)和 115 柜(Tc 车继电器柜),需在 TC 车 2 位端新增 149 柜。

(1)TC 车既有方案。

长沙 2 号线信号 ATC 机柜放在 M1 车 2 位端,司机室内的 114 柜为微机柜,放置的设备主要为 PIS 机箱和地面 PIS 机箱,如图 5-48 所示。

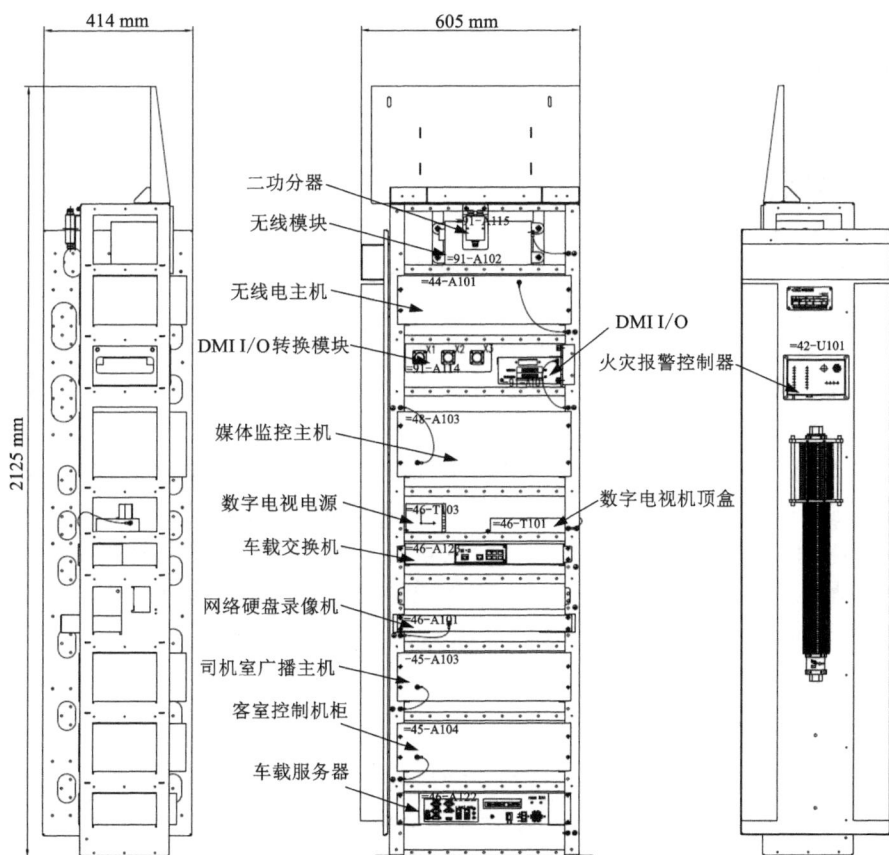

图 5-48　TC 车既有微机柜设备布置示意图

既有 TC 车的 115 柜 TC 车继电器柜设备布置如图 5-49 所示。

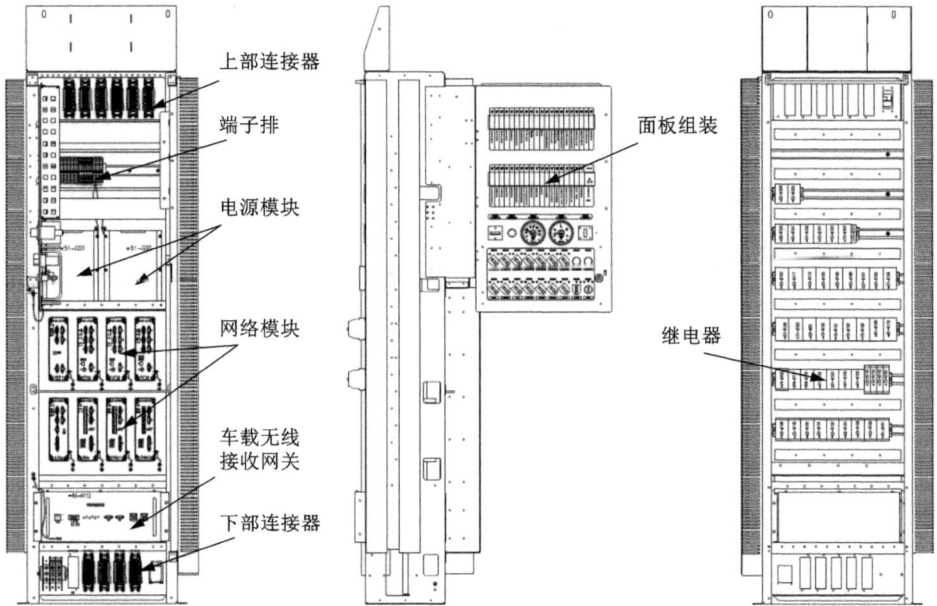

图 5-49　TC 车既有继电器柜设备布置示意图

从上面的分析来看，TC 车既有屏柜没有空间来安装新车载信号系统的 ATC 机柜，需新增加 1 个屏柜。

（2）TC 车屏柜改造建议方案。

在 TC 车Ⅱ端新增一个屏柜，将新车载信号系统的 ATC 机柜、TAU、车载合路器、车载交换机、车载通信控制器等设备安装到新增加的 149 柜中，同时拆除 114 柜、115 柜既有车载信号系统的设备。新增的 149 柜需要更改车体安装座，新增屏柜的具体结构在设计联络阶段确定。图 5-50 为既有车辆 TC 车屏柜布置图。

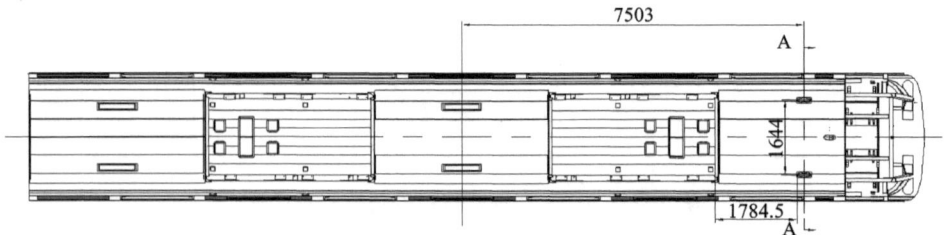

图 5-50　既有车辆 TC 车屏柜布置图（单位：mm）

在 TC 车 II 端增加 1 个 149 柜。图 5-51 为新增屏柜后 TC 车屏柜布置示意图。

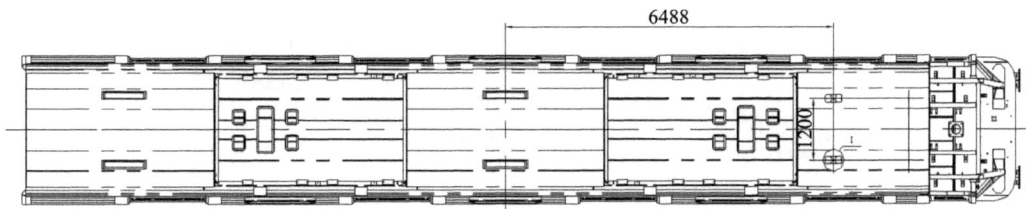

图 5-51 新增屏柜后 TC 车屏柜布置示意图（单位：mm）

3. 转向架

（1）既有转向架设备的改造。

ATP 与 ATO 接收天线以车辆中心线对称安装在 TC1 和 TC2 车第一个轴的前端，且与车辆运行方向垂直，ATP 发送天线的中心位于钢轨中心的上方。图 5-52 为既有 ATP 与 ATO 接收天线安装位置示意图。

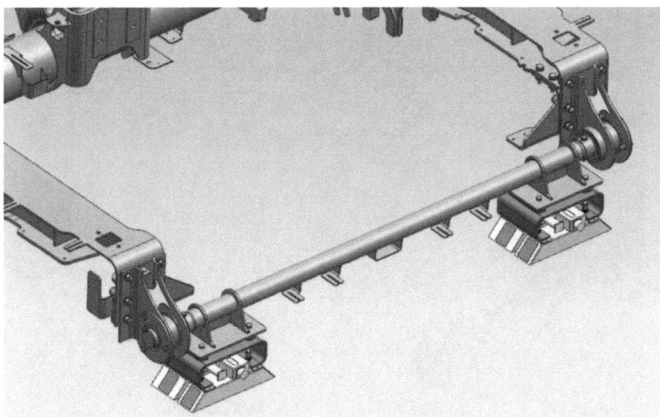

图 5-52 既有 ATP 与 ATO 接收天线安装位置示意图

ATO 发送天线以车辆中心线对称安装在 M1 和 M2 车 1 位转向架中心，且位于钢轨中心的上方。图 5-53 为既有 ATO 发送天线安装位置示意图。

以上 3 套既有信号系统设备进行拆除，具体拆除方案在设计联络阶段确定。

图 5-53　既有 ATO 发送天线安装位置示意图

（2）新系统 BTM 天线改造建议方案。

改造方案的信号天线以车辆中心线对称安装在 TC1 和 TC2 车 1 位轮对和构架横梁之间，需新增 1 套天线安装支架在转向架上，同时需在转向架上新增电缆固定卡座。图 5-54 为新系统 BTM 天线建议安装示意图。

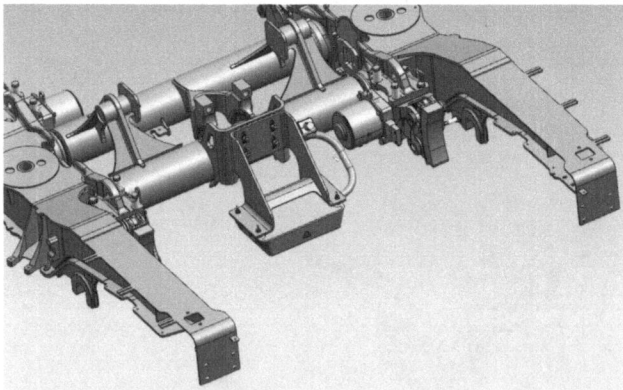

图 5-54　新车载信号系统 BTM 天线建议安装示意图

4. 轴端速度传感器

（1）既有系统轴端布置（信号速度传感器）。

图 5-55 为既有系统速度传感器布置位置图。

（2）新系统（信号速度传感器）改造建议方案。

新系统需要安装 2 套速度传感器，并且与既有系统的 1 套传感器接口不一致，故建议改造方案为在既有速度传感器的位置（TC 车第 1 个转向架 2 轴的左

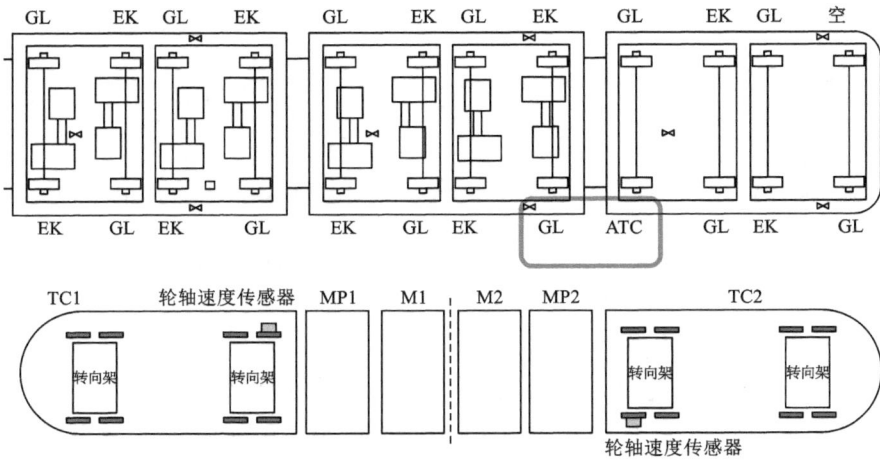

图 5-55　既有系统速度传感器布置位置图

侧)进行轴端盖改造,以适配新系统速度传感器的安装接口;再对 TC 车第 2 个转向架 1 轴右侧轴端盖进行改造,安装新增的 1 套速度传感器,建议安装位置示意图如图 5-56 所示。具体改造设计方案在项目设计联络阶段确定。

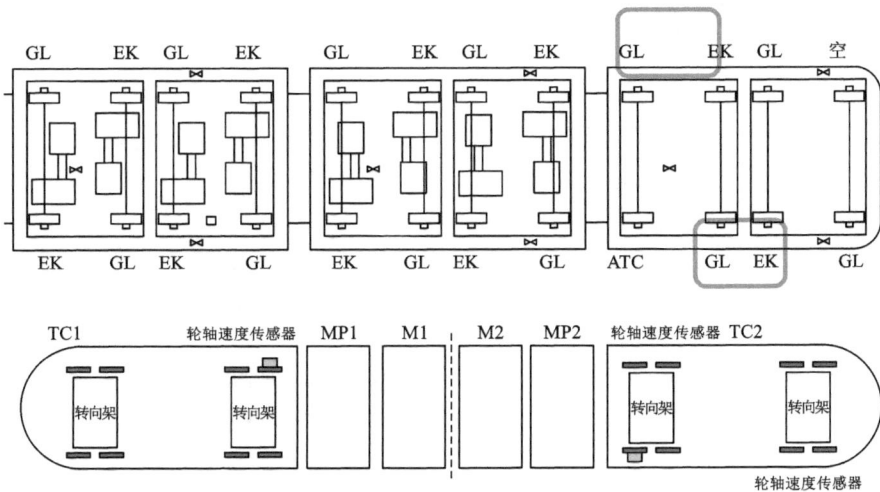

图 5-56　新系统速度传感器建议安装位置示意图

5. 车顶无线天线

(1)既有系统无线天线。

既有车载信号系统有 2 套无线天线,安装位置如图 5-57 所示。

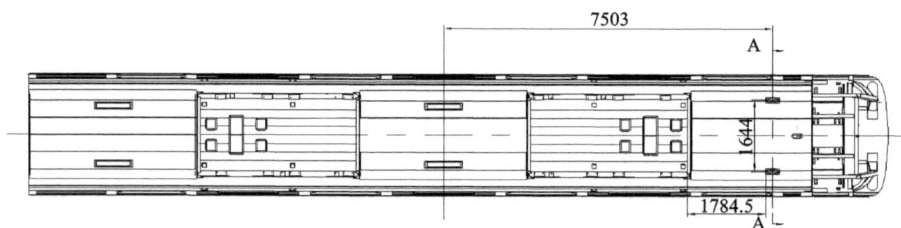

图 5-57 既有无线天线安装位置示意图(单位：mm)

（2）新系统无线天线改造建议方案。

根据新系统无线天线安装接口和要求，既有天线的安装座不能利用。建议在图 5-58 所示位置圆弧顶盖上开孔并焊接安装座，提供距轨面 3695 mm 的安装面。

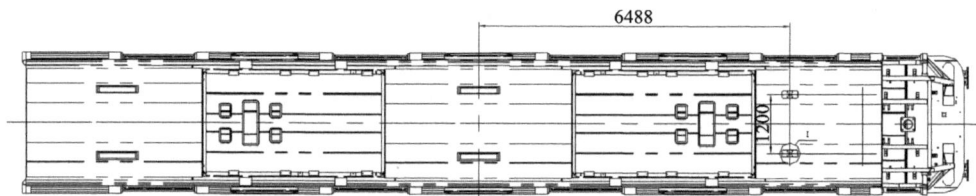

图 5-58 新无线天线建议安装位置示意图(单位：mm)

6. 车载中继器

新车载信号系统新增车载中继器，根据安装要求，建议安装在 M1 车既有的 ATC 柜中，具体的改造安装方案在设计联络中确定。

7. 布线改造建议方案

由于系统进行了整体更换，新老系统设备间的连接电缆不能利旧，根据目前车辆的既有结构条件以及新系统特点要求，对整车布线的建议按照如下初步方案进行改造：

由于新车载系统 ATC 机柜建议安装在 TC 车 2 位端新增的 149 柜，149 柜与车底之间在既有车辆的改造中无法新增出线孔和跳线箱，故建议 TC 车车底设备与 TC 车 ATC 机柜之间的连接电缆从 TC 车 1 位端 114 柜或 115 柜进入车内，通过客室的侧顶板连接到 ATC 柜中。

5.4 未来方向

改造过程中预留 TASC 改造条件，以便于后续信号系统改造。

TASC 系统的具体改造方案如下。

（1）列车控制方式。全线采用 TACS，ATC 系统架构上采用区域分散式架构，在设备集中站设置区域型 ATC 系统设备。

（2）信息传输网络。与 CBTC 系统一致。

（3）ATP/ATO 系统。全线采用分层分布式结构，信号设备尽量设置于区域设备集中站，集中站设置线路资源管理设备、列车管理设备、目标执行单元，轨旁设置无源应答器。

（4）ATS 系统。在 NOCC 新建中央级 ATS 系统，全部车站新建 ATS 设备，接入中央 ATS 系统；在正线或者车辆段/停车场设置一套线路级 ATS 系统设备，实现在中央 ATS 系统服务器、工作站故障情况下能够保障线路列车正常运行。

（5）车载改造方案。与 CBTC 系统一致。

（6）系统降级模式。降级模式有采用联锁级降级模式、列车主动定位系统、列车自主防护系统或者其他兼具安全性及一定效率的降级模式。TACS 结构图如图 5-59 所示。

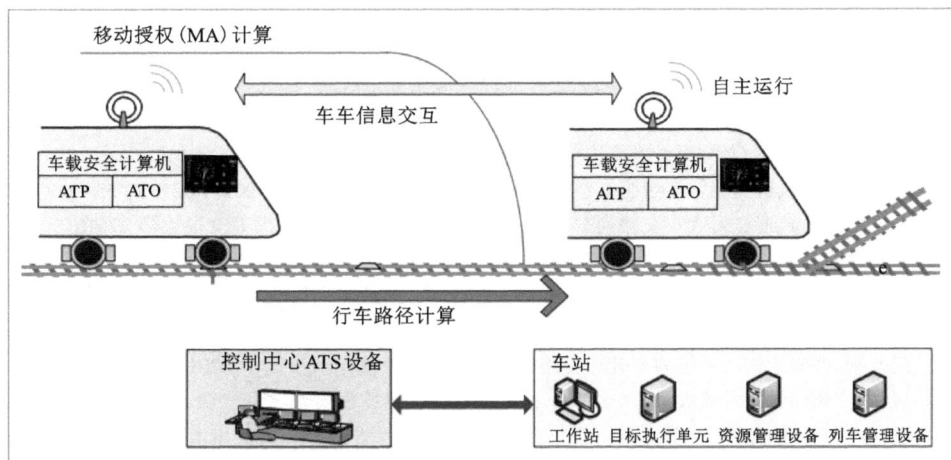

图 5-59　TACS 系统结构示意图

TACS 方案优势在于系统精简、性能高，轨旁设备安装量较小。缺点在于 TACS 系统若配备联锁级降级模式则系统精简优势不再，而列车主动定位系统作为降级模式则对车地通信冗余性要求极高，列车自主防护系统对列车自主定位、障碍物检测要求较高，3 种降级模式都不是很成熟。

参考文献

[1]《基于轨道电路升级 CBTC 系统改造技术解决方案指南》白皮书

[2] 武少峰. 准移动闭塞系统针对市域快线的适用性分析[J]. 都市快轨交通 2014(3)：94

[3] 何占元, 何永发, 贾利生. 重载铁路移动闭塞降级系统方案研究[J]. 铁道通信信号，2014 (4)：4.

[4] 陈通. 地铁既有线信号系统上叠加点式功能的改造方案设计[J]. 城市轨道交通研究，2019 (4)：162.

[5] 刘会明. 城市轨道交通既有线更新改造将成为常态[J]. 城市轨道交通研究，2019(6)：190.

[6] 袁雪源. 广州地铁一号线信号系统改造工程风险分析[J]. 铁路通信信号工程技术，2019(4)：54.

[7] 辛骥, 徐大兴. 地铁信号系统既有线交路改造方案探讨[J]. 铁道通信信号，2016(1)：67.

[8] 徐新玉. 城市轨道交通行车组织交路形式分析[J]. 铁道运输与经济，2010，32(9)：55-54.

[9] 许得杰. 城市轨道交通大小交路列车开行方案优化研究[D]. 北京：北京交通大学，2016.

[10] 陈玥. 城市轨道交通列车运行交路方案研究[D]. 北京：北京交通大学，2016.

[11] 李红艳, 范君晖. 上海轨道交通 9 号线大小交路运行模式研究[J]. 城市轨道交通研究，2012，15(1)：44-47，100.

[12] 胡豪颖. 西安地铁二号线列车开行交路模式研究[D]. 西安：长安大学，2015.

[13] 崔鸣. 广州地铁六号线大、小交路行车调整研究[J]. 科技创新与应用，2014(16)：69-70.

[14] 代存杰, 李引珍, 展宗思, 柴获. 考虑动态客流需求和大小交路模式的城市轨道交通列车开行方案优化[J]. 中国铁道科学，2014，39(2)：124-136.

[15] 王晓. 城市轨道交通组合交路方案研究[D]. 北京：北京交通大学，2017.

[16] 李志成, 徐琛, 张磊. 基于合肥地铁 1 号线运营初期交路方案比选研究[J]. 佳木斯大学学报（自然科学版），2017，35(2)：321-324.

[17] 唐春林, 江峰. 城市轨道交通混合交路运营模式研究[J]. 铁道运输与经济，2015，37(3)：44-44.

[14] 魏国静. 城市轨道交通线路列车长短交路设置方法研究[D]. 北京：北京交通大学，2013.

[19] 周刚, 卢静. 层次分析法在地铁运营交路方案比选中的应用[J]. 城市轨道交通研究，2010，13(6)：52-54.